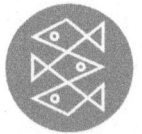

»Vor ein paar Jahrhunderten bezeichnete man mit Rumeli den Norden Griechenlands, vom Bosporus bis zur Adria und von Makedonien bis zum Golf von Korinth. Dieser umfassendere Gebrauch liefert mir die Rechtfertigung dafür, dass ich mein Netz weit auswerfe.«

Verführt von der Fremdartigkeit und Schönheit des Namens »Rumeli« bereiste Patrick Leigh Fermor jenen Landstrich, dessen Bewohner sich auf geheimnisvolle Weise in die Einsamkeit zurückziehen können. Diese Form des Alleinseins sucht Patrick Leigh Fermor, und berichtet von ihr: von Nomadenvölkern und Klöstern, die scheinbar aus der Zeit gefallen sind, von der Suche nach Lord Byrons Schuhen und vom Wesen der Griechen. Einfühlsam und gelehrt erwacht die Vergangenheit zu neuem Leben und weist auf Kommendes.
Patrick Leigh Fermors Reiseberichte, im Original bereits 1966 veröffentlicht, sind in ihrer Empathie und tiefen Durchdringung des Landes und der Menschen ein zeitloses Porträt Griechenlands.

Patrick Leigh Fermor, 1915 geboren, unternahm 1933 als achtzehnjähriger eine legendäre Reise zu Fuß von Rotterdam nach Constantinopel. Im Zweiten Weltkrieg kämpfte er als Verbindungsoffizier in Griechenland und auf Kreta gegen die deutsche Besatzung. Er reiste in die Karibik, wo sein erster und einziger Roman entstand. In der englischsprachigen Welt als Reiseschriftsteller hochgeachtet, lebte er in Griechenland, in einem Haus, das er selbst entworfen und gebaut hat. Patrick Leigh Fermor starb am 10. Juni 2011.

Weitere Informationen finden Sie auf www.fischerverlage.de

PATRICK LEIGH FERMOR

RUMELI
Reisen im Norden Griechenlands

Aus dem Englischen von Manfred Allié
und Gabriele Kempf-Allié

FISCHER Taschenbuch

Für Amy und Walter Smart

Erschienen bei FISCHER Taschenbuch
Frankfurt am Main, Juli 2019

Lizenzausgabe mit freundlicher Genehmigung
der Dörlemann Verlag AG, Zürich

Die Originalausgabe erschien unter dem Titel
»Roumeli – Travels in Northern Greece«
1966 bei John Murray (Publishers) in London.

Satz: Dörlemann Satz, Lemförde
Druck und Bindung: GGP Media GmbH, Pößneck
Printed in Germany
ISBN 978-3-596-19435-3

Patrick Leigh Fermor

INHALT

Vorbemerkung

Auf einer Landkarte des heutigen Griechenland sucht man Rumeli vergebens. Es ist keine politische oder verwaltungstechnische Bezeichnung, sondern ein lokaler, ja fast umgangssprachlicher Begriff; etwa so, wie wir in England vom West und vom North Country sprechen, von den Fens oder von den Borders. Die Grenzen sind fließend, ja selbst die Lage hat sich im Laufe der Zeiten verschoben. Vor ein paar Jahrhunderten bezeichnete man damit, grob gesagt, den Norden des Landes (im Unterschied zur Morea, den Inseln und den von Griechen besiedelten Gegenden Kleinasiens) vom Bosporus bis zur Adria und von Makedonien bis zum Golf von Korinth. Nach dem Unabhängigkeitskrieg bezog sich der Name nur noch auf den Südteil dieses gewaltigen Gebiets, auf den Streifen Bergland zwischen dem Golf und der Nordgrenze, die das neu erstandene Königreich Griechenland von den noch unbefreiten Landesteilen trennte, die politisch auch weiterhin zum Osmanischen Reich gehörten. Die Grenze erstreckte sich vom Ambrakischen bis zum Pagasäischen Golf. Die Balkankriege und dann der Erste Weltkrieg schoben die griechische Grenze in zwei großen Sprüngen weiter nach Norden und verdoppelten die Fläche des Landes; doch wenn ein heutiger Grieche von Rumeli spricht, dann denkt er noch immer an jene Gegend zwischen dem Golf von Korinth und der längst nicht mehr bestehenden Nordgrenze. Reichlich willkürlich, reichlich anmaßend und nicht ohne Bedenken bin ich, vielleicht verführt von der Fremdartigkeit und Schönheit des Namens – der Akzent fällt auf die erste Silbe, was aus Rumeli einen Daktylus macht* –, zu der älteren, unschärferen Bedeutung des Namens als Etikett für die Reisen, die ich hier präsentiere, zurückgekehrt. Dieser umfassendere und altmodischere Gebrauch liefert mir die Rechtfertigung dafür, daß ich mein Netz weit auswerfe, und gibt den willkürlichen Wanderungen wenigstens den Anschein eines Zusammenhalts. Ja besser noch, der Dreisilber selbst hallt wider von Anspielungen und verborgenen Bedeutungen, die entscheidend das eigentliche Thema dieses Buches sind.

Griechenland verändert sich schnell, und selbst der aktuellste Report ist in manchem veraltet, bis er erscheint. Der Bericht über meine Reisen, die allesamt schon einige Jahre zurückliegen und stets aus den entlegensten persönlichen Motiven unternommen wurden, könnte als Fremdenführer leicht in die Irre führen. Komfortable Überlandbusse sind an die Stelle der klapprigen Lokalbusse getreten, Asphaltstraßen wurden wie Schneisen mitten durch entlegene Dörfer getrieben, und Hotels schießen aus dem Boden. Klöster und Tempel, die noch vorgestern nur mit einsamen, anstrengenden Kletterpartien zu erreichen waren, sind heute kurze Zwischenstops im bequemen, gut organisierten Massentourismus. Zum erstenmal

---

* [Weshalb wir in der deutschen Ausgabe durchweg von Rumeli und nicht von Rumelien sprechen.]

seit Julian Apostata steigt Rauch zwischen den Säulen auf, und der Reisende muß tief ins Hinterland vordringen, bis Radios außer Hörweite sind. All das beschert den Menschen bitter benötigtes Einkommen und ist für viele ein Quell des Vergnügens, und noch kann der Besucher, gelegentlich sogar der Einheimische, den es stört, sich schmollend in die Einsamkeit zurückziehen. Und in genau diese Einsamkeit werden die folgenden Seiten uns größtenteils führen.

Eine Liste all der griechischen Freunde, die mit Ratschlägen, als Führer, mit Gastfreundschaft, Kritik und jeder nur erdenklichen Unterstützung geholfen haben, wäre ellenlang – doch nicht annähernd lang genug für das, was ich ihnen schulde für die Freundlichkeit, die Anregungen, die Freuden so vieler Jahre. Auch anderen Verbündeten möchte ich für ihre Geduld und Nachsicht während der langen Entstehungszeit danken. Das einzig Traurige an dieser Danksagung ist, daß von den zwei Freunden, denen das Buch gewidmet ist, nur noch eine die Widmung lesen kann.

St. Fermin – Passerano nel Lazio – Forio –
Locronan – Lismore – Dumbleton –
Branscombe – Sevenhampton – Kalomitsi

P. M.L.F.

I

Die schwarzen Wanderer

Alexandroupolis ist eine große Stadt, doch die Leute dort haben nichts Großstädtisches – eher im Gegenteil. Verwaltungsbeamte aus Athen stöhnen, wenn sie hierher versetzt werden, und junge Offiziere werfen sich scheele Blicke zu, sobald das thrakische Exil droht. (Das war nicht immer so. In den Erzählungen meines Freundes Yanni Peltekis, der als Kind noch zu Türkenzeiten hier lebte, erscheint es voller Abenteuer und Geheimnisse, wie eine Stadt aus Tausendundeiner Nacht.) Ich hatte eine große Zuneigung entwickelt, vielleicht weil es meine erste griechische Stadt nach einer Abwesenheit von mehreren Jahren war. Aber ich sah auch, daß die Anziehungskraft verblassen würde, wenn ich zu lange blieb.* Manches von der Enge einer jungen Provinzstadt findet sich hier, und am Abend erzählen die Offiziere und Beamten altvertraute Geschichten und Anekdoten, man gähnt, ein weiterer Kaffee wird getrunken, Bernsteinperlen klicken zwischen Fingern, die niemals die Manschette hochschieben, um nach der Uhrzeit zu sehen, denn alle wissen, daß es noch

---

* Vor Jahrzehnten oder Jahrhunderten war das einzig Bemerkenswerte hier ein Einsiedler, der unter einem Baum lebte. Beide sind verschwunden, doch den alten türkischen Namen Dedeagatch, der an den Einsiedlerbaum erinnert, hört man bisweilen noch. Ihren neuen Namen trägt die Stadt zu Ehren von Zar Alexander II., der die Türken auf dem Balkan besiegte, nicht nach König Philipps großem Sohn.

zu früh zum Schlafengehen ist. Die Öde immergleicher Gesellschaft droht, Gesellschaft, die man sich nicht selbst ausgesucht hat. Wenn ein Scherz, so meinen manche, einmal gut war, dann ist er immer wieder gut, und empfindsamere Naturen leiden schwer unter der Wiederkehr des Immergleichen.

Plötzlich jedoch blieben auf dem abendlichen Boulevard die Münder im Gähnen offen, denn eine unerhörte Gestalt, ein einsamer Fremdling ging vorüber, ein Mann, den nie ein Haus oder eine Straße einsperren könnte, einer so fremd in dieser beschaulichen Umgebung wie ein Wolf in der Innenstadt von Athen. Auf dem dichten Haar, das als Backenbart tief hinabreichte, saß in keckem Winkel ein grober schwarzer Pillboxhut. Die zweireihige Weste aus handgesponnener Ziegenwolle war in eine schwarze Schärpe gestopft, und darunter reichte ein kratziger, breit gefältelter Kilt steif hinab bis zu den Knien. Schwarze Strümpfe aus demselben spröden Gewebe bedeckten die langen Beine, und an den Füßen trug er die typischen Schuhe der griechischen Bergbewohner, an der Spitze wie ein Kanu nach oben gebogen und mit einer schwarzen Bommel oben auf dem Blatt. Die Sohlen waren beschlagen, und die Nägel knirschten auf dem Pflaster. Mit großen Schritten ging er in der Straßenmitte, blickte starr vor sich hin, als wolle er sein Auge nicht durch den Anblick der Häuser beleidigen. Einen langen Schäferstab, dessen Haken in Gestalt einer hölzernen Schlange geschnitzt war, hatte er quer über die Schulter gelegt und darum die Arme geschlungen, wie in den Bergen viele ihre

Stäbe oder Flinten tragen. Ein leibhaftiger Sarakatsane! Köpfe wandten sich unter den staubigen Akazien nach ihm um, als er vorüberkam, und das Knallen, mit dem die Spielkarten auf den Tisch geschlagen wurden, und das Prasseln der Tavlisteine ließen einen Augenblick lang nach. Ich stand auf und ging ihm in diskretem Abstand nach.

Sarakatsanen haben mich seit jeher fasziniert. Zum erstenmal sind sie mir vor Jahren begegnet, als ich durch Bulgarien nach Konstantinopel wanderte. Eine Anzahl Hütten wie Bienenkörbe war über die winterlichen Hügel verstreut, die sich hinab bis zum Schwarzen Meer erstreckten. Reisighürden zogen sich den Berg entlang, mit Tausenden von zottigen Ziegen und Schafen, die in der regennassen Landschaft grasten, und ihre schweren Bronzeglocken erfüllten die Luft mit einem vieltönigen, harmonischen Klimpern. Hie und da, wie schwarze Steinblöcke zu Füßen der kreisenden Krähen, standen Hirten auf ihre Stäbe wie Lanzen gestützt, ihre Gesichter fast ganz von den großen Kapuzen der breitschultrigen, bodenlangen Ziegenhaar-Umhänge verborgen; Umhänge so grob gewebt und so steif vom Regen, daß ihre Bewohner beinahe heraustreten und sie stehen lassen konnten wie Wachhäuschen. Im folgenden Jahr sah ich sie wieder, auf einem Ritt durch die griechischen Gegenden Makedoniens, und übernachtete sogar einmal in einem ihrer verräucherten Wigwams. Später bin ich ihnen noch oft begegnet, in ganz Nordgriechenland: in den Ebenen im Winter und in den Bergen im Sommer; immer sah ich sie am Horizont oder in mittlerer Entfernung. Als echte Nomaden leben diese Ismaels aus freien Stücken am Rande der griechischen Gesellschaft, tauchen auf und verschwinden wie eine Fata morgana; gewöhnliche Sterbliche sehen sie nur aus der Ferne. Am Pindos, in den Rhodopen, auf den trockenen Ebenen von Rumeli gibt etwa eine Wendung in einer Schlucht den Blick auf eins ihrer vergänglichen Kegeldörfer frei. Im Winter sieht man vom Schnee aus, der sie in die Täler getrieben hat, die Versammlungen von Hütten tief unten, den Rauch ihrer Feuer und die grasenden Herden. Im Frühling nach der Schneeschmelze ziehen sie mit den Tieren und einer langen Pferdekarawane, auf die ihre sämtlichen Besitztümer geschnürt sind, wieder in die Berge, schlagen abends ihr Nachtlager aus finsteren Hütten auf; im Herbst kommen sie in Strömen zu Tal, zu den verdorrten Ebenen, auf denen bald der Regen das Gras sprießen läßt. Manchmal sieht man, wie sie abgeschnittene Zweige und Weidengerten zu den halbrunden Hütten flechten, die ihnen für eine Saison als Behausung dienen; später markieren dann die Hütten mit ihrem schwarzen, zergangenen Stroh die Stelle, wo sie ein paar Monate lang gelebt haben und von wo sie schließlich weitergezogen sind. Bisweilen künden Hundegebell und das Klappern der Glocken in weiter Ferne davon, daß sie irgendwo tief in den Stechpalmenwäldern kampieren oder in einer der unglaublich tiefen Schluchten, über denen sich nichts regt als ein Adlerpaar hoch in den Lüften. Kaum einmal zeigen sie sich. Zu seltenen Gelegenheiten tauchen sie auf, ansonsten beherrscht diese geheimnisvolle Gemeinschaft – etwa sechtzigtausend Seelen, mit Herden von mehreren Millionen Tieren – die Kunst, sich unsichtbar zu machen.

Anders als die griechischen Halbnomaden – die Kutsowalachen und Karagunen, die ihre Bergdörfer als Ausgangspunkt nehmen, zu denen sie nach ihrer halbjährigen Wanderung zu den Weidegründen zurückkehren – kennen die Sarakatsanen nichts Massiveres als ihre Weiden-und-Binsen-Quartiere. Dennoch sieht jeder von ihnen einen bestimmten Bergzug als seine Heimat an, eine Senke oder Kordillere, wo sie ihre Herden schon seit Jahrhunderten jeden Sommer grasen lassen. Der Weidegrund im Tiefland wechselt eher; auf diesen unsicheren Reisen bildet sich kein Zugehörigkeitsgefühl aus. Das Verbreitungsgebiet der Sarakatsanen im Norden war gewaltig. Die Käfigstäbe der vielen Grenzen, die nach den Balkankriegen plötzlich aufwuchsen, konnten sie nicht halten, und im Herbst breiteten sie sich überall im südlichen Albanien aus, im Tiefland von Serbien bis hin nach Montenegro, in die Herzegowina, nach Bosnien und Bulgarien bis an die Ausläufer des Großen Balkangebirges. Diejenigen, die eher die Rhodopen als ihre Heimat ansahen – also genau die, die in die Berge hoch über der thrakischen Ebene ziehen –, waren in der Wahl ihrer Winterquartiere vorwitziger als alle. Sie gingen nicht nur nach Norden, wie diejenigen, denen ich am Schwarzen Meer begegnete, sondern ihre Karawanen zogen, bevor der Fluß Evros zur verbotenen Grenze wurde, bis nach Konstantinopel, wo sie ihre Wigwams im Schatten der Theodosianischen Mauer aufschlugen. Andere errichteten ihr Lager entlang des Marmarameers, breiteten sich aus über die fruchtbaren grünen Hügel der Dardanellen. Viele überquerten den Hellespont und kampierten in der Ebene von Troja. Besonders Unerschrockene zogen weiter bis zu den bythinischen Weiden, überwinterten unter den Pappeln dort, oder sie drangen vor bis nach Kappadokien, und die Herden wanderten durch das vulkanische Ödland rund um die Felsenklöster von Ürgüp. Die Kühnsten kamen bis Konya, in die Heimat des Dschalal ar-Rumi und Metropole der drehenden Derwische. Nie hatten sie das Gefühl, daß sie auf diesen beschwerlichen Reisen ins Ausland gingen – bis zum Exodus der 1920er Jahre gehörten weite Teile Kleinasiens zur griechischen Welt, und selbst noch jenseits davon gab es griechische Kolonien. Sie hatten Tausende von Jahren bestanden, erst die jüngere seldschukische Politik hatte sie zu verstreuten Inseln des Griechentums schrumpfen lassen, aber es gab sie noch, und sie blühten und gediehen. Die unsichtbaren Nomadengrenzen stießen hier an diejenigen anderer wandernder Hirten, der Yörük. Diese anatolischen Schafhirten, pro forma Muslime, hatten ihre Herden schon Jahrhunderte vor Ankunft der Seldschuken in den Weiten des kleinasiatischen Hinterlands geweidet; im Gegenzug kamen sie bisweilen bis herüber nach Makedonien. Kein Wunder also, daß die Sarakatsanen von der Aura des Geheimnisvollen umgeben sind.

Eine Viertelstunde nachdem ich diesen einsamen Nomaden erblickt hatte, hatte ich an einem Tisch neben dem seinen Platz genommen. Rund um uns lagen die Werkstätten der Schmiede und Zeugmacher der Vorstadt; alte Handwerker hatten sich niedergelassen, um zum Feierabend in aller Ruhe eine Nargileh zu rauchen. Ich beobachtete, wie er einen Kaffee bestellte und trank, und zerbrach mir den Kopf, wie ich mit ihm ins Gespräch kommen konnte. Schon bald rief er, indem er in die schwieligen Hände klatschte, den *kafedzi* und schickte sich an zu gehen. Der Kafedzi kam mit einem Armvoll Sachen und einem Jungen, der ein Pferd führte. Der Sarakatsane stieg auf, legte sich seinen Stab quer über den Schoß, der Kafedzi reichte ihm zwei ellenlange, mit Satinschleifen geschmückte Kerzen; dann folgte all der Tand, den, wie ich zu meinem Leidwesen weiß, ein *koumbáros* – ein Brautführer, Bürge oder Trauzeuge – zu einer orthodoxen Hochzeit für Braut und Bräutigam stiftet: weitere Kerzen, in braunes Papier geschlagene Satinbahnen, Päckchen mit Süßigkeiten und schließlich die Schachtel mit dem rauschgoldenen Hochzeitskopfschmuck. Ich hatte Glück: Als er seinem Pferd einen Tritt gab, um es in Bewegung zu setzen, fiel ein Beutel mit kandierten Mandeln herunter und landete im Straßenstaub. Ich hob ihn auf, lief dem Mann nach, und – von einer Glückssträhne getragen – gerade in dem Moment, als ich ihn ihm gab, fiel mir die Wendung ein, mit der ein Hochzeitsgast einen Koumbáros begrüßt. Sie folgt entweder dem zehnten Kapitel des Lukasevangeliums oder dem Ersten Timotheusbrief: *»Axoi tou misthou sou!«*, »Mögen sie deiner Mühen würdig sein!« Er zügelte sein Pferd, legte sich die rechte Hand auf die Brust und neigte in einer feierlichen Dankesgeste das Haupt. Dann, nachdem er die Straße hinauf- und hinuntergeschaut hatte, und nach einer Pause fragte er mit schwerem ländlichem Akzent, woher ich komme? Ich antwortete ihm und erkundigte mich dann, wo die Hochzeit stattfinde. »Morgen in Sikorrachi«, antwortete er, »zwei Stunden von hier.« Nach einer weiteren Pause setzte er hinzu: »Erweist uns die Ehre und kommt.« Noch einmal verneigte er sich anmutig und machte sich dann mit Stab und Kerzen und wehenden Satinschleifen wieder auf den Weg.

Am nächsten Tag nahmen wir die Eisenbahn entlang der Via Aemiliana – der Straße der römischen Legionäre von der Adriaküste nach Konstantinopel, auf der wie auf einer Schnur Alexandroupolis und ein Dutzend weiterer antiker Städte aufgefädelt sind.

Der Waggon, in dem wir über die Schmalspurstrecke holperten, kam uns so uralt vor wie eine Pferdekutsche im Museum. Er war hoch und schmal, der Aufbau mit Holzmaserung bemalt, die Polster boten abgewetzten, quastenbaumelnden Samt. In diesem wunderbaren Abteil, wie gemacht für zwei Reisende geradewegs aus einem Roman von Jules Verne, schaukelten wir in atemberaubender Höhe durch die thrakische Landschaft, über Schluchten und durch Platanenwälder, und betrachteten die steinigen Flußbetten und die buschbestandenen Bergflanken aus einer ganz neuen Perspektive. Die alten Thraker hielten ihre Stuten mit dem Kopf windabwärts, damit der Wind sie befruchten konnte. Über welchen Rhodopenpaß dieser unsichtbare Hengst wohl schnaubend herabkam? Von Zeit zu Zeit passierten wir einsame Polizeiposten und Aussichtspunkte auf Stelzen, auf jeder ein bewaffneter Soldat, Helm auf dem Kopf – ein Zeichen, wie nahe wir der bulgarischen Grenze mit all ihren Gefahren hier waren. Verrostete Wracks von Waggons zwischen Baumstämmen und Farnkraut zeugten noch von den Sprengstoffanschlägen der Guerilla in der Bürgerkriegszeit. Das Land flirrte in der Mittagshitze.

Als flöge er draußen vorüber, erschien das freundliche, unrasierte Gesicht des Schaffners in dem hohen Fenster. Er kam ins Abteil, steckte unsere Fahrkarten ein, und dann sahen wir zu, wie er sich auf seinem gefahrvollen Weg entlang des Trittbretts weiter voranarbeitete wie ein Fassadenkletterer – einen Korridor gab es bei diesem Zug nicht. Hinten war ein offener Viehwagen angehängt: Der Wind wehte grölenden Gesang herüber, und an einer Stange flatterte eine blaue Fahne. Der Schaffner, der sich auf dem Rückweg auf ein Schwätzchen zu uns gesetzt hatte, bestätigte, was wir schon vermuteten: »Ja, das ist ein Sarakatsanen-Bräutigam, unterwegs zu einer Hochzeit in Sikorrachi. Sie trinken schon seit Tagen …« Als wir an der nächsten Station hielten, sprang die ganze Gesellschaft johlend und singend und mit wehender Fahne auf den Bahnsteig und stürzte sich auf ein Grüppchen, das dort unter einem Akazienbaum saß. Ein paar Augenblicke später kehrten der Bräutigam und seine Kumpane zurück und trugen die Braut. Diese Figur, in einem steifen schwarzweißen Gewand aus rechtwinkligen, aztekisch anmutenden

Formen, schwebte von den Armen ihrer Entführer in die Höhe gehoben an der gesamten Länge des Zuges vorüber, so reglos und still wie eine heilige Statue, die vom einen Schrein zum nächsten getragen wird. Als sie vorbeiglitt, sah ich, daß oben auf der Stange, an der das Banner des Standartenträgers wehte, ein Granatapfel steckte. Ein anderer Mann trug ein mit Bändern geschmücktes hölzernes Kreuz mit einem zweiten Granatapfel darauf und zwei weiteren an beiden Enden des Querbalkens. Als sie wieder aufgestiegen waren, feuerten etliche aus der Gesellschaft des Bräutigams mit ihren Flinten in die Luft – Gesang und immer neue Salutschüsse begleiteten den Rest der Fahrt. *»Paráxenoi anthropoi«*, seufzte der Schaffner, nachdem er zuvor mehrmals mißbilligend mit der Zunge geschnalzt hatte. »Seltsame Menschen …« Und es war ja auch tatsächlich ein Unterschied zur steifen viktorianischen Pracht unseres Wagens. Der Bräutigam, erfuhren wir, war der Sohn eines großen *tsellingas* – eines Clanoberhaupts, könnte man sagen, unter den sarakatsanischen Hirten –, eines *architsellingas* sogar, eines Mannes namens Kosta Zogas, der sein Winterquartier in Sikorrachi hatte und im Sommer seine Schafe auf den Höhen der Rhodopen weidete; der Vater der Braut, Vrysas, ebenfalls ein Architsellingas, weidete seine Herden im Sommer auf denselben Bergen und überwinterte bei Soufli an den Ufern des Evros. »Wenn man sie sieht«, fuhr der Schaffner fort, »in ihren Binsenhütten und mit ihren alten Umhängen, könnte man denken, sie sind arm. Aber von wegen! Die haben Töpfe voll Geld. Töpfe, wortwörtlich: Sie füllen

Tonkrüge mit Goldmünzen, und dann vergraben sie sie, keiner weiß, wie viele. Da schlummern Schätze, in der Erde verborgen ...«

Der Zug war in Sikorrachi angelangt – ein ganzes Dorf aus wunderschön strohgedeckten Sarakatsanenhütten, gigantischen Bienenkörben, dickbäuchig und oben zusammenlaufend, Lagen von Schilfrohr so exakt aneinandergefügt wie die Ringe eines Gürteltiers. Oben waren sie offen, und blauer Rauch kräuselte sich über diesen Abzugslöchern, von denen jedes mit einem Holzkreuz geschmückt war. Schwarz gekleidete Sarakatsanen versammelten sich am Fuße des Hochzeitswagens, die Braut wurde heruntergereicht, und unter Juchzern, Begrüßungsrufen und knatternden Musketenschüssen machte sich die ganze Gesellschaft auf den Weg zu der kleinen weißen Kirche. Der Zug fuhr mit einem Pfiff, begleitet vom passenden Obbligato einer Dampfwolke, talabwärts davon.

Drinnen stützten zwei Säulenreihen das weiße Tonnengewölbe der Basilika. Die goldene Ikonenwand funkelte im Licht der Kerzen; über uns schwebte ein großer Kandelaber aus byzantinischen Doppeladlern, an den Flügelspitzen zu einem Ring verbunden, und aus ihrer Mitte hing ein Straußenei herab.[*] Lärm und Hitze waren beträchtlich, und mit Schnüren umwickelte Holzflaschen voll mit warmem rotem Wein machten in der Gemeinde immer wieder die Runde. Das offene blauschwarze Haar des Zelebranten – eines stattlichen Manns mit raben-

---

[*] Man findet diesen Zusatz häufig, besonders in Klöstern. Ich habe nie herausgefunden, welchem Zweck er dient.

schwarzem Bart in weißer Dalmatik und einer breiten blauen und silbernen Stola mit gekreuzten Enden darüber –, das ihm in Wellen bis zu den Hüften hinabfiel, hätte Rapunzel Ehre gemacht. Mächtig, mühelos durchdrang sein Gesang den Lärm und das Stimmengewirr. Die Gesichter waren allesamt sonnenverbrannt, viele mit Adlernasen und blauen Augen, und bei manchen der Hirten war das Haar von der Sonne flachsblond gebleicht. Von den Priestern abgesehen waren die Brautleute die einzigen im Saal, die ernste Miene machten. Der abwesende Ausdruck der Braut, ihre stets gesenkten Augen unter dem blumenbesteckten Schleier und das kleine blaue Kreuz, das ihr seltsam mit Stift oder Farbe auf die Stirn gezeichnet war – das alles schien unveränderlich. Der Bräutigam trug eine goldbestickte Weste aus rotem Samt, eine Seidenschärpe in den griechischen Nationalfarben Blau und Weiß, eine weite weiße Fustanella, lange Strümpfe und dazu, zu meiner Enttäuschung, spitze schwarze Stadtschuhe. Sein Gesicht, eher unauffällig für einen Sarakatsanen, war eine Maske hilflos männlicher Ernsthaftigkeit. Nur in einem unterschied sein Anzug sich vom üblichen Sonntagsstaat der griechischen Bergbewohner: schwarze wollene Stulpen, bestickt mit den sarakatsanentypischen Zickzackmustern, bedeckten seine Unterarme unterhalb der bauschigen weißen Ärmel, die nur bis zum Ellenbogen reichten. So turbulent es in der Kirche auch zuging, nahm doch die Zeremonie unbeirrt ihren Lauf. Im Kirchenschiff war ein tragbarer Altar aufgestellt, zu dessen beiden Seiten zwei kleine Hirtenjungen die großen, mit Schleifen versehenen Kerzen hielten wie heraldische Schildhalter ihre Lanzen. Der Koumbaros tauschte die filigrane weiße Blumenkrone von Bräutigam zu Braut, bestimmte ihnen, wie sie ihre Hände zu halten hatten, zuerst so, dann so, schlang ein Band um die Hände, und noch komplizierter waren die Rituale, die den Ring betrafen; er hielt ihnen das silbergeprägte Meßbuch hin, die beiden küßten es, dann küßte er es selbst. Hand in Hand, mit dem Priester voran und unter einem Bombardement aus Reis und Süßigkeiten, geleitete er sie in einem langsamen, würdigen Schreittanz dreimal um den Altar. Mehr als jedes andere Stadium der Zeremonie – den Wein reicht man lediglich zum Gedächtnis der Hochzeit von Kana in Galiläa – heiligt und bestätigt diese feierliche Pavane das Sakrament.*

Als wir wieder nach draußen ans Licht der Sonne kamen, war alles Heiterkeit, Fahnen flatterten, und wieder knallten die Salutschüsse. Wir bahnten uns einen Weg zwischen den Wigwams zu dem Haus, das der Vater des Bräutigams – der, ganz auf der Höhe der Zeit, Wurzeln auf seinen Wintergründen schlug – vor kurzem gebaut hatte. Als die Frischvermählten an der Schwelle anlangten, reichte jemand dem Bräutigam ein Sieb, und dieser warf es über die Schulter: eine Maßnahme, von der es heißt,

---

* Ich schreibe voller Anteilnahme von der anspruchsvollen Aufgabe des Koumbaros, denn mir ist diese Ehre vor kurzem selbst zuteil geworden, bei der Hochzeit von Antony, dem Sohn meines alten kretischen Waffenbruders Grigori Chnarakis aus Thrapsano. Dieser Bund, der ein Kompliment und zugleich eine Verpflichtung ist, gilt mehr als die Blutsverwandtschaft.

daß sie Streit in der Ehe verhindert. Beide küßten die Hand des Bräutigamvaters, legten sich diese einen Moment lang ehrfürchtig an die Stirn und verschwanden dann im Hauseingang. Mein Freund vom Vortag, Barba Petro, machte uns mit dem Hirtenfürsten bekannt, der uns mit der üblichen eleganten Geste – der auf die Brust gelegten Hand – begrüßte und ins Haus führte.

Gäste saßen auf dem niedrigen Diwan entlang der Wand oder im Schneidersitz auf den Matten, mit denen der Fußboden ausgelegt war. Bei der Ankunft jedes neuen Gastes stimmten sie ein Begrüßungslied an, und schwarz gewandete Tanten und Großmütter reichten den Neuankömmlingen Tellerchen mit einem Löffel Marmelade, ein Glas Wasser und einen Fingerhutvoll Raki: »Mutter, unsere Freunde sind da«, sangen sie, »die Gäste, die wir geladen haben. Heißt sie willkommen mit Zucker und Honig und mit goldenen Worten.« Der Raum füllte sich mit schwarz gekleideten Gestalten; wenn sie sich setzten, kreuzten sie die Beine mit den schweren Schuhen unter sich, oder sie streckten das eine Bein aus, so daß die Nagelschuhe oder hie und da ein troddelbesetzter Halbschuh in allen erdenklichen Winkeln abstanden; das andere umfaßten sie am Schienbein. Manche saßen mit den Armen um die angezogenen Knie geschlungen, andere lehnten sich an die Wand oder den Diwan, ein Knie angewinkelt, damit sie den Arm darauf ablegen konnten, und zwischen den Fingern der ausgestreckten Hand wanderten die Bernsteinperlen des *komboloi*, immer im Abstand von ein paar Sekunden. Alle lagerten sie ausgestreckt und entspannt. Überall Schäferstäbe – über den Schoß gelegt oder schräg an die Schultern gelehnt, manche von knorrigen Fäusten kerzengerade gehalten, den Schaft auf den Boden gestützt. Weitere standen an die Wände gelehnt, wobei das obere Ende jedes dieser altehrwürdigen Hölzer in einer eigenen gewundenen Spitze auslief, geschnitzt in Gestalt eines Delphins, eines Drachen, eines Widderkopfes oder einer Schlange. Zwei, als gehörten sie zwei Feldprälaten, hatten stählerne Haken wie Krummstäbe. Nur einige wenige Gäste waren im schwarzen Kilt. Die anderen steckten in groben, haarigen schwarzen Jodhpurhosen. Ein oder zwei unter den Wildesten trugen Mokassins aus ungegerbtem Leder, vorn zu Kanuspitzen aufgebogen; Fußlappen aus weißem Wollstoff schauten heraus und waren mit breiten Riemen kreuzweise über den Unterschenkeln geschnürt. Alle hatten die weichen schwarzen Kalpaken in verwegenem Winkel auf dem Kopf. Mit Ausnahme des Bräutigams, der im weißen Faltenrock an der Tür stand und die schwieligen Händedrücke und bärtigen Umarmungen der nach und nach eintreffenden Gäste entgegennahm, waren fast alle Anwesenden mittleren Alters oder älter. Einige schienen uralt, doch alle machten sie einen gesunden, sonnengegerbten Eindruck: groß, mit buschigen Brauen, weißem Schnurrbart, ehrwürdige, unverwüstliche Patriarchen, Tsellingas und Architsellingas, Hirtenhonoratioren aus ganz Thrakien. Zwei sahen mit ihren drahtgeflickten Nickelbrillen seltsam gelehrt aus. Mit dieser Versammlung von alten Männern wirkte der Raum wie ein vornehmer und exklusiver Club.

Ich konnte kaum glauben, daß ich nun endlich mit diesen geheimnisvollen, beinahe mythischen Menschen zu-
sammensaß, und gleich mit Dutzenden davon. Das Stimmengewirr toste. Sie sind es gewöhnt, gegen den Ansturm
des Windes einander von Gipfel zu Gipfel zuzurufen, und
es fällt ihnen schwer, bei größerer Nähe die Stimme zu
senken; selbst die kleinste Bemerkung kommt mit größter
Lautstärke. (Die einzige Alternative ist ein verschwöreri-
sches und kaum hörbares Flüstern, in das sie sofort verfallen, sobald sie bei ihrem Gegenüber auch nur das kleinste
Anzeichen von Schmerz bemerken.) Das Aroma der
Schafspferche stand schwer im Raum, dazu der Geruch
von grobem Tabak. Von Zeit zu Zeit wehte ein verlocken-
der Hauch Bratenduft von draußen herein. Dann und
wann roch es nach angesengtem Stoff, der Geruch der getrockneten Pilze, die sie als Zunder verwenden. Ein kleines Eckchen davon wird an ein Stück Stahl, geformt wie
ein Hufeisenmagnet, gehalten, und darauf schlagen sie mit
einem Feuerstein, bis der Zunderschwamm anbrennt; damit zünden sie dann die eben gedrehten Zigaretten an
oder drücken ihn auf den zerriebenen Tabak im Kopf ihrer
selbstgeschnitzten Pfeifen. Ist die umständliche Prozedur
beendet, schlagen sie die gesamte Ausrüstung in einem
Ziegenlederbeutel ein und verstauen ihn in den Falten ihrer Schärpen.

Ich weiß nicht genug, um die genaue Herkunft eines
griechischen Akzentes herauszuhören, doch der schwere,
ländliche Tonfall klang für meine Ohren anders als alles,
was ich bisher in Thrakien gehört hatte. Er erinnerte eher

an den Dialekt von Rumeli im engeren Sinne oder von manchen Gegenden in Epirus, viel weiter im Westen; es ist ein Akzent, der die Endvokale ausläßt und diejenigen in der Wortmitte meist noch dazu. Die Worte klingen merkwürdig abgehackt und konsonantenreich. Um so schwerer war ihrer Unterhaltung zu folgen, als die Sarakatsanen ein großes und esoterisches Vokabular für all die Feinheiten ihres Gewerbes haben: für die Beschaffenheit und die Eigenheiten von Gras, für die Techniken des Hüttenbaus und des Glockenstimmens, für all die verschiedenen Arten von Schafen und Ziegen und Pferden und Hütehunden. Sie haben ihre eigenen Ausdrücke für alles, was mit Decken, Lammen, Entwöhnen, mit Scheren, Kämmen, Spinnen, mit Melken, Kochen, Abseihen, Aushärten, mit Korbflechterei, Orientierung, Zeltbau und dem Einrichten eines Lagers, mit dem Aushöhlen eines Troges oder den Vorzeichen des Wetters zu tun hat, mit all den Dingen, um die ihr Leben sich dreht. Woher soll man als Laie wissen, daß ein Schaf mit rotbraunem oder schwarzem Gesicht *katsnoúla* heißt oder daß man das Umbinden der Glocke »bewaffnen« nennt? *Óti siderónoun i armatónoun tes katsnoúles,* um genau zu sein. Oder wie viele Okka Bronze in welcher Tonhöhe man einem Leithammel umhängt? Oder daß die beste Zeit, eine Herde mit Glocken zu bewaffnen, um das Fest Mariä Verkündigung ist, »wenn der erste Kuckuck ruft«? Das waren die Themen, die durch das Wohnzimmer dröhnten.

Wenn man so tief auf dem Diwan oder auf den am Boden verstreuten Matten sitzt, öffnet sich ein ganz neuer

Ausblick auf das Leben. Es war seltsam, wenn man aufstand und plötzlich in die leere obere Hälfte des Raumes
zu den glitzernden Ikonen an der gegenüberliegenden
Wand blickte, erhellt von zwei großen Sonnenstrahlen
(aus denen die Fensterpfosten dreidimensionale rauch-
blaue Parallelogramme werden ließen, die schräg abwärts
in die Menschenmenge wiesen), und von da wieder hinunter zu den schwarzen Kalpaken und dem Gewimmel
der Schäferstäbe und den hundert Nomaden dort am Boden.

Barba Petro wies uns die Honoratioren: »Onkel George
da drüben, der Einäugige – das ist einer der größten Tsellingas im ganzen Rhodopengebirge: Mehr als zehntau-
send Schafe und Ziegen hat er, und ich könnte mir vorstellen, daß er heute das erstemal einen Fuß in ein Haus
setzt. Der, der mit ihm redet, der ist dreiundneunzig; früher hat er seine Herden bei Seranta Ekklesies geweidet,
den vierzig Kirchen – Kirk Kilisse nennen die Türken es –,
noch weit, weit hinter Adrianopel. Dann, nach den Balkankriegen, schlossen die Türken die Grenze, und jetzt
hat er seine Winterhütten an der Küste, westlich von hier
unterhalb von Xanthi. Der andere, der mit der Narbe auf
der Stirn, hat immer zwischen Chaskowo und Stara Za-
gora überwintert – herrliche Weiden! –, aber jetzt zwin-
gen die Bulgaren, diese Hornochsen, ihn, anderswohin zu
gehen ... Ich hatte nie viele – aber schöne Tiere. Ich bin
mit ihnen in die Gegend von Kios gegangen, in Bithynien,
nicht weit von Nikäa an der asiatischen Küste. Das war
vor vielen, vielen Jahren ... Von den Schiffen, die auf dem

Marmarameer vorbeifuhren, hörte man meine Glocken ... Aber in den Rhodopen, da sind wir alle zu Hause ...« Ich fragte ihn, was der Name Sarakatsanen bedeute; ich hätte gehört, daß es eigentlich ein türkisches Wort sei, *karakatchani*, »die Schwarzen, die sich davonmachen« oder die »schwarzen Wanderer«. Er schloß die Augen, legte mit einem Ruck den Kopf in den Nacken und schnalzte verneinend mit der Zunge. »Tsk, tsk! Das stimmt nicht. Wir wissen nicht, woher wir den Namen haben; manche sagen, wir tragen ihn nach dem Dorf Sirako in Epirus. Es heißt, Ali Pascha habe den Ort niedergebrannt und uns vertrieben, und seither sind wir immer auf Wanderschaft gewesen.« Ich wandte ein, daß Sirako ein Dorf der Kutsowalachen sei.*

Onkel Petro stieß mehrere Male verärgert das Ende seines Stabs in die Sitzmatte. »Davon weiß ich nichts. *Wir sind Griechen.* Wir haben nichts mit den Kutsowalachen zu schaffen. Wer weiß, woher die kommen? Wenn sie untereinander reden, versteht man kein Wort.** Immer verwechseln uns die Leute, nur weil wir beide Schwarz tragen und weil wir beide Hirten sind. Wir wollen mit denen

---

* Tatsächlich ist es der Geburtsort von Kolettis, dem Helden des Unabhängigkeitskrieges, eines der ersten griechischen Premierminister und zeitweiligen Gesandten in Paris (wovon sich in den Tagebüchern der Brüder Goncourt nachlesen läßt), und auch die Dichter Krystallis und Zalokostas stammen von dort. Es ist ein großes Walachendorf am Ufer des Acheloos – des Aspropótamo oder »weißen Flusses«, wie die Einheimischen sagen. Die Einwohner heißen *tzintzani*, was an das rumänische Wort für Stechmücken erinnert. Im Winter finden sich ihre verstreuten Hütten zu Hunderten von Preveza landeinwärts.
** Beide Ableitungen des Wortes Sarakatsanen sind falsch. Mehr dazu später und noch später auch weiteres zu den Kutsowalachen.

nichts zu tun haben. Nie wird man einen Sarakatsanen dazu bringen, daß er eine Kutsowalachin heiratet. Und schon gar keine Karagunen! *Po, po, po!«* Bei der Erwähnung dieser Bergbewohner mit ihren schwarzen Umhängen, die bisweilen auch Arvanitóvlachi genannt werden (also Albanowalachen – aus dem nordwestlichen Pindos und den südlichen Provinzen Albaniens –, die eine Mischform aus Kutsowalachisch und Albanisch sprechen),* faßte er seinen Jackensaum zwischen Daumen und Zeigefinger in einer panhellenischen Geste pikierter Verachtung und schüttelte die Jacke ein wenig, als wolle er sie von Staub und Ungeziefer befreien. Mir fiel auf, daß, von uns abgesehen, der Pope, der nicht weit entfernt hockte und dessen hoher Zylinderhut aus dem Archipel der Kalpaken herausragte, der einzige Nicht-Sarakatsane im Raum oder sogar, soweit ich feststellen konnte, im ganzen Dorf war.

Die Begrüßungsgesänge, die immer lauter geworden waren, je weiter der Raum sich füllte, waren schon vor langem verstummt. Niedrige runde Tische, fertig gedeckt mit Gläsern und gemeinschaftlichen Schüsseln voll mit dampfendem gebratenem Lamm, mit großem Geschick von den Tieren geschnitten, die sich draußen am Bratspieß drehten, und mit grobem Salz bestreut, wurden hereingetragen und exakt zwischen den Gästen plaziert wie

---

* Um die Sache noch komplizierter zu machen, wird die Bezeichnung »Karagunen« auch für die Bewohner mehrerer griechischer Dörfer bei Karditsa auf der thessalischen Ebene gebraucht sowie in einem weiteren, scherzhaften Sinne als Spottname für jeden Thessalier.

Steine in einem Puzzlespiel. Über den Köpfen wanderten von Hand zu Hand Glaskrüge mit Wein. Überall klirrten die Gläser, mit denen fröhlich angestoßen wurde und die sich wunderbarerweise immer wieder zur Hälfte füllten, sobald sie ausgetrunken waren; Schüsseln kehrten mit zweiten oder gar dritten Portionen zurück. Draußen vor dem Fenster schmauste eine Schar Gäste unter den Bäumen. Ganze Lämmer wurden brutzelnd und dampfend am Spieß herbeigetragen, und immer wieder hörten wir das Hackbeil auf dem Klotz, hörten Knochen knirschen, wo ein drahtiger Nomade schuftete wie ein Scharfrichter, damit er mit dem zweihundertfach großen Appetit mithalten konnte. Zu diesem köstlichen Braten gab es nichts außer Schnitten von erstklassigem Schwarzbrot; sie kamen von Laiben, die aussahen wie kleine Mühlsteine, frisch aus den bauchigen Öfen draußen. Es war, könnte man sagen, ein Bankett wie in der Steinzeit. Fremde werden bei solchen Anlässen stets ganz besonders verwöhnt: spezielle Leckerbissen, eine Gabelvoll Leber oder Niere oder noch Unergründlicheres werden immer wieder angeboten, Hirn wird aus Köpfen gelöffelt, die der Länge nach durchgeschnitten und aufgeklappt werden wie eine Schatulle, wobei bisweilen noch jede Hälfte ihr versengtes, gewundenes Horn trägt. Schafsaugen zu meiden ist eine ständige Herausforderung für den Besucher. Die Bergbewohner schätzen sie sehr, doch wenn man nicht gerade zu den wirklich abgebrühten Reisenden gehört, sieht man doch immer den bitteren Vorwurf, der einem von den Gabelzinken entgegenblickt.

Nach etwa einer Stunde ebbte das Stimmengewirr zu einem einzigen tiefen Bordunton ab, und daraus erhob sich der Anfang eines Klephtengesangs. Die erste Strophe wurde von zwei oder drei Stimmen gesungen, dann antwortete die gesamte Schäferschar mit einem langgezogenen Tosen, das mit einer Vehemenz einsetzte wie ein Raubtiersprung. Zu meiner Überraschung – schließlich waren wir fernab von der Morea – war es ein Lied über den großen Helden des Unabhängigkeitskrieges, Kolokotronis. (Ich hätte mit einem nördlicheren Klephten gerechnet, allen voran mit Katsandonis aus dem wilden Agrafagebirge, dem Helden aus der Zeit des Ali Pascha von Ioannina und selbst Sarakatsane; oder vielleicht mit Karaiskakis.) »Kolokotrones brüllte«, sangen die Nomaden, »und die ganze Welt zitterte: ›Wo bist du, armer Nikitaras, du, dessen Füße Flügel haben?‹ – *pou choun to pódia sou phterá?* Auf, auf und ergreife die Türken, jage sie in die Falle wie die Hasen, erschlage ein paar, nimm ein paar gefangen, setze ein paar fest in ihrer Burg ... In Antikorpha und Trikorpha strömt das Blut wie ein Bach ...« Darauf folgte eine weitere vielkehlige Antwort von Süden her: »Sie sperren sämtliche Straßen der Morea, sämtliche Pässe sind blockiert ...« Als die mächtigen Stimmen verstummten, war wieder der gleichmäßige, monotone Singsang der kleineren Gruppe zu hören, halb klagend, halb drohend, ein eigentümliches Vibrato in der Stimme. Dieser relativen Flaute folgte dann jeweils ein langer tiefer Beschwörungsruf – *Oré!* – »O du« oder »Hört!« –, der am Anfang der meisten klephtischen Strophen steht; und dann wurde das nächste Ereignis der kriegerischen Vergangenheit berichtet, vorangetrieben oder zurückgedrängt durch plötzliche Rufe der anderen, angefeuert von den ohrenbetäubenden Pfiffen der Hirten.*

Diese Lieder entwickeln sich als langsame metrische Folge von Halbtönen und wiederholten Halbzeilen, und sie werden mit einer Inbrunst vorgetragen, von deren Heftigkeit die Sänger der Ohnmacht nah scheinen. Der Kopf wird in den Nacken geworfen, die Augen sind halb geschlossen oder blicken in weite Ferne, und die Adern an Stirn und Hals treten wie Schnüre hervor. Meist sind es heroische Geschichten, oft in die Gestalt einer Parabel gekleidet, genauso wild und melancholisch wie die Musik. Die langsam, doch unaufhaltsam wachsende Wucht dieser Gesänge erfüllt die verrauchte Luft über uns mit stürzenden Minaretten, brennenden Festungen, Salven aus mächtigen Flinten, mit Pulverdampf und dem Klirren der Jatagane, wenn Klephten und Janitscharen sich zum Kampf gegenübertreten, auf buckligen Brücken hoch über legendären Schluchten ... Über das Tal von Tempe ruft der Olymp, die Klephtenzuflucht, seine trot-

---

* Eine andere rituelle Beschwörung, die oft zwischen zwei Versen eingeschoben wird, lautet *Amán!*, das türkische Wort für »Gnade!«. Zwar ist es oft einfach nur ein Füllwort, aber ich denke mir, im Grunde beklagt man das Schicksal, es ist sozusagen eine allgemeine Bekundung des Mitgefühls, der Anteilnahme an all dem Kummer und Schrecken der Vergangenheit; halb »*willow, willow, waly*«, halb »*aï de mi*«. Am Ende jeder fünfzehnsilbigen Zeile eines Reimpaars – das häufigste Metrum für diese Bergepen, wobei aber die Zeilen beim Singen auf weit mehr als fünfzehn Silben gedehnt und ausgeziert werden – erklingen im dröhnenden Baß der gesamten Zuhörerschaft mehrere solche *Amáns* zu einem Wort zusammengezogen: *Amánamánamánamáaán!* An diesem Tag herrschte kein Mangel daran.

35

zige Botschaft dem türkenverseuchten Ossa entgegen. Glut-
äugige Pallikare sprengen im Galopp zur Kirche und emp-
fangen die Sakramente im Sattel; ergraut von Kampf und
Alter, das Krummschwert in der Hand, liegen sie in ihrem
Blute, unter einer Platane, an einem Bach … Wir werden
entrückt zu den Festungen von Rumeli, Tzoumerka, Pindos,
Chasia, Kakosouli: Namen, bei denen einem die Haare zu
Berge stehen. Die Macht und die Wucht und die lyrische
Schönheit dieser Worte wirken zusammen und lassen rings
um die Sänger und Zuhörer die freie Welt der Berge Gestalt
annehmen, hoch über dem Gewimmel der Türken des Tief-
lands. Das Reich der Adler und der Klephten! *Oré amán!*

Die Sarakatsanen waren nicht gerade Virtuosen, aber
dafür war ihr Gesang voller Überzeugung und Kraft. Bei
einem ihrer Lieder fiel mir auf, daß das letzte Wort – *makaronádes*, ein abfälliger Ausdruck für Italiener – offensichtlich in einem nach Machart, Text und Melodie wesentlich älterem Lied den Platz des vorherigen Feindes
eingenommen hatte, damit es nun zum Winterfeldzug
von 1940 paßte: »Ach daß ich Flügel hätte und könnt' in
die Höhe entfliehn, hinauf zu den höchsten Gipfeln der
Berge, von wo ich hinabschauen würde auf Epirus und auf
das arme Himara; hinabschauen auf die Schlacht, Griechen gegen die *Makaronádes*.« Das moderne Ende war
eine gewisse Antiklimax, gerade wo zuvor von Himara die
Rede war, der kriegerischen Griechenfestung im Cerauni-
schen Gebirge hoch über der albanischen Grenze, die für
ihre Standhaftigkeit in Türkenzeiten fast ebenso berühmt
ist wie Souli oder die Weißen Berge von Kreta. Noch ein

anderes Lied endete mit einer solchen Überraschung, allerdings einer interessanten: »Wenn einer nach Amerika will, der soll sich das gut überlegen. Vierzig Tage auf See, Tage voll Seufzen und Klagen. Dann steigen sie in ein Boot und gehen in New York an Land. Da kennen sie keine Menschenseele, und so fliegen sie zurück wie die Vögel.«* Ein trauriges kleines Lied, doch um so merkwürdiger hier, denn Onkel Petro versicherte mir, daß – ganz anders als sonst, wenn Griechen in solcher Zahl zusammenkommen und immer ein gutes halbes Dutzend dabei ist, das ein paar Jahre in Brooklyn oder Chicago oder Nebraska verbracht hat – kein einziger in diesem Raum je in Amerika gewesen sei, ja seines Wissens überhaupt nie ein Sarakatsane. Bei denen, die je den Namen gehört hatten, waren die Vorstellungen von Lage und Art des Landes nicht minder verschwommen wie beim Laien die Vorstellung vom Leben auf dem Mars.

Im Laufe des Banketts, während der langen Prozession der immer wieder neu gefüllten Gläser und der Gesänge, von denen einer zum nächsten führte, hatten die beiden Streifen Sonnenlicht, die das Fenster warf, sich in die Horizontale geneigt und leuchteten nun quer durchs Zimmer, und die langen, hellen Rechtecke an der gegenüberliegenden Wand strahlten im Aprikosenton des Abends.

---

* An dieser Stelle muß ich mich für einen schweren Fehler in *Mani* entschuldigen. Ich schreibe dort, daß die sechzehnsilbigen Verse (im Gegensatz zu den in ganz Griechenland geläufigen Fünfzehnsilbern) nur in den Klagegesängen der Manioten vorkommen. Das stimmt jedoch nicht – in vereinzelten Fällen sind sie auch anderswo zu finden, und ich sehe jetzt in meinen Notizen, daß gerade dieses Lied ein solcher Fall ist. Ich wünschte, ich wüßte, von wo es stammt.

In all den fröhlichen Stunden war von der Braut nichts zu sehen gewesen. »Sie ist oben«, erklärte Onkel Petro. »Wir müssen gehen und sie betrachten«; und mit diesen Worten nahm er seinen Stab wie die Stake in einem Boot und hievte sich, unter Knarren der Gelenke nach dem langen Sitzen, auf. »*Ta Gerámata*«, meinte er lächelnd, »das Alter …« Er stieg uns voran die Treppenleiter hinauf, und der Lärm verebbte unter uns.

In der oberen Kammer war es totenstill. Die Mitgift war entlang der beiden Seitenwände ausgelegt: gerollte Ballen von dunklem, selbstgewebtem Stoff für Umhänge und für die Zelte, die unterwegs aufgeschlagen werden; einige wenige waren weiß, einige grau oder von einem dunklen Rostrot, doch die meisten waren schwarz – die Farben der Herden, von denen die Wolle stammte, viele filzig und rauh wie aufgerollte Bahnen von Rauch. Kratzige Decken mit geometrischen Mustern waren zu hohen Türmen aufgeschichtet, Kissen, die hart wie Granit aussahen, dazu die schwarze und weiße Aussteuer. In der Mitte der rückseitigen Wand, das Haupt gesenkt, die Augen niedergeschlagen, die braunen Hände über der Taille verschränkt, stand regungslos die Braut. Rechts und links von ihr saßen auf dem Boden die wilden, doch beklommen wirkenden Brautjungfern. Auf den traditionellen Gruß – »*Kaloriziki!*«, »möge die Ehe gute Wurzeln schlagen« – neigte sie um einige wenige Zoll den Kopf, sprach aber kein Wort. Und von einer steifen Verbeugung abgesehen regten weder sie noch ihre Lippen sich, als weitere Nachzügler heraufkamen und mit Onkel Petro und uns beisammenstanden – teilnahmslos, als seien die Gestalten am anderen Ende des Raums Wachspuppen in einem ethnologischen Museum. Die auffälligen Gewänder der Frauen waren weitgehend gleich, nur daß die Braut dazu mit Blumen und Goldmünzen geschmückt war.

Wo in den griechischen Dörfern die Frauen an Festtagen und bei Feiern noch die Tracht ihrer Gegend tragen – und das sind immer noch viele, auch wenn die Zahl abnimmt – und in den entlegenen Gegenden, wo eine einfachere Variante dieses Festgewands auch an Werktagen üblich ist, ist man immer wieder erstaunt über ihren Reichtum, ihre Vielfalt und Eleganz; Röcke, die sich unter engen Leibchen aus Damaszener Brokat oder Bursasamt üppig bauschen; weiche, schräg auf dem Kopf getragene maulbeerfarbene Feze mit langen Satinquasten oder goldbestickte samtene Pillboxhüte oder kunstvoll gebundene Kopftücher aus Seide; in Makedonien gibt es sogar eine Gegend, wo der Kopfschmuck von einer halbrunden Feder gekrönt ist wie der Helm der Pallas Athene. Man findet Knöpfe mit Satin überzogen, getriebene Silberschnallen und orientalische Filigranarbeiten aus Ioannina; und über den samtenen Boleros und den engen Ärmeln – bisweilen auch solche, die geschlitzt vom Ellbogen aus locker hängen wie die Blütenblätter einer Tulpe – wuchert die Goldlitze zu orientalischen, barocken oder Rokokomustern, nicht minder reichhaltig als auf einem posttridentinischen Vespermantel. Wo die Berge wilder werden, sind die Stoffe steifer und gröber, doch das Inventar besticht durch eine verblüffende Vielfalt an Farben und Materialien und einen fließenden, femininen, durch und durch romantischen Stil. Die Bilder, die Byrons Haidee und sein Mädchen von Athen heraufbeschwören, sind gar nicht so weit von der Wirklichkeit entfernt.

Von alldem fand sich hier nichts. Es gab keinen Satin und keine Seide, keinen Samt und keine Goldlitze aus Westeuropa oder aus der Levante, sondern so gut wie jeder Faden, den sie am Leibe hatten, stammte vom Fell ihrer Tiere und von ihren geradezu prähistorischen Webstühlen; und so aufwendig die Tracht auch war, gab es nicht eine einzige wallende Rundung, keinen Kreis und keine Ellipse, nichts, was wehte oder bauschte, was verflochten oder umeinandergeschlungen war. Das einzig Runde waren die Ketten und Halsketten, die Goldnapoleons und türkischen Zechinen und Goldtaler, die die Braut als Halsschmuck trug. Ein weiterer Zusatz aus neuerer Zeit zu dem geradlinigen Gewand, und zwar einer, den man bei Braut und Brautjungfern gleichermaßen fand, war der weite, weiße, gehäkelte oder gefältelte Rundkragen wie die flachgedrückte Halskrause eines Hidalgos, der an den Schultern in Langetten auslief. Der komplizierte Kopfschmuck aus Blumen und steifem Musselin und der Schleier, der über den Rücken der Braut herabhing, wirkten so fremdländisch und bezaubernd wie der Zierat, mit dem man in Kalabrien oder Andalusien die frommen Statuen zur Prozession schmückt. Über die Ohren hing von einer Rosette ein Bündel langer Bänder herab, die das Gesicht der Braut einrahmten wie die Gehänge ihres Diadems das der Kaiserin Theodora in Ravenna.

Doch von diesem Festtagsschmuck abgesehen bestand alles aus strengen schwarzen und weißen Linien und Winkeln, und die schwarzen, weiß gefaßten Falten waren so steif, daß bei jeder Regung der Mädchen die schweren und unbequemen Kleider ihnen mit der Behäbigkeit von Ritterrüstungen folgten. Schürzen reichten bis zu den Knien, so steif wie eine Stola oder ein Heroldsrock; die Blusen waren so starr wie Dalmatiken, und nichts zeigte auch nur das kleinste Zugeständnis an althergebrachte Vorstellungen menschlicher Körperformen. Die Beziehung zu den Rundungen und Gelenken der Anatomie waren so willkürlich wie die Schuppen eines metallenen Fisches oder die Ringe einer Spielzeugschlange im Vergleich zu ihren natürlichen Vorbildern oder wie die Lagen der Rüstung für einen Samurai. Jedes dieser Kleidungsstücke sah aus, als ob man es nach dem Ausziehen hinstellen könne wie etwas aus Pappe. Unterarme und Beine steckten in Ärmeln und Beinlingen mit geometrischem Muster, und an den Handgelenken der Braut klimperten schwere Armreifen. Alle hatten sie, was seltsam und rührend war, an den Füßen kräftige, flache Bergschuhe. (Ihre Mütter hätten noch pompomverzierte *tsarouchia* getragen.) Es war also nicht leicht zu sagen, warum diese Kleider so eindrucksvoll aussahen. Sie erinnerten – das ging uns erst jetzt auf – an altgriechische Vasen des geometrischen Stils; jedes Muster bestand aus geraden Linien und Dreiecken mit hie und da einer ersten Andeutung jener Muster aus weißen Kreuzen auf schwarzem Grund, oder schwarzen auf weißem, die gern die Gewänder von

Freskoprälaten an den Wänden einer Kirchenvorhalle zieren. Überall Winkel: Dreiecke zu Pyramiden übereinandergesetzt oder in diagonalen Zickzack-, Sägezahn- oder Treppenmustern, sehr selten einmal ein kleines Dreieck oder ein Winkel in blassem Ocker oder Terrakotta oder stumpfem Blau dezent auf die vorherrschenden schwarzen und weißen Flächen plaziert. »Geometrisch«, auch »steinzeitlich« waren Bezeichnungen, die sich einstellten, und dort an der Oberfläche des Verstandes schweben sie nach wie vor – und es ist ja auch eine faszinierende Idee, daß die Machart dieser Kleider sich vielleicht seit dreitausend oder mehr Jahren nicht verändert hat. Man weiß, daß man solche Gedanken, solange sie sich nicht durch Beweise erhärten lassen, in die Vorhölle des Unwahrscheinlichen verbannen muß. Aber es ist doch eine schöne Vorstellung. Und hier verleiht dem Gedanken noch der Umstand Gewicht, daß es weder in Griechenland noch auf der Balkanhalbinsel noch in Westeuropa oder im Nahen Osten vergleichbare Kleider gibt.

Über dem blauen Kreuz auf der Stirn der Braut, unter der steifen Leinenhaube mit ihrer schweren Last aus Schmuck und Blumen, sah man einen schwarzen Haarschopf so dicht und schimmernd wie ein Pferdeschweif. Das Gesicht war sonnenverbrannt, ein tiefer Bronzeton. Es hatte jene metallische Schönheit, die kräftigen Brauen, die schweren Lider, den ein wenig melancholischen Mund, das energische Kinn, den geraden, kräftigen Hals, der hier aus den flachen Rüschen und dem Münzgeschmeide entsprang – alles, was ich ein paar Jahre zuvor bei den Maya im Dschungel von Honduras und Guatemala bewundert hatte. Obsidian, Chalzedon oder Basalt wären die Steine, aus denen man ein solches Antlitz geschnitzt hätte, auch die Haltung schwermütiger Ruhe, deren Feinheiten nun rasch im schwindenden Licht der Abenddämmerung verschwammen. Sie war eine starke Persönlichkeit, mit kräftigen Gliedern, eine Gestalt aus einem Bild von Gauguin, ganz anders als die sehnigen Körper der Figuren von Tanagra, die offenbar so unauslöschlich die westliche Vorstellung von Anmut und Eleganz geprägt haben.

Doch für weitere Überlegungen dieser Art blieb keine Zeit. Der näselnde Ton einer Klarinette drang zu dem halbdunklen Fenster herauf; dann, nach kurzem Stimmen, eine Geige und die Klänge einer gezupften Laute und ein erstes Flirren der Schlägel über den Saiten eines Cimbaloms. »Ah, die Musikanten«, sagte Onkel Petro. »*Ta órgana!* – endlich!« Ich fragte, ob sie Sarakatsanen seien. Er sah mich verblüfft an. »Sarakatsanen? Wir spielen nur Flöte. Das sind Zigeuner.« Und das waren sie tatsächlich, sehr dunkelhäutige, unter einem Baum in Reih und Glied aufgestellt, in blauen Anzügen und spitzen schwarzen Schuhen und alle mit Krawatten, den einzigen weit und breit. Sie wirkten lässig und großstädtisch neben diesen anderen Nomaden und sahen ziemlich zwielichtig aus. Auf der Treppe knirschten die Schuhnägel, und flankiert von seinen Kameraden kam der Bräutigam, um die Braut zum ersten Tanz zu geleiten. Sie führten sie fort aus ihrem Schatten, nach unten und zu den Bäumen. Am Ausgang des Tals ging eben die Sonne unter. Der Bräutigam tanzte mit ihr einen ausgesprochen steifen *syrtos*, dann einen *kalamatianco*; abwechselnd führten sie ein Dutzend Gäste an, die sich an den Händen gefaßt und zu einem Halbrund formiert hatten. Die beiden sahen sich nicht an; eindeutig lag Spannung in der Luft. Kein Wunder; sie kamen von benachbarten Sommergründen, aber höchstwahrscheinlich waren die beiden einander nie begegnet. Bei ihrer Ehe hatten sie genausowenig Mitspracherecht wie bei einer dynastischen Verbindung zwischen einem Wittelsbacher und einer Staufertochter im Mittelalter. Man fragt sich, wie die ersten Wochen solcher archaischen Ehen in Griechenland wohl aussehen; die ängstliche Beklommenheit auf der einen Seite, auf der anderen eine Fremdheit, die jeden Mut nimmt. Noch bis vor kurzem waren auf der Mani die Frischvermählten so unvertraut miteinander, daß man ihnen ein Schwert unter das Kopfkissen legte, in der Hoffnung, daß der Knoten der Verlegenheit mit einem einzigen gordischen Hieb zerschlagen würde … Und noch schlimmer müssen diese Ängste durch das Aufhebens geworden sein, das um die Jungfräulichkeit der Braut gemacht wurde: die Gäste, die vor dem Brautgemach ausharrten, bis die Mutter des Bräutigams mit einem blutigen Bettuch oder Unterrock Entwarnung signalisieren konnte. Die Nachricht wurde mit einem Schwall grobschlächtiger Kommentare begrüßt. In derart sittenstrengen Gemeinschaften wären solche Beweise wohl kaum vonnöten gewesen; aber ich habe von kretischen Bräutigamen gehört, die, überzeugt, und wahrscheinlich zu Unrecht, daß andere ihnen zuvorgekommen waren, ihre Bräute verstießen und gleichsam zur Wiedergutmachung unauslöschliche Blutrache über beide Familien brachten. Und wie stand es um den armen Bräutigam? Würde die Flutwelle des Weins ihn über alle Hindernisse hinwegtragen, oder würde sie ihn im Gegenteil mit gebrochenem Hauptmast scheitern lassen? Kein Wunder, daß die beiden schüchtern wirkten. Junge Sarakatsanen leisten heute ihren Militärdienst genau wie andere Griechen und werden sich gewiß gemeinsam mit den anderen Rekruten in den Gassen der Garnisonsstädte umsehen. Doch früher, als sie noch in einer gnadenlos keuschen Gesellschaft lebten, traten sie ohne jede Vorbereitung in den Ehestand, nur bewaffnet mit Theorien, Gerüchten und Faustregeln. Vielleicht hatten unternehmungslustige junge Schäfer, wie Spötter es ihnen gern nachsagen und wie Hirtenjungen überall, ein Auge auf ihre Mutterschafe geworfen, um die ersten Flammen der Lust zu ersticken. Obwohl das den beiden jetzt auch keine große Hilfe gewesen wäre.

Nachdem die zwei Tänze überstanden waren, zog die Braut sich wieder in ihr Gemach oben im Haus zurück, und der Tanz für die Allgemeinheit begann. Er war einfach, steif und sittsam. Viele von den jüngeren Sarakatsanen hatten kräftig getrunken; das hatten sie schon seit Tagen; doch Mut und Übermut verließen sie in dem Augenblick, in dem sie sich zur langen Reihe der Tänzer gesellten. Ihr Schwung schrumpfte zum Schlurfen. Das ist nicht weiter verwunderlich; mit einigen wenigen Ausnahmen sind griechische Tänze, ganz gleich wie viele sich dabei an den Händen fassen, letzten Endes Solotänze; alles kommt auf den Anführer an, und jeder Tänzer versieht, wenn er an der Reihe ist, für einen Augenblick die Rolle der Koryphäe. Die der anderen, insbesondere seines unmittelbaren Nachbarn, mit dem er durch ein Taschentuch verbunden ist, beschränkt sich darauf, ihn bei seinen Verrenkungen zu stützen. Die Sprünge können akrobatisch sein, wenn ein schneidiger Tänzer die Führung hat. Doch heute schien der dionysische Eifer die Gäste selbst jetzt noch, wo die Hochzeits-Sarabande vorüber war, in dem Augenblick zu verlassen, in dem sie sich bei den Händen faßten. Wir bekamen einen ersten Begriff davon, wie streng reglementiert das Leben dieser Nomaden in Wirklichkeit war.

Außerhalb dieses Halbkreises herrschte jedoch beste Laune. Die Anspannung verflog, sobald der Tanz vorüber war, und Dutzende junger Nomaden zechten hemmungslos und immer aufgekratzter unter den Bäumen. Zwischen den Wigwams hockten oder standen geometrische Frauen in Gruppen beieinander, redeten oder sangen, und es gab sogar ein eigenes kleines Oval, in dem die Frauen tanzten. Einige jüngere Squaws hatten wie Indianerinnen hölzerne Kindertragen über der Schulter, und in jedem davon steckte in Windeln gewickelt ein Nomade im Miniaturformat. Die Lieder der Frauen handelten von denselben großen und melancholischen Themen wie die der Männer. Helles Lachen durchbrach immer wieder das murmelnde Stimmengewirr.

Die Sarakatsanissas, sonst so schweigsam in Gegenwart der Männer, leben auf Hochzeiten auf, denn dies sind die einzigen Vergnügungen für sie. Ihre Gespräche, als würden sie vom Anlaß mitgerissen, bekommen einen anzüglichen Tonfall, oft haarsträubend in ihrer Offenheit. Nichts, was aufregend, komisch oder absurd am Geschlechtsleben ist, bleibt ungesagt. Verse, Anekdoten und Erinnerungen werden eifrig weitererzählt und ausgeschmückt, eine zahnlose Alte erzählt es der anderen, Ehefrauen zeigen Gesten, die man sonst von Anglern kennt, prahlen von ihrer Ehe oder machen sich darüber lustig, Mädchen lauschen gebannt. Lachsalven unterbrechen diese lästerlichen Reden, Hände werden übermütig in die Höhe gereckt oder mit gespielter Scham vors Gesicht geschlagen. All das geschieht außer Hörweite der Männer, und in der Ferne lächeln Ehemänner, Väter und Söhne gutmütig über die Festtagsfreude der Frauen.

Drinnen war es nun dunkel geworden. Spätankömmlinge und ein oder zwei Unersättliche saßen noch beim Essen; die übrigen waren im Licht von ein paar Ölpfännchen in eine Halbtrance aus Wein und Gesang versunken. Unsere Rückkehr mit Onkel Petro wurde mit Freudenrufen gefeiert und mit der Einladung, mehrfach wiederholt und bekräftigt durch das Klirren der Weingläser, doch über Nacht zu bleiben, wo es nun schon so spät sei, eine Woche zu bleiben, einen Monat, ein Jahr oder für immer, London hinter uns zu lassen und das Leben in den Hütten zu wählen. Leider zwang uns ein lästiger Termin, den wir am nächsten Morgen in Alexandroupolis hatten, abzulehnen; und so stiegen wir nach vielfältigen Abschiedsworten noch einmal nach oben, um uns von der Braut in ihrem stillen Gemach zu verabschieden.

Das Binsenlicht auf einem Schemel gab so wenig Helligkeit ab, daß das Grüppchen am anderen Ende des Zimmers kaum auszumachen war. Eine der Brautjungfern am Boden, übermannt von ihrer Wache, war fest eingeschlafen; ein Ellenbogenstoß von ihrer Nachbarin sorgte dafür, daß sie schläfrig wieder Haltung annahm. Von den anderen Aufwärterinnen hatte sich keine geregt, und die Braut schien noch in derselben schicksalsergebenen Haltung dazustehen, wie wir sie Stunden zuvor gesehen hatten. In dem schwachen Lichtschein sahen sie alle zweidimensional aus. Von Schatten umgeben wie von einem schwarzen Heiligenschein, verschmolzen sie mit der Wand, und die schwarzweißen Gestalten wirkten wie ein schwach erleuchtetes Fresko; hie und da funkelte ein Ohrring, eine Münze, ein Armreifen, ein Ring oder eine Halskette einen Moment lang auf, dann verschwanden sie mit dem Auf und Ab der Flamme wieder, wie Spuren einer Vergoldung oder Goldplättchen in einem Mosaik. Die Braut verneigte sich schweigend zur Antwort auf unsere Abschiedsgrüße, die einzige, die sich in diesem lebenden hagiographischen Bild aus Jungfrauen und Märtyrerinnen regte. Auf Zehenspitzen gingen wir hinaus.

»Spricht sie denn nie ein Wort?« fragte ich Onkel Petro, als wir wieder draußen waren.

»Nicht jetzt«, sagte er.

»Das ist doch traurig, bei ihrer eigenen Hochzeit.«

»Ah! So ist das eben ... So soll es sein.«

Im Flammenschein wirkte die Szene draußen wie ein Bild von Breughel. Tänzer, nicht mehr als Silhouetten, bewegten sich noch immer gemessenen Schrittes, ein letztes Lamm drehte sich am Spieß über der glühenden Holzkohle, und glückliche Nomaden schwankten Arm in Arm, erfüllten die Nacht mit ihren lauten Stimmen und ihrem Lachen. Von Wein oder Erschöpfung gefällt, schliefen ein paar unter den Bäumen in allen erdenklichen Stellungen, als hätte ein Hekkenschütze sie mitten in der Feier niedergemäht. Ein hünenhafter Bursche, schon unstet auf den Beinen, trank, von seinen Kumpanen angefeuert und Kopf und Oberkörper weit zurückgelehnt, den letzten Tropfen aus einer gewaltigen Korbflasche. Als sie leer war, ging sie mit einem dumpfen Schlag zu Boden und rollte unter Johlen der Zuschauer davon. Ein flachshaariger Junge stand an einen Baum gelehnt und spuckte das Quantum des Tages in einem schwarzen Schwall wieder aus. Hütehunde nagten an den Knochen und balgten sich darum. Die Hütten, die nun von Öllampen und Feuerstellen sanft von innen glommen, waren zu schwarzen Schatten am Nachthimmel geworden, und noch tiefer im Schatten ließen sich gerade noch die angebundenen Pferde erahnen. Der Gesang verklang in der Ferne, nun wo wir wieder an den Bahngleisen anlangten.

»Ihr hättet die Hochzeiten sehen sollen, als ich noch ein Junge war«, meinte Barba Petro, als die Reihe der erleuchteten Eisenbahnfenster wie eine Schlange aus dem Tal zu uns heraufkroch. »Zu hundert Mann sind wir ausgeritten, um die Braut zu entführen, und haben unsere Flinten abgefeuert, so schnell, wie wir sie laden konnten. *Peng! Peng!*

Wumm! Wumm! Peng! ... Pferde sind lahm dabei geworden, Leute haben Schußwunden davongetragen, manchmal wurde sogar jemand erschossen. Heute dagegen ...«

Klappernd war der Zug an dem kleinen Haltepunkt zum Stehen gekommen. Wieder nahmen wir, so unpassend uns das vorkam, Platz auf dem troddelverzierten Plüsch des viktorianischen Abteils.

»Kommt uns in den Bergen besuchen, oben in den Rhodopen!« rief er, als der Zug anfuhr. »Hier in der Ebene ist nichts los.« Mit seinem Schäferstab wies er in die Nacht. »Aber in den Rhodopen –«

Der Rest ging im Rattern der Räder unter. Das Licht der Fenster fiel auf seine kleiner werdende Gestalt in immer rascher werdendem Abstand, und das Funkeln der Hütten und der Feuer, und die winzigen Silhouetten, die sich hinter ihm noch regten, sahen nun schon so fremd aus, so fern von Europa, wie ein Nomadenlager in den Steppen Zentralasiens.

Wer sind diese erstaunlichen Menschen, und woher kommen sie? Wie im Falle der Griechen selbst kennt keiner die Antwort auf diese Frage. Alles ist rätselhaft, und das fängt schon mit ihrem Namen an.* Die erste beiläufige Erwähnung in den Schriften von Eugenius dem Ätolier stammt aus dem Jahr 1650, und alles davor oder danach gehört ins Reich der Sagen und Vermutungen. Jeder Anhaltspunkt und jedes winzige Beweisstück ist zufällig.

---

* Eine Darstellung der vielfältigen Erklärungsversuche des Wortes Sarakatsanen findet sich im Anhang I.

Wenn westliche Reisende auf Nomaden und Hüttenbewohner trafen, sahen sie in ihnen fast durchgängig »Walachen« oder »Vlachen«, und oft völlig zu Recht. Es gibt viele Tausende dieser halbnomadischen Aromunen, die zweimal im Jahr zwischen ihren Dörfern und dem Tiefland hin und her ziehen; sie sprechen eine eigene, dem Rumänischen eng verwandte romanische Sprache, die mit dem Griechischen so wenig gemein hat wie die Sprache der Waliser mit dem Englischen. Es gibt eine Vielzahl von Theorien über ihren Ursprung, und alle sind heiß umstritten. Für das ungeübte Auge und Ohr bestehen durchaus Parallelen zwischen Walachen und Sarakatsanen. Beides sind Nomaden, die in Hütten und Zelten leben und Schafe hüten; außerdem zeigt die Kleidung der Männer – wenn auch nicht der Frauen – gewisse Ähnlichkeiten. Zur Verwirrung unter ausländischen Reisenden hat vermutlich auch das Wort *vlachos* beigetragen; es bezeichnet nicht nur die quasi rumänischsprachigen Aromunen, die eigentlichen Kutsowalachen, sondern es wird auch in einem sehr allgemeinen Sinn für Schafhirten in ganz Griechenland verwendet. Tatsächlich sprechen Griechen, wenn sie deutlich machen wollen, daß sie die Walachen meinen und nicht einfach nur Schafhirten, immer von Kutsowalachen, den »hinkenden Walachen« – ein weiterer Gegenstand vielfältiger linguistischer Spekulationen; und die Menschen, deren romanischer Dialekt mehr albanisch als (wie es bei den Kutsowalachen der Fall ist) griechisch geprägt ist, nennen sie *Arvanitóvlachi*, Arvanito-Walachen oder noch volkstümlicher *Karagounides*, die »Männer mit den schwarzen Umhängen.«* Walachen sind weitaus zahlreicher als Sarakatsanen, doch ihr Siedlungsraum ist enger begrenzt; sie spielten eine prominente, wenn auch nicht weiter bedeutende Rolle in der Geschichte von Byzanz und Balkan; sie leben in faszinierenden Dörfern in den Bergen und stellen die überwiegende Mehrzahl der Einwohnerschaft mehrerer Städte in Makedonien und Thessalien. All das ist, zumal sie sich sprachlich und, wie bisweilen behauptet wird, auch ethnisch von den übrigen Bewohnern Griechenlands unterscheiden, schon seit langem ein beliebter Tummelplatz für Sprachwissenschaftler und Völkerkundler. Zu ihrem Leidwesen haben sie in den letzten anderthalb Jahrhunderten immer wieder im Mittelpunkt erbitterter politischer Kontroversen auf dem Balkan gestanden. Zusammen mit der Verwirrung um das Wort *vlach* und der Tatsache, daß die Siedlungsgebiete der Walachen und Sarakatsanen weitgehend identisch sind, hat dies alles die verschwiegeneren und verschlosseneren Sarakatsanen noch weiter in ein wolkenverhangenes und unerforschtes Hinterland gedrängt. Bis vor kurzem lebten sie in einem von der Geschichte vergessenen Tal, zu dem es nur wenige, hoch überwucherte Zugangswege gab, die schließlich völlig verschwanden. Erst in den letzten Jahrzehnten haben einzelne Gelehrte begonnen, sich einen Weg durch das Dickicht zu bahnen. Die Griechen selbst haben die beiden Bevölkerungsgruppen nie verwechselt; diese Verwirrung blieb Ausländern vorbehalten. Bei ge-

---

* Alle griechischen Nomaden tragen im Winter Kapuzencapes aus Ziegenhaar.

nauerer Betrachtung sind die Unterschiede so offensichtlich, daß die oberflächliche Ähnlichkeit ihre Bedeutung
verliert. Alles an ihnen – Umgangsformen, Brauchtum,
Kleidung, Folklore, religiöse Überzeugung, Erscheinungs-
bild, Gefühlswelt, vor allem aber die Sprache – läßt sie immer weiter auseinanderrücken.

Halbnomaden gibt es überall in Griechenland; Schafhirten verlassen ihre Bergdörfer im Winter und suchen nach
schneefreien Weiden im Flachland; die Bewohner der
Ebene ziehen im Sommer in die Gegenrichtung. Aber bei
den echten Halbnomaden, den Walachen, wo der Wohlstand eines Dorfes ausschließlich auf Weidewirtschaft ba-
siert, ziehen die Männer im Herbst mitsamt ihren Herden
in Massen in die Ebenen. Zurück bleiben Frauen, Kinder
und Greise und hüten den häuslichen Herd, bis Männer
und Herden im Frühjahr in die Berge zurückkehren. Den
Winter verbringen die Männer in Hütten in der Ebene
oder neuerdings zunehmend in Dörfern, die an den Orten
entstanden sind, an denen sie sonst ihr Winterlager aufschlugen. Unter den Hirtenvölkern Griechenlands sind
die Sarakatsanen die einzigen ohne festen Wohnsitz. Anders als bei den Walachen mit ihren stattlichen Dörfern
und Städten, die sie schon seit Jahrhunderten bewohnen,
dauert das Nomadenleben der Sarakatsanen das ganze
Jahr.

Von ihren Wanderungen abgesehen, betrachten sie die
Sommerweiden als ihre eigentliche Heimat. Ihr Leben ist
bis ins kleinste Detail streng geordnet und reglementiert;
Brauchtum, Rituale, Traditionen und Tabus setzen die

Grenzen, innerhalb derer sie sich bewegen. Nichts wird improvisiert, nichts bleibt dem Zufall überlassen. Keine Spur von der Nachlässigkeit, die das Leben der Zigeuner auch nach endlos langer Zeit irgendwie unfertig wirken läßt. Jede Einzelheit bei der Wahl einer Weide, bei der Orientierung, beim Hüttenbau oder beim Anlegen einer Feuerstelle, fast jeder Satz und jede Geste beruhen auf einer geheiligten Tradition; alles ist ein Produkt von Hunderten, wenn nicht gar Tausenden von Jahren; althergebracht, patriarchalisch, bewährt, unverrückbar, konservativ und selbstgenügsam entspringt alles einer gewaltigen Zeitspanne, blankpoliert von langem Gebrauch wie ein Weberschiffchen, wie die abgewetzte Schnitzerei auf einem Spinnrocken oder die Patina am Schaft eines Hirtenstabs.

Die antike Literatur schenkt ihnen keine Beachtung, und auch aus neuerer Zeit gibt es nur spärliche Informationen. Sprachwissenschaftliche Forschungen haben ergeben, daß sie seit dem vierzehnten oder fünfzehnten Jahrhundert ein Wanderleben führen; wahrscheinlich reichen die Anfänge noch wesentlich weiter zurück. Allgemein herrscht Einigkeit, daß ihre Sprache auf eine Herkunft aus dem Norden oder Nordwesten schließen läßt. Was nicht weiter überrascht: Schließlich sind das die Regionen, in denen sie besonders zahlreich anzutreffen sind. Aber es erstaunt, daß die Sarakatsanen, die, mit Ausnahme der südlichen Peloponnes und, bis auf drei,* der Inseln, über das gesamte griechische Festland verstreut sind, alle die

* Ägina, Poros und Euböa.

gleiche Sprache sprechen. Ebenso erstaunlich ist, daß die über Jahrhunderte hinweg erfolgten winterlichen Wanderzüge in slawisches, albanisches und türkisches Gebiet keine Spuren in der uralten, griechischen Färbung ihrer Sprache hinterlassen haben. Griechische Trachten, insbesondere die der Frauen (und ganz besonders die der walachischen Frauen) variieren von Dorf zu Dorf, noch stärker als Dialekte; aber die Tracht der sarakatsanischen Frauen ist, bis auf winzige Abwandlungen, überall in Griechenland gleich. Das gleiche gilt für ihre Bräuche, und zwar bis ins kleinste Detail. Alles, ganz besonders ihr Sinn für Solidarität untereinander und die Distanz, die sie von allen anderen wahren, unterstreicht ihren gemeinsamen Ursprung. Besonders deutlich zeigt sich das an ihrer Haltung gegenüber den Walachen: »Wenn du hörst, wie ein Schäfer das Wort ›lapte‹ sagt« – das walachische und rumänische Wort für Milch* –, »dann versetz ihm einen Schlag auf den Kopf.«

Gewöhnliche griechische Dorfbewohner schätzen ihr Griechentum, beneiden sie um ihre Freiheit, bewundern die urtümliche Strenge ihrer Lebensweise und verachten ihre Ungeschliffenheit – »die waschen sich nie«, sagen sie, »vom Tag ihrer Geburt bis zum Tag ihres Todes.« Ihre Distanziertheit weckt Mißtrauen. Tieflandbewohner sind überzeugt, daß sie Schätze vergraben. Sie sehen sie als gerissene Gegner, und nicht selten kommt es zum Streit, wenn die Herden der Nomaden auf ihrem Weideland auf-

---

* Abgeleitet vom lateinischen *lac, lactis*, im Gegensatz zum alt- und neugriechischen *gala, galaktos*.

tauchen. Den Behörden sind sie seit jeher ein Dorn im Auge. Das flüchtige, unberechenbare Leben in der Wildnis entzog sie dem Zugriff der osmanischen Steuereinnehmer, schützte die Jungen vor der Zwangsrekrutierung und die Mädchen vor dem Harem. Ihr Horst hoch in den Bergen war eine Zuflucht für Räuber und Widerstandskämpfer, und sie selbst konnten beides sein. Zwei der bedeutendsten Klephten waren mit großer Sicherheit Sarakatsanen aus dem Agrafagebirge: Katsandónis und Karaiskakis. Als die Nomaden unter griechisches Recht gestellt wurden, blieb ein Ruf als Diebe, Banditen und Erpresser an ihnen hängen. (Noch über viele Jahre zahlten sie wie in alten Zeiten keine Steuern und leisteten keinen Militärdienst.) Sie waren stets auf der Hut und wahrten ihre Unabhängigkeit – anders als die Albanowalachen, die den Paschas schmeichelten und deren Herden hüteten –, und die Freiheit ging ihnen über alles. »Wir und die Klöster, wir waren der Rückhalt für sämtliche Aufstände gegen die Türken«, sagen sie, vielleicht ein wenig prahlerisch; es gab noch andere. Hirten und Mönche spielten auf Kreta und anderswo beim Widerstand gegen die deutsche Besatzung eine entscheidende Rolle. Nur sie kannten all die Pässe, Quellen, Wälder, Höhlen, Abkürzungen und Aussichtspunkte. Sie waren in der *klephtouria* zu Hause.

Für sie waren die Flachlandbewohner zahme Hirsche, aber mit einem unfairen Vorteil: Sie konnten lesen und schreiben.* Dörfer und Flachland bedrohen die Freiheit:

* Wenn auch längst nicht alle.

Wenn Nomaden durch ein Dorf ziehen, dann tun sie es im Schutze der Nacht, und ihr Lager schlagen sie fernab der Siedlungen auf. Ein ganzes Volk von Boojums, und wenn Gefahr im Verzug ist, verschwinden sie lautlos wie der Schnark. *Adespotoi*, »ohne Herren«, ist ihre liebste Bezeichnung für sich.

Vor fünfundzwanzig Jahren gab es weit über achtzigtausend von ihnen und vor zweihundert Jahren noch viel, viel mehr. Ein so volkreicher Stamm kann nicht aus einem einzigen Dorf kommen; schon gar nicht (auch wenn seine Kriegszüge in den Gegenden, die ihm unterstanden, Bevölkerungsbewegungen auslösten, gewiß auch unter den Sarakatsanen) aus Ali Paschas Zeiten vor gerade einmal anderthalb Jahrhunderten. Ganz abgesehen von den Gegenbeweisen wäre das auch historisch belegt. Und wenn sich in einem Nomadenleben etwas verändert, dann wird es träger, nicht unsteter, bis sie schließlich die Wanderungen ganz einstellen. Dörfler hingegen lassen sich anderswo nieder, wenn Krieg oder Bedrohung sie von ihrem alten Wohnort vertreiben. Das Nomadenleben der Sarakatsanen ist ein Gewebe aus Sitten und Gebräuchen, dessen Anfänge in ferner Vergangenheit liegen.

Doch wie fern? Der Leser ahnt bereits, woher der Wind weht … und wir wollen an dieser Stelle einen Moment innehalten. Es gibt nicht viele Fakten, auf denen wir aufbauen können, doch immer weitere Argumente stellen sich ein, mit denen sich provisorisch und mit aller Vorsicht, auf der Basis von weiteren Annahmen, ein Gedankengebäude errichten läßt, und hier ist es: Niemand bestreitet, daß die Sarakatsanen Griechen sind; ihnen allen sind Herkunft, Bräuche, Sprache und Lebensweise gemeinsam; sie leben seit Jahrhunderten, wahrscheinlich wesentlich länger, als Vollnomaden; sie sind aller offiziellen Einmischung und allem Kontakt mit den Behörden aus dem Wege gegangen und heiraten keine Fremden. Sie stammen aus den nordöstlichen Bergen, aus Gegenden, über deren ältere Geschichte nichts bekannt ist, unzugänglichen Gegenden, die jeder Veränderung Widerstand leisten; es läßt sich nicht sagen, ob man das Alter ihrer jetzigen Lebensweise nach Jahrhunderten oder nach Jahrtausenden bemessen sollte. Die Anfänge liegen, wie man so schön sagt, in grauer Vorzeit.

Doch eine Tatsache gibt es, die diesen Nebel einen Moment lang vertreiben kann und uns die Möglichkeit gibt, mit aller gebotenen Vorsicht eine Hypothese zur Herkunft dieses fremden Volkes aufzustellen: die Muster ihrer Textilien, die exakt den ältesten griechischen Keramiken gleichen. Könnten diese schwarzen und weißen Rechtecke, die gewebten Treppen- und Sägezahnmuster und Dreiecke, dieser urtümliche Dialog zwischen Winkeln und Formen, aus derselben Quelle stammen wie die geometrischen Muster frühgriechischer Töpferwaren? Sind das die Indizien, die auf die Herkunft der Sarakatsanen weisen? Wenn dem so ist, dann fügen sich die wenigen Informationen zu einer irrlichtenden Theorie. Und zwar zu nichts geringerem als diesem: Als die ältesten Griechen über die Bergpässe des Nordens auf die Halbinsel einwanderten, haben vielleicht manche davon begehrliche Blicke auf die Weiden des Pindosgebirges geworfen, die sich vor ihnen ausbreiteten; auf die akarnanischen Berge weiter im Süden und die grünen Winterweiden zu ihren Füßen. Vielleicht haben sie sich mitsamt ihren Herden von ihren ehrgeizigeren Brüdern und deren glorreicher Zukunft getrennt – diese breiteten sich südwärts über die thessalische Ebene aus, gründeten Dörfer, Städte, später Stadtstaaten, und ein Häuflein schwerfälligerer Hirten blieb als pastorale Splittergruppe zurück. Sie blieben ihrer alten Lebensweise treu, zogen mit ihren Tieren von den Winter- zu den Sommerweiden und könnten in dieser Gegend geblieben sein, bis sie sich irgendwann in die Berge von Makedonien und Thrakien ausbreiteten und von dort auf der Suche nach frischen Weidegründen tiefer in das nördliche Balkangebirge und nach Kleinasien vordrangen. Bedenkt man das gegenseitige Mißtrauen, das sie und die Flachlandbewohner trennte, ihre Abscheu vor allen Ehen mit Fremden und das Geschick, mit dem sie sich unsichtbar machten, ist es durchaus vorstellbar, daß sie jeden Kontakt mit Slawen und anderen Eindringlingen in byzantinischer Zeit vermieden. Da sie immer Abstand hielten, konnte sich nichts Fremdes, das Neuankömmlinge mitbrachten, bei ihnen festsetzen; und so blieben sie – zu ihrem Glück oder auch nicht – die allergriechischsten unter den Griechen. Weitab vom Handel und den großen Straßen der Zivilisation, von der Habgier der Stadtstaaten, traten sie erst spät auf die Bühne der Geschichte. Da ist es kein Wunder, daß man nichts über sie weiß.

Wenn diese Hypothese stimmt, dann müssen sie, von anderen Entwicklungen unberührt, seit Ewigkeiten ihre Herden dort geweidet haben; vielleicht haben sie vom trojanischen Krieg erzählen hören, von Kämpfen zwischen den griechischen Städten, von Pyrrhus, der in den Tälern seine Elefanten versammelte, von Alexander, der ausgezogen war, die Welt zu erobern. Erst spät und gerüchteweise hätten sie von der Unterwerfung durch die Römer vernommen, von der Ankunft des Apostels Paulus an der makedonischen Küste, dem Untergang des weströmischen Reiches; vom Eindringen der Barbaren während des langen Nachmittags und Abends von Byzanz, von dem sie kaum etwas bemerkt hätten. Wie lange hätten sie gebraucht, um die Bedeutung des Vierten Kreuzzugs zu begreifen, dessen Scharen sie unter sich vorbeiziehen sahen, der Kriegstrommeln von Amaranth und Bayezid dem Blitz, von ihren Verheerungen, vom Einzug Mohammeds II. in Konstantinopel? Vielleicht hatten sie an all diesen Dingen ganz am Rande ihren Anteil. Aber wahrscheinlich haben sie sich eher von alldem ferngehalten, bis schließlich die Flut der politischen Ereignisse bis auf die Höhe ihrer Wigwams stieg und Widerstandskämpfer bei ihnen Zuflucht suchten, so daß auch die Nomaden sich dem Lauf der Geschichte für ein oder zwei Jahrhunderte nicht mehr entziehen konnten. Jetzt ist dieser Wasserstand wieder gesunken, und sie können von neuem hoch über allem thronen, und nur dann und wann, wenn sie die Weiden wechseln, kommen sie aus ihrer Abgeschiedenheit hervor, wenn Grenzen geschlossen werden oder sie mit Dörflern in Streit um Weiderechte geraten, wenn Seuchen bei den Tieren ausbrechen, Gespenster oder Dämonen ihnen zusetzen, und an den regelmäßigen Festtagen, zu Feiern und bei Hochzeiten.

> *Die Wissenschaft mit Heckenschützen*
> *Erforscht in tausend Fachaufsätzen*
> *Was man für Wahrheit hält*
>
> *Derweil der Künstler Sturmangriff*
> *Mit jeder kleinen Kunstzeitschrift*
> *Bestimmt, was uns gefällt.* *

Axel Hoeg, ein dänischer Gelehrter vom Anfang des Jahrhunderts, hat die ersten Schneisen in dieses unbekannte Terrain geschlagen. Seine Bücher, Artikel und Pamphlete über die Sarakatsanen und ihre Sprache und seine Sammlung ihrer Lieder waren mir bekannt. Auch seine Thesen zu ihrer Herkunft kannte ich einigermaßen. Was ich damals noch nicht kannte – sie waren erst kurz zuvor erschienen –, waren die zwei Quartbände von Angelika Hadjimichalis, *I Sarakatsáni*: wunderbare Werke, mit großer Kenntnis der griechischen Kunstgeschichte, der Ethnologie, Folklore und des Handwerks geschrieben auf der Grundlage von Jahrzehnten der Recherche und der Feldforschung bei den Sarakatsanen selbst. Diese wissenschaftliche Heckenschützin war genau mein Fall. Ein dritter Band ist in Vorbereitung – die Bewältigung der großen Aufgabe hat sich leider durch Krankheit verzögert – und

* W. H. Auden: *Nones.*

dürfte der interessanteste von allen werden. Ein ganzes Forscherleben steckt in diesen Büchern – obwohl man nicht sagen kann, daß es ein abschließendes Werk wäre; alles ist Vermutung, und das Urteil bleibt offen; doch *I Sarakatsáni* ist die größtmögliche Annäherung daran, ein seltenes Meisterwerk selbst im unvollständigen Zustand, und der letzte Band wird ein Meilenstein sein.*

Der einzige Schwachpunkt dieser Bücher ist für mich gerade ihr Vorteil: Die Verfasserin ist hochbetagt, und der Großteil ihrer Forschungen liegt Jahre zurück; und sie sprach gerade mit den Ältesten, die sich noch am weitesten zurückerinnern konnten. Diejenigen, die diese Gesellschaft zerstören und von denen sie kummervoll schreibt, haben nicht geruht. Die Tendenz, seßhaft zu werden, ist durch Grenzschließungen beschleunigt worden, durch Beschränkung ihrer Wandergebiete, Zwangsrekrutierung zum Militär, durch Behörden, die ihnen Weiderechte verweigern, und die Ansiedlung von zwei Millionen Flüchtlingen auf Weidegrund, den ihnen nie jemand streitig gemacht hatte; das und die Konflikte mit den Dörflern haben für viele die Lebensumstände radikal verändert. Einige leben zwar noch in Hütten, sind aber seit ein paar Generationen ortsfest. Viele siedeln jetzt im Umland von Athen. »Ja, wir sind Sarakatsanen«, versichern sie wehmütig, »soweit wir wissen, kommen wir aus Rumeli. Unsere Großväter oder Urgroßväter haben sich

---

* Leider nur auf Griechisch erhältlich. Und was noch viel schlimmer ist, gerade wo ich diese Seiten zum Druck gebe, hat der Tod der Autorin die Feder aus der Hand genommen.

hier niedergelassen ... *Allá eimaste bastardeméni:* Wir sind
Bastarde ...« Das letzte Vierteljahrhundert hat ihr tradi-
tionelles Leben wahrscheinlich stärker verändert als die
dreitausend Jahre zuvor; da ist es verblüffend, daß so viele
noch diesem Leben treu sind. Doch auch bei ihnen, und
zum Glück sind sie immer noch bei weitem die Mehrheit,
ist in den letzten Jahrzehnten manch alter Brauch in Vergessenheit geraten. Das Leben, das in *I Sarakatsáni* beschrieben wird, ist weniger das von heute als das, was vor
vierzig Jahren anzutreffen war. Es ist ein faszinierendes,
merkwürdiges Bild.*

Das Erbe der vorchristlichen Zeit liegt in Griechenland
nie weit unter der Oberfläche.** In einer Gesellschaft wie
der sarakatsanischen haben sich heidnisch-magische Vorstellungen noch stärker als anderswo erhalten, und ent-
sprechend schwach ist der christliche Überbau. Einen Begriff von der Dreieinigkeit hat es hier nie gegeben.
Gottvater und Jesus sind ein und dieselbe Person, und Er
wird mit dem Wort *Ai* bezeichnet, eine dialektale Kurz-
form von *ayos (hagios)* – also »der Heilige«. Bisweilen
nennt man Ihn auch *Proto Ai,* den Ersten unter den Heili-

---

* Ich habe in den letzten ein, zwei Monaten etliche Nomadenlager in
Epirus aufgesucht, und viele Bräuche, die in *I Sarakatsáni* beschrieben werden, sind nach wie vor lebendig; manche sind vor kurzem ausgestorben, an
manche erinnern sich nur noch alte Männer und zahnlose Greisinnen; von
ein paar weiß kein Lebender mehr. Da es sich bei meinem Buch um kein
wissenschaftliches Werk handelt, werde ich auf diese Veränderungen nicht
näher eingehen. Um einen Wildwuchs an Warnungen und Hinweisen zu
vermeiden, beschreibe ich alles in der Gegenwartsform. Doch vieles, gerade die Teile, die sich mit Religion beschäftigen, erzählen eher, wie es vor
fünfzig Jahren war.
** Siehe das 10. Kapitel in *Mani* von Patrick Leigh Fermor.

gen, oder *Aphenti*, den Herrn, nach dem griechischen Wort *authentes* (von dem sich auch der türkische Titel *Effendi* herleitet). In ganz Griechenland hat die Armee der Heiligen die Rolle des antiken Pantheon übernommen, und mehr noch als anderswo gilt dies für die Nomaden; *Aï* ist kaum mehr als ein Primus inter pares. Wie in einer männlich geprägten, patriarchalischen Gesellschaft nicht anders zu erwarten, nehmen männliche Heilige die höheren Rangplätze in dieser himmlischen Gemeinschaft ein. Die Zahl ist drastisch reduziert. Nur eine Handvoll von den Tausenden, die sich, oft mehrfach besetzt, in Bauernkalendern und im Synaxarion drängen, haben ihren Weg in die Hütten gefunden. Der Ranghöchste – Reiter, Hüter der Herden, Drachen- und Raubtiertöter – ist der heilige Georg; sein Festtag am 23. April könnte dem großen römischen Hirtenfest, den Parilia, entsprechen, die am 27. stattfanden. Die Wichtigkeit von Pferden im Nomadenleben sorgt auch dafür, daß die Reiterheiligen Dimitrios und Theodor auf eine Stufe erhoben werden, die nur Sankt Georg noch übertrifft. Der Georgstag ist als Feiertag noch angesehener als Ostern, sonst unbestrittener Höhepunkt im orthodoxen Jahr. Rote Eier, ähnlich den griechischen Ostersymbolen, werden verteilt, und das schönste schwarze Lamm der Herde – schwarze Tiere stehen höher im Rang als weiße – wird rituell geopfert. (Zu Ostern opfert man nur ein weißes.) Ein Eid, der im Namen des heiligen Georg geleistet wird, ist verbindlicher als alle anderen. Und Georg und Dimitrios spielen noch eine weitere wichtige Rolle: Ihre Festtage – der 6. Mai und der 9. November im neuen Kalender – markieren den Wechsel zwischen Sommer- und Winterweide, den Tag, an dem die Weiderechte beginnen und enden und der Tsellingas einen neuen Pakt mit seinem Clan schließt. Das sind die Tage der Entscheidung. Da sich seine Heiligtümer traditionellerweise hoch oben auf Berggipfeln befinden, wird der Prophet Elias besonders verehrt. (Die Nomaden nennen ihn »Sankt Lios«. Als die griechische Welt das Christentum annahm, gingen die Bergtempel des Helios-Apollo an ihn über, der Ähnlichkeit der Namen wegen und weil beider Laufbahn am Himmel in einem feurigen Wagen endete.)* »Er ist ein Mann aus den Bergen, genau wie wir«, sagen sie, »er lebt in der Wildnis und zieht von Gipfel zu Gipfel. Er steht uns bei, und wir beten zu ihm.« Die Jungfrau Maria verehrt man unter einem ihrer vielen Beinamen; hier heißt sie *Parigorítissa*, die Trösterin; der fremden Frau, die sich in ihre Mitte gedrängt hat, wird nicht viel Beachtung geschenkt. Einen gewissen Status als Heilige genießt auch St. Paraskeví. Jeder *stani* – jeder »Pferch«, ein Clan oder Familienverbund mit seinen Hütten – hat seinen eigenen Festtag, bestimmt durch die Heiligen der Kirchen, die zufällig auf ihren liebsten Weidegründen liegen. Manche werden allgemein akzeptiert: Mariä Himmelfahrt (genau wie die des Elias stehen diese Kirchen oft auf Berggipfeln); der heilige Konstantin, Vorkämpfer des Hellenismus; die Kreuzabnahme, Mariä Reinigung; und im Agrafagebirge die Geburt der Jungfrau,

* Siehe *Mani*, Kap. 13.

was sich durch das große, ihr geweihte Kloster dort erklären läßt, tief in der Schlucht von Proussos versteckt. Aus ähnlichem Grunde betet man Unsere Jungfrau von Vella, zwischen Ioannina und Konitsa, an. Athanasius wird nicht als großer Kirchenlehrer, sondern verblüffenderweise als Hirte verehrt. Sein Namenstag wird nicht im Januar begangen, weil er dort in die Zeit des Lammens fällt, sondern später im Jahr nachgeholt. Die Schwäche makedonischer Sarakatsanen für Johannes den Täufer erklärt sich wohl durch den zottigen Mantel, den die Ikonographie ihm umhängt: Er sieht weit mehr nach ihrem eigenen Ziegenwollstoff aus als nach Kamelhaar – und auch er lebte in der Wildnis. An seinem Festtag werden Bohnen gekocht, in der Kirche verteilt und auch dort gegessen. Dieses Bohnenfest geht mit großer Sicherheit auf eine heidnische Erntefeier zurück, die Pyanepsien, bei denen die alten Griechen dicke Bohnen kochten und aßen, was ihnen ein reiches Erntejahr bescheren sollte.

Die üblichen panhellenischen Geister – Natur-, Luft- und Schattengeister, Exoten, Vampire, Werwölfe, Drachen, Gespenster und Kallikantzarokentauren – bevölkern ihren Kosmos und setzen den Schafspferchen zu. Sie lassen sich durch Gegenzauber vertreiben oder durch Talismane aus Hundekot abschrecken; ein getrockneter Schlangenkopf, den man vierzig Tage lang in der Kirche versteckt, leistet gute Dienste gegen Anfechtungen von vielerlei Art. Nereiden, eine Bedrohung für jeden einsamen Schäfer, wenn Quellen oder Bäche in der Nähe sind, werden den jungen Sarakatsanen besonders häufig gefährlich. Wenn sie diese Wassergeister bei ihren Spielen stören, werden sie mit Stummheit geschlagen und verlieren den Verstand, so wie Sterbliche bisweilen in Bäume verwandelt wurden, wenn sie das Pech hatten und die Tänze der Nymphen unterbrachen. Es gibt Mischehen von Nomaden und Nereiden, und die Wassermädchen stehlen gesunde Sarakatsanenbabys aus ihren hängenden Wiegen und lassen kränkliche Wechselbälger zurück. Dämonen jeglicher Art und jeden Geschlechts verfolgen die Schäfer zu Berg und zu Tal und »jagen sie in den Wald«, wie die Redewendung lautet. Die Nomaden sind ein beliebtes Opfer für übernatürliche weibliche Wesen namens *Kalotychen* – »Glücksbringerinnen«; genau wie die Bezeichnung *Eumeniden* (»die Freundlichen«) für die Furien eine absichtliche Umdeutung ins Gegenteil ist, um die Geister zu beschwichtigen –, halb Frau, halb Eselin und schlangenhaarig wie die Medusa. Sie suchen die Herden heim und bringen Unglück zur Zeit des Lammens und im Kindbett, und besonders gefährlich sind sie in den ersten vierzig Tagen nach der Geburt. Weitere Schattenwesen lauern an den Lagern der Kranken und Sterbenden. Doch der größte Schurke der sarakatsanischen Dämonenwelt ist ein männlicher Geist namens *Daouti*. Daoutis, bisweilen auch als Pan bezeichnet, sind die wildesten, mächtigsten und hinterhältigsten von allen. Satyrgestaltig, mit einem Körper, der halb Ziegenbock, halb Mensch ist, mit langen Beinen und gespaltenen Hufen, tragen sie einen Widderkopf mit langen, gewundenen Hörnern. Wie andere Dämonen – ganz besonders die Schattengeister und die Kalotychen – sind die Daoutis zu drei bestimmten Zeiten für die Herden eine ganz besondere Gefahr: in der Adventszeit (also kurz bevor das Lammen beginnt), Ende April oder Anfang Mai, wenn die Schäfer sich in den Winterquartieren zum Zug in die Berge rüsten, und vom Fest der Verklärung bis Ende August. Kreischend wie Raubvögel fallen sie ein, und die Herden suchen Schutz in Höhlen und Schafspferchen. Nach zwei oder drei solchen Angriffen sterben die Tiere zu Dutzenden. Ihr Bauch bläht sich auf, und dann verenden sie. In Streifen geschnittenes Schildkrötenfleisch wird als Gegenmittel verabreicht, und die Schäfer ziehen sofort auf eine andere Weide. Wenn sich ein Priester auftreiben läßt, besprengt er den neuen Weidegrund mit Weihwasser, und die abgenommenen Glocken werden gesegnet. Anders als die meisten bösen Geister greifen Daoutis ohne Scheu am hellichten Tage an, und da sie wissen, wie man sich mit den Hunden anfreundet, folgen sie den Herden unbemerkt nach; deshalb lassen die Schäfer, wenn sie ein Notlager errichten, ihre Hunde zurück und entzünden Feuer, so daß der Rauch in einem magischen Kreis aufsteigt. Daoutis prägen sich die Vornamen der Sterblichen ein, deshalb schweigen die Schäfer, wenn ein Fremder sie ruft: Wer antwortet, könnte für immer verstummen. Diese gräßlichen Geister können plötzliche Paniken auslösen, und wenn sie gerade einmal nichts Böses im Schilde führen, lassen sie sich außer Sicht-, jedoch in Hörweite nieder und spielen ihre Flöte.

Bäume sind stets Wohnorte der Geister. Sie sind die Zuflucht der Kalotychen, und wenn beim Fällen und Zerteilen kein Gegenzauber gemurmelt wird, läßt man diese Unholde auf die Wälder los. Viele Büsche, sämtliche Dornsträucher und ganz besonders die Holzbirne sind mächtige Mittel gegen die Geister. Buchsbaum bietet wirkungsvolle Abwehr; die Korbweide, die stets in ihre Hütten geflochten ist, ist das beste Zaubermittel von allen und wird in großen Ehren gehalten. Blumen flechten sie zu Talismanen; der liebliche Duft und sogar noch die Erinnerung daran, wenn die Blumen selbst schon verwelkt sind, wehrt das Böse ab. Vorstellungen von der Vergangenheit sind kurios und verschwommen: Sie glauben, daß die Hellenen, die alten Griechen, größer als Eichen waren und genauso stark – mit einem einzigen Schritt konnten sie große Flüsse überqueren und schritten von Gipfel zu Gipfel. Sie wurden niemals krank; sie starben ganz plötzlich – oft stürzten sie auf ihren wagemutigen Bergmärschen und brachen sich den Hals. Mit dem Tod verwandelten sie sich sogleich in freundliche Geister. Die Nomaden erzählen von einem heroischen und mythischen Makedonier namens Roublouki, dessen Attribute sehr nach Alexander dem Großen klingen, dem Helden und Liebling griechischer Volkserzählungen und einzigen unter den Alten, der einen Platz im Schattenspiel Karagiozis gefunden hat.

Wettläufe, Ringkämpfe und Pferderennen sind beliebte Vergnügungen, und auch im Steinweitwurf wetteifern sie miteinander, manchmal mit Felsbrocken von bis zu fünf Okka Gewicht. Und im Stibitzen messen sie sich; Scherze und Geschichten über D, Diebereien finden sich allenthalben. Als ein Zigeunerschmied die Nägel für Aïs Kreuzigung fertigte, ist der Legende nach einer von einem Sarakatsanen gestohlen worden – vielleicht hatte er sie alle drei stehlen und damit Aï das Leben retten wollen. Er wurde ihm dann von »sündigen Juden« in den Hintern gerammt. (Eine gute Tat bleibt selten ungestraft.)

Wie schon im Altertum lesen sie gute oder schlechte Vorzeichen aus dem Vogelflug. Adler, Geier und alle Raubvögel, die hoch am Himmel stehen, sind ihnen verhaßt: Heerscharen des Teufels, mit allen bösen Geistern im Bunde; wenn diese Unglücksboten über einer Karawane kreisen, dann kundschaften sie deren Zielort aus. Die Abscheu vor diesen Vögeln kommt auch von den gelegentlichen Überfällen, bei denen neugeborene Geißlein jämmerlich meckernd in die Lüfte entschwinden. Aus Eingeweiden lesen die Nomaden die Zukunft; wie die meisten antiken und gegenwärtigen Griechen erkennen sie sie auch an den Schulterknochen eines Schafs. Häufig werden Opfer – *kourbaniao** – dargebracht. Eine *pitta* – eine Art Kuchen, in einer großen Metallpfanne gebacken – ist die karge Nahrung an den meisten dieser Feste; sie sehen es als unrecht an, ein Tier zu töten und zu essen, ohne daß es einen rituellen Vorwand dafür gibt. Fleisch gibt es nur, wenn ein Tier als Opfertier geschlachtet wird, und sie sehnen sich nach diesem Vorwand, selbst wenn das Ereignis

---

* In einem Bericht der Hakluyt Society über einen portugiesischen Gesandten am mittelalterlichen Hof des Presbyters Johannes lese ich, daß *Qerbān* das äthiopische oder amharische Wort für die Hostie in der monophysitischen Messe ist. Dies und der griechische Ausdruck müssen beide von dem türkischen Wort für das muslimische Lammopfer beim *Kurban Bayrami* herstammen, dem Fest, in dem des Opfers Abrahams und der Erlösung Ismaels durch das geopferte Lamm gedacht wird.

ein trauriges ist: Augen leuchten, wenn die großen Festtage sich nähern. Eine Hochzeit oder die Taufe eines Tsellingassohnes, ein erkranktes Mitglied der Gemeinschaft, eine Epidemie bei den Herden, ein zu früh geborenes Kind, die Ankunft eines Ehrengastes, das Ende der Schafschur – all das hält als Vorwand für den Fleischgenuß her. Sie legen das Opfertier auf einen am Boden ausgelegten Ast, und zwar so, daß seine Augen in die Sonne blicken, schneiden ihm die Kehle durch und braten es dann im ganzen am Spieß. Es geht dabei sehr geheimnisvoll zu, und alle spähen ins Innere des Tieres auf der Suche nach einem Zeichen; zu Ostern wird auf die Schultern der Kinder ein Kreuz mit dem Blut des Opferlamms gemalt.*

Feuer ist heilig, und ganz besonders die Herdstelle: »Aï kam gleich neben einem Feuer zur Welt.« Verlischt ein Feuer, so ist das ein sehr schlechtes Vorzeichen, gerade im Winterlager oder auf der Reise. Während der zwölf Weihnachtstage lodert immer ein kräftiges Feuer, um böse Geister abzuwehren; eine aufdringliche Art von Kallikantzaros treibt dann ihr Unwesen, der Lykokantzaros oder »Wolfszentaur«, auch unter dem merkwürdigen Namen *astrovóli*, »Sternschlag«, bekannt. Ein riesiges Scheit brennt langsam den ganzen Advent hindurch zum Beweis, daß die übernatürlichen Gefahren der Jahreszeit gebannt sind; am Weihnachtstag wird es am Eingang zum Schafspferch

---

* Schwer verwundete Nomaden werden in die Haut eines frischgeschlachteten Widders gewickelt. Das erinnert an die äskulapische Formel im Amphiareion von Attika und in Epidauros, nämlich Kranke als ersten Schritt zur Heilung in Widderhäuten warmzuhalten.

vergraben und bannt Krankheit, Schattengestalten und den bösen Blick. Um des gleichen Schutzes willen gebären Frauen stets am Feuer, und während der nächsten zwölf Tage werden die Mächte der Finsternis mit übelriechendem Qualm ferngehalten. Tot geborene Kinder und die Nachgeburt der lebenden werden unter einem flachen Stein seitlich von der Feuerstelle begraben, nicht in der Mitte, denn alle, die in die Hütte kommen, müssen einen Schritt über ein brennendes Scheit machen – andernfalls würde das Blut der Mutter sich in Vampirblut verwandeln.* Das Begräbnis am Feuer »bringt das Kind zurück in die Welt«, das heißt, es nimmt schon bald im Leib der Mutter neu Gestalt an. Früher wurden Totgeburten in eine mit Salz gefüllte Ziegenhaut gesteckt und vierzig Tage lang an einen Ast bei der Hütte gehängt, anschließend wurden sie verbrannt, damit sie die Mutter nicht mit in den Tod nehmen konnten. Einem Neugeborenen wird mit brennendem Holz ein Kreuz eingebrannt, dann wird es in Wasser gelöscht. In drei aufeinanderfolgenden Nächten kommen die Schicksalsgöttinnen an die Wiege des Säuglings; man stellt die üblichen Opfergaben für sie hin, und wer reiner Seele ist, darf lauschen und deutet später die Prophezeiungen.

Die Sarakatsanen sehen Weihnachten als ihr ureigenes Fest an, denn Aï wurde in einem Stall geboren, in eine Krippe gelegt und von Hirten mit ihren Herden behütet.

---

* Kinder kommen oft auf den Wanderzügen im Herbst und Frühjahr zur Welt. Wenn die Wehen einsetzen, bleiben die Mütter mit einer Gefährtin hinter dem Zug zurück und gebären das Kind. Dann ziehen sie sogleich weiter, damit sie den Anschluß nicht verlieren.

Eine Vielzahl von heidnischen Festen rankt sich um die Weihnachtsoktav. Manche davon sind uralte Wintersonnenwendfeiern; andere, jüngere, gehen auf Mithras und die Verehrung des Sol Invictus zurück. (In der Levante rottete Basilius den Mithraskult erst im vierten Jahrhundert aus.) Ein Steinlinden- und ein Stechpalmenzweig, schwer von Früchten, werden an Heiligabend ins Feuer geworfen, damit die Herden fruchtbar sind; aus der Art, wie sie brennen, läßt sich ablesen, wie die Lammsaison wird. Anschließend opfert man Aï ein Schaf, und die Hirten kommen zusammen und essen und trinken und ziehen von Hütte zu Hütte – und feiern so ausgelassen, daß all die Kobolde, Dämonen und Ungläubigen, ja der Leibhaftige selbst die Flucht ergreifen. Am Morgen schneiden sie frisches Gras und breiten es für die neugeborenen Zicklein und Lämmer aus, »damit sie an den ersten drei Tagen von Aï auf frischen Betten schlafen«, und die Kinder ziehen alle zusammen zu den Quellen und trinken in tiefem Schweigen. Sie werfen Butter und Käse ins Wasser und kehren mit Stechpalmen-, Steinlinden- und Pistazienzweigen zurück, die sie dann in die Flammen werfen. Wenn das grüne Holz zischt, heißt es, es »redet« oder »singt«, und was es verkündet, ist »viele Zicklein, gutes Lammen«.

An Neujahr reicht der Tsellingas jedem Schäfer einen Granatapfel, und der Schäfer bricht ihn auf und verstreut die Kerne über der Herde. Am Vorabend des Epiphaniastages verzehrt man getrockneten Mais, und die alten Frauen besprenkeln die Tiere mit Hilfe von Eichen- und Olivenzweigen mit Weihwasser. Dies ist auch das Fest, an dem die Mädchen den Ruß und Rost des Jahres von den Ikonen waschen; sie schrubben sie an einer Quelle mit Bäuschen aus roter Wolle und hängen sie dann zum Trocknen in die Bäume.

Der Beginn der Fastenzeit bietet Anlaß zu weiteren Unternehmungen, besonders die Samstagnacht und die frühen Morgenstunden des Sonntags unmittelbar davor. In dieser Zeit zeigen sich Bräuche, die man nirgendwo sonst findet und die auch hier leider inzwischen fast ausgestorben sind. Transvestitentum, Masken, bemalte Gesichter, falsche Bärte aus Ziegenhaar – das alles, dazu kräftiger Weingenuß, alberne Scherze und übermütige Kabbeleien zwischen den Wigwams finden sich auch heute noch als derber Karnevalsspaß; aber es gibt auch eine stilisiertere Form davon. Ein stark geschminkter junger Mann in scharlachrotem Gewand mit langen Ziegenhaarlocken wird zur Braut bestimmt, ein mit Bart und Fellkleidern ausstaffierter Kamerad zum Bräutigam; andere werden als Priester, als Koumbaros und als Hochzeitsgäste zurechtgemacht. Dann wird respektlos eine christliche Hochzeitsmesse zelebriert, gefolgt von Tänzen, die um vieles munterer sind als auf einer echten Hochzeit. Das Brautpaar zieht sich in eine Hütte zurück, und zum großen Gelächter aller treiben sie darin ihr komisches Spiel, das bemerkenswert anzüglich ist. Der Bräutigam erweist sich als Versager und wird hinausgejagt; die Kandidaten ziehen einer nach dem anderen ein, sichtlich hoffnungsvoll, und jeder kommt verlegen und verstoßen wieder heraus. Endlich wird aber dann doch noch ein passender Streiter

ausgewählt, und in einer letzten Pantomime, noch anstö-
ßiger als die anderen, umringt die ganze Gesellschaft im
Tanz die Hütte und singt dazu das »Pfefferlied«, wobei die
Tänzer in einer wippenden Bewegung abwechselnd Nase
und Hintern zu Boden drücken – ich würde viel dafür geben, das zu sehen.* Die Travestie einer Taufe folgt der
Travestie einer Geburt, und als Zigeuner verkleidete Mimen prügeln einander mit Säcken voller Asche. Dann heben sie ein Grab aus, und ein in Tücher gewickelter Nomade wird mit viel Brimborium begraben und mit Kieseln
und Zweigen bedeckt; sie zünden Kerzen an und singen
Totenklagen dazu. Doch mit der ersten Morgenröte und
dem ersten Hahnenschrei weichen Klagen, Heulen und
Zähneknirschen fröhlicheren Tönen, und schließlich
packt die Gesellschaft, die noch kurz zuvor ihre Gewänder zerrissen hat, den Leichnam an den Füßen, und unter
allgemeinem Geschrei springt er aus dem Grabe; und nun,
wo endlich der Tag anbricht, tanzt der ganze Clan einen
gemeinsamen Syrtos rund ums Feuer. Dieses Fastenspiel
soll eine Dürre verhindern und sorgt für reichlich Laub
und Gras für die Herde. Mit einem weiteren Auferste-
hungsspiel begehen sie den Festtag des heiligen Lazarus.
Ein Junge, der als Leichnam des Heiligen zurechtgemacht
ist, legt sich in jeder Hütte schweigend eine halbe Stunde
lang nieder. Am nächsten Tag, dem Palmsonntag, tragen
die Jungen zu speziellen Gesängen und dem Klimpern der

---

* Ich habe es in diesem Jahr versucht, in einem *stani* bei Filippiada, nicht
weit von Preveza. Es war eine fröhliche Runde mit ein wenig harmlosem
Transvestitentum, aber mehr als das nicht.

Ziegenglocken in einer feierlichen Prozession eine große Lazarusfigur durchs Dorf; diese Puppe wird aus Anemonen und aus den anderen Blumen gefertigt, die um diese Jahreszeit in den Bergen und unten in der Ebene blühen, und dazu tragen die Jungen große Körbe mit Blumen. (Die Wissenschaft könnte bei diesen Auferstehungsriten nach Parallelen zum Fest des Adonis suchen, und sie wäre damit wohl auf der richtigen Spur.)

Die Fastenbräuche werden in aller Strenge befolgt. Bei manchen Familien banden die alten Frauen am Karfreitag zwei Stäbe zusammen und machten daraus eine einfache Puppe mit einem zusammengeknüllten Tuch als Kopf, auf den sie mit Holzkohle Augen, Nase und Mund malten. Dann wickelten die Frauen die Figur in ein Leichentuch aus Lumpen, legten sie auf einen Tisch oder einen Steinhaufen und sangen den ganzen Tag lang immer wieder von neuem die siebzig Reimpaare des Trösterlieds. Damit wollten sie der Jungfrau helfen, den Tod ihres Sohns zu verwinden, und das wiederum sollte allen, die einen Verlust erlitten hatten, ein Trost sein. Bei Sonnenuntergang zerschlugen sie die Puppe und warfen die Überreste in den Wald oder in eine Felsspalte. Wir haben schon gehört, daß Ostern, der Höhepunkt des orthodoxen Jahrs, bei diesen Hirten kein so großer Festtag ist; aber sie entzünden ein großes Feuer, auf dem eine Strohpuppe des Judas verbrannt wird.* Der Tag, an dem die Herde mit den schwe-

---

* Auf Kreta wird er gehängt und dann verbrannt. Auf Hydra hat man ihn früher vor ein Erschießungskommando gestellt, das ihn unter Verwünschungen hinrichtete.

ren Bronzeglocken armiert wird, ist das Fest Mariä Verkündigung – der 25. März –, »zu der Zeit, wenn der erste Kuckuck ruft«. Sie treiben die Tiere hinaus, um die Harmonie des Geläutes zu prüfen, dann nehmen sie ihnen am Abend die Glocken wieder ab; anschließend machen Kinder die Runde bei den Hütten, lassen die Glocken ertönen und singen ihnen zu Ehren ein Verkündigungslied; sie haben einen blumengeschmückten Korb dabei, und die Älteren füllen ihn mit Geld und Eiern. Jeder dieser kleinen Weiler, die aus dem Boden schießen und wieder vergehen wie Pilze, hat einen Kalender mit Daten, die so fest gefügt sind und so streng befolgt werden wie der Jahreskreis einer uralten Metropole.

Der Georgstag gilt als besonders guter Tag für eine Kindstaufe. Kinder, die kurz danach zur Welt kommen, müssen oft ein ganzes Jahr warten, aber sie bekommen immer sofort einen Namen, und wenn sie krank werden, verabreicht man ihnen eine Nottaufe, damit nicht im Todesfall kleine Vampire aus ihnen werden. Eine Durchschnittsfamilie hat zwischen fünf und fünfzehn Kindern. Freie Liebe, Ehebruch, Scheidung, Vergewaltigung und uneheliche Kinder kennt man nicht, und wenn doch einmal ein solcher Fall bekannt wird, ist der Tod aller Beteiligten das einzige Mittel. Dies ist nicht nur aus moralischen Gründen so; die unter einem Unstern stehenden Kinder gelten als leibhaftige Teufel, sie bringen einen Fluch über Zelt und Hütte, und wenn sie groß werden und eines natürlichen Todes sterben, dann steigt ein Geist aus dem Grabe auf, sucht die Herden heim und vergiftet die

Weiden.* Ehen sind niemals Liebesheiraten – diese gelten, abgesehen von anderen Gefahren, als unglücklich –, und oft haben sich Braut und Bräutigam vorher noch nie gesehen. Zu osmanischen Zeiten wurden die Mädchen oft schon mit zwölf verheiratet, damit die Türken sie nicht in ihre Harems holen konnten. Heute liegt das Heiratsalter zwischen achtzehn und fünfundzwanzig – damit hat die Braut reichlich Zeit, ihre Mitgift vorzubereiten. Bis vor kurzem galten acht Tage als angemessene Dauer für eine Hochzeitsfeier: acht Tage, in denen die Braut starr wie eine Statue stand, in denen sie schwieg und fastete, und acht Tage rauschendes Fest für den Bräutigam und seine Kumpane, eine Zeit, in der jede Ausschweifung und jeder schlechte Scherz erlaubt waren. Einen berühmten Fall gab es im Agrafagebirge, wo der Bräutigam und seine Bande die Mitgift der Braut plünderten und sich ihre Kleider anzogen. (Es ist interessant, wie oft bei diesen ländlichen Saturnalien Transvestitentum im Spiel ist.) Eine kürzlich entdeckte, noch unveröffentlichte Quelle wirft neues Licht in das Dunkel einer Nomadenhochzeit. Ein Dutzend Seiten weiter vorn habe ich von dem Schwert auf der Mani gesprochen, das durch Sympathiezauber die Fesseln von Furcht und Verlegenheit durchtrennen soll, wenn die frischvermählten Fremden schließlich allein sind. In den

* Um so bemerkenswerter, daß Karaiskakis ein solches Kind war. Nicht nur, daß er wuchs und gedieh, sondern er wurde *protopallíkaro* – stellvertretender Kommandant der Guerilla – unter dem großen Sarakatsanenhelden Katsandonis und übernahm, als dieser umkam, dessen Truppe im Agrafagebirge. Er war einer der großen Führer des griechischen Unabhängigkeitskrieges, und vielleicht hat dieses Gegenbeispiel den überkommenen Vorstellungen ein wenig von ihrer Schärfe genommen.

Hochzeitsnächten der Sarakatsanen spielt die Klinge eine direktere Rolle. Wenn die beiden allein in der Hütte sind und auf den geschnittenen Zweigen und Decken liegen – es gibt kein Brautbett und kein Laken, und nur ein absolutes Minimum an Kleidern wird abgelegt –, springt der Bräutigam mit einer einzigen meisterhaften Bewegung rittlings auf die Braut, packt sie am Genick und hält ihr mit gebleckten Zähnen und flammenden Augen das Messer an den Hals; und so seltsam das ist, diese uralte Taktik funktioniert: Statt Furcht wallt auf beiden Seiten Leidenschaft auf, alle Verwirrung verfliegt, das Messer wird fortgeworfen und die Ehe in einem grimmigen, blitzschnellen Gerangel vollzogen. Von den Tagen und Nächten, in denen sie schweigend Wache stehen muß, ohne zu essen und zu trinken und ohne daß sie die Hütte verlassen darf, hat die Braut offenbar entsetzliche Leibschmerzen, oft behält sie bleibende Schäden, in seltenen Fällen stirbt eine Braut sogar daran. Das Verhältnis der Nomaden zum Frauenkörper ist finster und urtümlich. Sie legen niemals ihre Kleider ab, denn jede Entblößung ist ihnen zuwider, und wenn die Dörfler ihnen nachsagen, daß sie sich niemals waschen, dürften sie damit nicht ganz unrecht haben. Erstaunlicherweise riechen nur die wenigsten schlecht, was an dem im Laufe der Zeit steif gewordenen Kleiderpanzer liegen mag, in dem sie stecken. Meine Gewährsfrau war dabei, als eine alte Sarakatsanissa starb. Es erwies sich als unmöglich, sie aus ihrem geometrischen Kokon zu wickeln, und so schnitt man ihn mit dem Messer auf, und die Umstehenden taumelten zurück wie die

Zeugen auf Ikonendarstellungen der Erweckung des Lazarus. Wenn ein Mädchen heiratet, gilt sie nicht mehr als Mitglied ihrer eigenen Familie und sieht diese in manchen Fällen nie wieder; ihr Mann und dessen weibliche Angehörige halten sie wie eine Sklavin, und sie bleibt eine Fremde in den Zelten von Fremden. In den strengen alten Zeiten galt es als Regel, daß in den ersten Jahren keine Ehefrau ihren Mann ansprechen durfte; er seinerseits nannte sie niemals beim Namen, und es bedurfte vieler Jahre und vieler Geburten, bis die beiden in der Öffentlichkeit miteinander sprachen.

Charon* ist allgegenwärtig, ein selbstverständlicher Begleiter: »Er ist immer da«, sagen sie, wie Trappistenmönche es sollen; »gedenket seiner dreimal an jedem Tag.« Ein Nomade, der in den Bergen stirbt, geht ungesalbt und ohne Sakramente ins Reich Charons ein. Wenn er während der Wanderung stirbt – und die Züge zweimal im Jahr, vom trägen Schritt der Herden bestimmt, können fünfundzwanzig oder dreißig Tage dauern –, wird er auf ein Lasttier geladen, und nach der Ankunft entzündet man an drei aufeinanderfolgenden Abenden eine Kerze für ihn und stellt einen Becher Wein dazu, von dem die Seele trinken kann. Wenn ein Tsellingas im Sterben liegt, werden die Glocken gedämpft, und wenn er stirbt, nimmt man allen Tieren, selbst den Leithammeln, zum Zeichen der Trauer die Glocken ab. Vom fünfzigsten und bei Frauen vom dreißigsten Jahr an reisen die Nomaden im-

* Der Totengeist.

mer mit der *nekrallaxia*, der Totenwäsche: einem unbenutzten Gewand, in dem sie bestattet werden. In diesen neuen Kleidern wird der Leichnam, von der Sonne abgewandt, auf den Boden seiner Hütte oder seines Zeltes gelegt, an Händen und Füßen zusammengeschnürt. Jungverstorbene schmückt man mit Blumen, mit Ringen an den Fingern und einem Kranz im Haar; am Kopfende steht eine Ikone, eine Öllampe an den Füßen. Die Hinterbliebenen halten die ganze Nacht über Wache, damit kein Hund, keine Katze und kein Huhn über den Leichnam geht. Schließlich wird der Tote in eine Wolldecke oder zwei Umhänge aus Ziegenfell gewickelt und auf einer Bahre aus Zweigen und Laub zum Begräbnis getragen. Während man ihn hinausträgt, bricht jemand einen Holzlöffel, und keiner schaut sich um, aus Furcht vor Charon, der zurückbleibt und nach dem nächsten Opfer Ausschau hält. Früher wurde der Leichnam ohne Priester begraben: »Er starb unbesungen« lautet die Redewendung dafür. Bevor die Erde den Toten bedeckt, werden die Fesseln an Händen und Füßen wieder gelöst, und seine neuen Kleider werden zerrissen, damit er sich besser bewegen kann, »da wo er jetzt hingeht«. Wenn eine heilige Stätte in der Nähe war, begruben sie ihn dort; doch ein Hirte, der in den Bergen starb, wurde oft unter einem Felsen oder am Kamm eines Hügels bestattet, wo er hinab auf seine Herde schauen konnte, wenn sie in einem späteren Jahr wiederkam. Seinen Stab steckte man bei dem Grab in die Erde; das Grab einer Frau wurde mit Rocken, Spindel und Faden markiert. Frauen begrub man mit all ihren Ringen und Ketten und Ohrringen und ihrem Festschmuck aus Goldmünzen. Wenn die Angehörigen sie nach drei, fünf oder sieben Jahren wieder ausgruben, um die Gebeine in einer Schachtel oder einem Sack zu verwahren (wie es überall in Griechenland Brauch ist), holte man auch den Schmuck wieder aus der Erde, wusch ihn, und dann gingen die Sachen als Erbstücke an die Kinder. Bisweilen sind die Knochen des Skeletts noch fest verbunden, sie »lassen sich nicht schneiden«; das bedeutet, daß der Verstorbene sich in einen Vampir verwandelt hat, ein Priester muß gerufen und ein Exorzismus vollzogen werden, und dann läßt man dem Toten noch ein weiteres Jahr Zeit, um sich aufzulösen. Die Trauerzeit für einen gestorbenen Sohn betrug früher fünf Jahre, und um die Trauer zu betonen, trugen Frauen manchmal ihre Kleider falsch herum. Traditionellerweise werden die Klagen täglich zu Sonnenuntergang erneuert und in der Stunde der Dämmerung vor Tagesanbruch, wenn die ersten Hähne krähen.

All das ist nicht gerade Daphnis und Chloë und meilenweit entfernt von Theokrit und Moschos und Bion. Noch weiter in der Ferne sehen wir die vergilschen Schäfer, frühe Meilensteine auf einem blumenbestreuten Weg, der durch die Landschaften von Herrick und den Windsor Forest führt, von Fragonard und Watteau bis zum Petit Trianon und nach Sèvres. Und auch die Attribute des guten Hirten aus dem Neuen Testament und das Bild des tugendhaften und recht einfältigen Schäfers, das man in Westeuropa hat, spielen kaum eine Rolle hier.

Die Hirten des Flachlands sind recht interessenlose Menschen. In den Bergen dagegen findet man quirlige, drahtige, hagere, adleräugige Männer, die Züge wie gemeißelt von Sonne, Wind, Regen, Schnee und Hagel. Sieht man sie bei ihren gelegentlichen Abstechern ins Tiefland, dann erinnern sie mehr als nur ein wenig an ihre Feinde, die Wölfe, und noch mehr gleichen sie dem Adler. Bis dorthin, wo sie leben, reicht der Arm des Gesetzes nicht, und die Grenze zwischen Schäferleben und Gesetzlosigkeit ist, wie wir gesehen haben, nicht leicht zu ziehen. Sie sind der Inbegriff von Unabhängigkeit und Unnahbarkeit. Um sie gibt es nichts als Himmel und die Weite des Landes. Wenn ich an die kretischen Bergbewohner mit ihren Bärten, den schwarzen Gewändern, den Stiefeln, Turbanen und Patronengurten denke, dann kann die Bezeichnung »Schäfer« mit allem, was das Wort für Westeuropäer bedeutet, sie nicht mehr fassen. Von ihren halbwilden Herden umgeben leben sie im Chaos der Steinmassen, von Schluchten und Felsen. Aus dem Nichts tauchen sie vor einem auf, sitzen auf Kalksteinsimsen über dem Stechpalmengürtel und den Wolken, das geladene Gewehr auf den Knien für den Fall, daß Viehdiebe aus einem befeindeten Dorf auftauchen oder Familienfeinde, die auf Blutrache aus sind. Überall auf der griechischen Halbinsel stehen diese Männer außerhalb des Gesetzes; und die unabhängigsten und unangepaßtesten von allen, abgesehen von den strengen Verhaltensregeln, die sie sich selbst auferlegen, sind die Sarakatsanen. Sie gehören zu einer älteren, weniger zivilisierten Welt als die Arkadier und die sizilianischen Griechen – sie sind älter als die Idylle und haben die Ekloge fast schon um Ewigkeiten überlebt.

Zum erstenmal hatte ich sie mit neunzehn gesehen, im Dezember an der bulgarischen Schwarzmeerküste zwischen Warna und Burgas; dann sah ich sie wieder im folgenden Frühjahr in Makedonien, während des Venizelistenaufstandes von 1935 nach der Schlacht an der Brücke von Orliako.

An jenem Nachmittag Ende März trottete ich – es würde zu weit führen zu erklären, wie es dazu kam – auf einem geborgten Pferd* auf der Via Aemiliana ostwärts, zusammen mit einer Schwadron leichter Kavallerie der siegreichen Armee des Generals Kondylis, der ich mich angeschlossen hatte. Wir waren der eigentlichen Royalistenarmee ein wenig voraus; diese folgte uns als langer Zug mit Kanonen und Infanterie und Lastwagen und Fuhrwerken und dem ganzen Troß in einer langen Staubwolke. Aus dem Marsch war etwas wie ein Karnevalszug geworden. Nach den Musketenschüssen von beiderseits der Struma,** dem Bombardement von den dahinterliegenden Hügeln (das ich von einem verlassenen Storchennest im Wipfel einer Ulme aus verfolgt hatte) und nur wenigen Opfern auf beiden Seiten hatten unsere Gegner sich ergeben oder sich nach Osten hin abgesetzt. Höhepunkt

---

* Geliehen, genauer gesagt, von meinem lieben Gastgeber in Modi, auf der Halbinsel Chalkidike, Mr. Peter Stathatos. Es trug mich durch halb Makedonien und einen großen Teil von Thrakien, über fünfhundert Meilen, bis wir einen Monat später wieder bei seinem Stall anlangten.
** Oder auch Strymon.

des Tages war für meine neuen Freunde und mich der Augenblick gewesen, als sie mit gezückten Säbeln rasch, doch ohne Blutvergießen über die Holzbrücke von Orliako dem bereits geflohenen Feind nachgesetzt hatten – der einzige Kavallerieangriff, den die meisten von uns je erleben sollten. Von Übermut und Erleichterung befeuert, sangen meine Gefährten Lieder aus den Kabaretts von Athen – der Hauptstadt, die ich damals noch gar nicht gesehen hatte. Sie legten ihre Karabiner an und schossen die Vögel von den Telegrafendrähten. Über den Köpfen dieser fröhlichen Reiterschar zeichnete sich an einem hohen bewaldeten Bergkamm in etwa drei Meilen Entfernung eine Reihe jener schwarzen Wigwams ab, die mich im Dezember so fasziniert hatten. Ich beschloß, mich für eine Nacht von der Truppe zu entfernen und am folgenden Tag von oben her wieder zu ihnen aufzuschließen (ein einzelner Reiter ist schneller als eine ganze Armee). Nach gutgelauntem Abschied, dem noch die Verabredung nachgerufen wurde, daß wir in Serres und Drama und Komotini wieder die Gläser erheben würden, sah ich ihnen nach, wie sie klirrend davonzogen, mit Sporen, die gegen die stählernen Scheiden ihrer Säbel stießen; dann ging es im Galopp in die Hügel, von wo der Klang der Schafsglocken aus der Ferne herüberwehte.

Die Sonne stand schon tief am Himmel, als ich umringt von einem lärmenden Strudel aus halbwilden Hunden die Zügel anzog. Ein Stani von etwa fünfzig Hütten lag rund um eine Quelle unter den Bäumen verstreut. Der Ort war erfüllt von Blöken und Bellen und Glockengeklimper, und alles schien golden vom Staub im Abendlicht. Begleitet von den

schrillen Stimmen der Lämmer und Kitze wurden Mutterschafe und -ziegen unter Rufen, Stockwirbeln, Hundegekläff
und ohrenzerreißenden Pfiffen an einem steilen Hang in einen halbrunden Pferch aus Korbgeflecht und Stroh getrieben. Drinnen scheuchte man sie weiter zu einem schmalen
Törchen am anderen Ende, wo Schäfer sie an Hörnern und
Hinterbeinen packten und sie allen Protesten zum Trotz mit
flinken Bewegungen molken, jede ein paar Sekunden, und
die Milch schäumte in bronzenen Kesseln. Wenn in Griechenland auf dem Lande ein Fremder eintrifft, setzt sogleich
ein freundliches Stimmengewirr aus neugierigen Fragen ein.
Doch nicht hier. Die verschlossenen Hirten widmeten sich
nur um so eifriger ihrer Arbeit: Rufe wurden lauter, das Melken energischer. Zum erstenmal sah ich diese Menschen aus
biblischen Zeiten nun von nahem; mit ihren schwarzen Umhängen und Kapuzen kamen sie mir wie verwilderte Bene-
diktinermönche vor. Erste Blicke – wenn eine von ihnen
vom Webstuhl aufstand, einen Augenblick lang im Eingang
der kegelförmigen Hütte erschien, über deren Spitze eine
Rauchwolke stand, und wieder verschwand – konnte ich von
den geometrischen Elsternmustern der Frauen erhaschen.
Ein gebieterischer alter Mann mit Walroßschnurrbart und
kunstvoll geschnitztem Schäferstab brachte die Hunde zum
Schweigen und fragte mich, was ich wolle. Ich verstand nur
wenig von dem, was er sagte: Die Wochen zuvor, meine ersten in Griechenland, hatte ich auf dem verschneiten Berg
Athos zugebracht und versucht, aus unvollkommenem Alt-
griechisch holpriges Neugriechisch zu machen; und der Dialekt der Sarakatsanen war eine weitere Barriere. Als ihnen

aufging, daß ich trotz geflickter Kniehosen und Wickelgamaschen kein Soldat war – kein Schwert, kein Gewehr! –, sondern ein Fremder aus England, allein, zu jung und noch zu unerfahren, um größeren Schaden anzurichten, schwand die Scheu. Was war da los? Sie zeigten auf die Armee, die in ihrem Kokon aus Staub in der Ebene blitzte; von Ferne drang der Ruf einer Signaltrompete herüber. Was war das für ein Lärm gewesen unten an der Struma? *Bumm-bumm-bumm? Rattatatatt? Peng-peng?* … Aus ihren nur halb verstandenen Fragen schloß ich mit Erstaunen, daß sie bestenfalls eine verschwommene Vorstellung von dem hatten, was dort vor sich ging. Sie hatten gehört, daß es eine *kinema* gegeben hatte – eine Bewegung oder Revolution –, doch kaum mehr als das. (Heute überlege ich, ob sie sich mit Bedacht unwissend stellten, um erst einmal zu sehen, was für ein merkwürdiger Vogel ich war; welchen Tabak ich rauchte, wie es im Sprichwort heißt.) Unwahrscheinlich, daß sie keine Kenntnis von den Ereignissen hatten, die sich nur wenige Meilen entfernt abgespielt und ganz Griechenland gespalten hatten; später erfuhr ich, daß die Vorfälle in der Woche zuvor weltweit die Schlagzeilen beherrscht hatten. Ob es nun ehrliche Neugier war oder Ironie – sie lauschten meinem stockenden, von Gesten und Lautmalereien begleiteten, halb alt- und halb neugriechisch vorgetragenen Bericht: die Revolte der halben Armee zugunsten von Venizelos, die Beschießung von Athen und Attika, der Vormarsch der Regierungstruppen durch Saloniki bis zur Struma, die Schlacht an der Brücke; wie sich das meuternde Kriegsschiff *Averoff* nach Kreta abgesetzt hatte; wie Venizelos selbst geflohen war, vielleicht nach

Rhodos, während die Anführer der Makedonier in Thrakien oder sogar Bulgarien Zuflucht suchten. Wir standen umringt von einer Horde kapuzentragender Nomaden, die, auf ihre Hirtenstäbe gestützt, an den passenden Stellen mißbilligend mit der Zunge schnalzten; im Hintergrund drängten sich spinnende Frauen mit Wickelkindern und geometrische Mädchen und Jungen mit Zicklein und Lämmern auf den Schultern. Als ich fertig war, hatten ihre wettergegerbten Gesichter, wohl als Reaktion auf die Sprache meines Berichts, all ihre Strenge verloren; die blaugrauen Augen des finster dreinblickenden Despoten, der als erster das Wort ergriffen hatte, sahen mich väterlich an. »*É! paidí mou*«, sagte er mit einer heiteren Miene, die nicht recht zu seinen Worten paßte, »*kakos einai o polemos* ... der Krieg ist eine schlimme Sache, mein Kind.« Dann rief er über die Schulter hinweg: »Der Junge muß hungrig sein.« Ich stieg aus dem Sattel, ein blonder Nachkomme des Patriarchen nahm mein Pferd, ein anderer Satteltaschen und Sattel und den Sack Hafer, und wir gingen durch die Abenddämmerung zu den Hütten.

Nach unserem Mahl aus heißer Milch mit eingebrocktem Schwarzbrot und grobem Salz – anscheinend ihre einzige Nahrung –, das wir einträchtig aus einer gemeinsamen Schüssel löffelten, hatten sich etwa vierzig neugierige Schafhirten, barfuß und im Schneidersitz, die Hirtenstäbe im Arm, rings um ein Feuer aus brennendem Dorngestrüpp in der Mitte der großen, gewölbten Hütte auf den am Boden ausgebreiteten Decken niedergelassen. Ein halbes Dutzend Hunde lag hechelnd im Eingang. Unermüdlich schob der alte Mann mit knorrigen Fingern einen winzigen Topf in die

Glut, und einer nach dem anderen tranken wir pustend und in kleinen Schlucken den kochendheißen, blubbernden Kaffee aus einer einzigen, immer wieder neu gefüllten Tasse. Ein Schafhirte schnitt mit einem langen Messer Bündel von Tabakblättern auf einem Holzklotz, dann rollte er sie und verteilte die groben Rollen an die Raucher, die sie zum Verschließen anleckten und mit einem brennenden Reisig entzündeten. Mein stockender Bericht der Tagesereignisse, seine merkwürdige Sprache weckte hie und da wohlwollendes Gelächter, wurde immer wieder neu eingefordert und bis lange nach Einbruch der Dunkelheit diskutiert.

In der Hütte gab es kaum etwas, was die Nomaden nicht selbst hergestellt hatten. Ihr Hausrat hing an hölzernen Pflöcken und an den gekrümmten, rußgeschwärzten Aststummeln, die aus dem Holzpfosten der Hütte ragten. Einige Utensilien lagen fein säuberlich aufgestapelt entlang der Reisigwände oder auf dem Boden. Nur wenige Anzeichen deuteten darauf hin, in welchem Jahrtausend wir uns befanden: Gewehre, Werkzeug, Hackmesser, Äxte, Spaten, Sicheln, Kochtöpfe, Sättel, Zaumzeug, die Metallverzierungen der Ikonen und in einem hängenden Dickicht aus getrockneten, zottigen Wasserschläuchen ein Ast mit schimmernden, nagelneuen Hufeisen. Alles andere war aus behauenem, geschnitztem Holz oder aus der handgesponnenen Wolle der Herden. Stränge von Zwiebeln, Knoblauch, Maiskolben und Tabakblättern baumelten hoch oben zwischen rußigen Zweigen und Spinnweben. Über ihnen lief das mit Weidengerten umwundene Schilf symmetrisch am Scheitelpunkt der Dachkuppel zusammen. Ein angenehmer, durchdringender Geruch nach Milch, Weißkäse, Ziegenhaar, Tabak und Holzrauch erfüllte den Ort. Das Dorngestrüpp brannte qualmlos und knisternd; jedesmal wenn ein neues Reisigbündel nachgelegt wurde, war es, als tanze die hohe Hütte über der Schar der Schatten, und der Feuerschein erhellte ausgebleichte, verfilzte Haarschöpfe und Gesichter, gezeichnet von den Stürmen des Winters und der Sommersonne. Ihre Haut schimmerte wie Feuerstein, und wann immer unsere Blicke sich trafen, gaben sie mir mit einem Lächeln zu verstehen, daß ich willkommen war.

In den vorangegangenen Wochen hatte ich zum erstenmal eine der großen, in keinen Statuten verbrieften Segnungen Griechenlands kennengelernt, in meinem Fall ein vorgezogenes Geschenk zum Erlangen der Volljährigkeit: die Art nämlich, wie Griechen einen Neuankömmling auf der Stelle, freundlich und auf Augenhöhe, als ihresgleichen annehmen, eine Begrüßung, die alle Barrieren von Hierarchien, Herkunft und Vermögen dahinschmelzen läßt und – abgesehen von ein paar uralten Stammesfehden – auch diejenigen von Politik und Nationalität. Nichts Konventionelles ist daran, sondern diese Freundlichkeit gedeiht im Gegenteil in nahezu paradiesischer Unkenntnis all dessen. Befangenheit, Unterwürfigkeit und Herablassung (und das elende Gegengift erzwungener Gleichbehandlung), die Nachwehen des Feudalismus und das letzte Aufflackern der Bastille – all die düsteren Wolken, die die Weiten des Lebens einengen und einem in Westeuropa die Luft zum Atmen nehmen, sind hier unbekannt. Das Leben, verkünden diese Blicke, ist ein Jammertal, ein Feind, ein Abenteuer, ein Scherz; wir müssen es gemeinsam ertragen, überlisten, nutzen und genießen, als gleichberechtigte Verbündete und Komplizen, ein jeder Nutznießer und Opfer zugleich. Der Fremde beginnt zu begreifen, daß er die lästige Rüstung und das Arsenal, das er schon ein halbes Leben lang mit sich herumschleppt, nicht mehr braucht. An ihre Stelle tritt eine wundersame Leichtigkeit. An diesem speziellen Abend gab es noch andere Dinge, die zu meinem Hochgefühl beitrugen: Meine Gedanken kreisten noch immer um die Ereignisse des Tages, den Pulverdampf, das Donnern der Geschütze in der Morgendämmerung, das weiter flußaufwärts unschuldig wie ein Feuerwerk geklungen hatte. Es war meine allererste Begegnung mit dem Krieg. Mittlerweile hatte ich fast das Gefühl, ich hätte selbst an der Schlacht teilgenommen. Das Hufgetrappel auf den losen Holzplanken der Brücke und die Lieder des langen Ritts klangen mir noch in den Ohren. Hinzu kam der wunderbare Aufstieg durch die Ausläufer des Gebirges, die Ankunft in dem Lager bei Sonnenuntergang, und jetzt die Stimmen und das Gelächter und die vom Feuer golden leuchtenden Masken der Nomaden in dieser Hütte in den dunklen Bergen; die müden Glieder, der Schwebezustand, in dem ich mich befand, losgelöst von Zeit und Raum, vor mir die nebelhaft funkelnde Weite von Monaten und Jahren voll ungeahnter Verlockungen – all das zusammen sah in dem Augenblick aus, als hätte ich die höchste Höhe des Lebensglücks erreicht, und nichts Besseres könne mehr kommen.

Aber es gab doch noch etwas, und das ließ nicht lange auf sich warten. Yorgos, der Enkel des alten Mannes, der mein Pferd und mich unter seine Fittiche genommen hatte (und versprochen hatte, uns am nächsten Morgen auf einer Abkürzung über die Berge zu einem Punkt zu führen, von wo aus wir wieder hinunter zur Armee stoßen konnten), angelte eine lange Knochenflöte aus der Tasche. Die Musik, die nun durch die Hütte wehte, war bewegend und betörend. Sie begann mit langen, tiefen Tönen mit ausgedehnten Pausen dazwischen; dann schwang sie sich in hochkomplizierten Mustern rasch in die Höhe. Wiederholte und immer schneller werdende Triller führten zu lang anhaltenden hohen Noten, bebend schwebte die Melodie in der Luft, bevor sie eine Oktave tief hinabstürzte, zurück zu den ruhigen, tiefen ganzen Noten vom Beginn. Töne so klar wie Eiskristalle wechselten mit melancholischen, näselnden und bisweilen fast schon heiser klingenden. Nach einer langen Atempause gingen sie wieder über in kristallklare, anrührend zarte Melodien; die gleiche Tonfolge in Moll wurde in immer geringerer Lautstärke so lange wiederholt, bis die hohen Schnörkel ein letztesmal die langen Baßnoten ankündigten, denen ein immer länger werdender Augenblick der Stille voranging. Ein treffenderes musikalisches Abbild der Berge, Wälder und Herden und des Lebens der Nomaden kann es nicht geben.

Eine weniger einschläfernde Musik ist kaum vorstellbar. Dennoch muß ich, überwältigt von den Ereignissen des Tages, mitten im Vortrag eingeschlafen sein. Jemand deckte mich mit einem Umhang zu. Als ich eine Stunde nach Mitternacht aufwachte, glommen in der dunklen Hütte nur noch die letzten Reste des Feuers, und außer dem leise schnarchenden Patriarchen auf der anderen Seite war niemand mehr da. Beim Weggehen zeichnete sich die kapuzentragende Silhouette von Yorgos einen Augenblick lang im Eingang vor dem Sternenhimmel ab. Draußen in der Kälte hörte ich, wie sich die Hirten zum ersten Melken versammelten, leise murmelnd wie Mönche vor dem Nachtgebet; in ihrem pastoralen Stundenbuch war dies das Gegenstück zur Frühmette. Dann wurde alles still, und nach ein oder zwei Minuten verlor sich das leise Glockengebimmel der erwachenden Herden wieder in den Wogen des Schlafes.

Wenn es *I Sarakatsáni* damals schon gegeben und ich es gekannt hätte, dann hätte ich mir Yorgos' Flöte genauer angesehen. Abgesehen von der in ganz Griechenland verbreiteten hölzernen Flöte gibt oder gab es bei diesen Wanderern zwei Arten von Flöten. Die erste hat einen tiefen, hallenden Klang und besteht aus einem abgesägten Gewehrlauf, in den in entsprechenden Abständen Löcher gebohrt werden. Die andere, so steht es in *I Sarakatasani*, wird aus dem längsten Knochen eines Adlerflügels gefertigt. Es ist bekannt, wie sehr sie diesen Vogel verabscheuen. Ich glaube, Yorgos' Flöte zählte zum zweiten Typ. Nachdem er den Adler abgeschossen und den Flügelknochen gereinigt hätte, indem er ihn in der Erde vergrub, hätte er die darin hausenden bösen Kräfte dadurch unwirksam machen müssen, daß er ihn vierzig Tage lang unter einem Altar aufbewahrte, um ihn zu läutern und die bösen Geister auszutreiben, bevor er es wagen konnte, die Löcher zu bohren und das Instrument an seine Lippen zu setzen.

Nach den Namen von Hoeg und Hadjmichalis muß nun noch ein dritter genannt werden, und diesmal ein englischer.

Es war in diesem Frühjahr, bei einem kurzen Wiedersehen mit den Nomaden im fernen Epirus, daß ich erstmals von »Tzon« und »Seela« hörte. Diese beiden Silben, stets mit einer Art Besitzerstolz ausgesprochen, wirkten wie eine Zauberformel bei den Nomaden. Ich brauchte eine ganze Weile, bis ich die geheimnisvollen und fast schon mythischen Wesen (die, wie die Nomaden uns erzählten, jahrelang bei ihnen in einer eigens für sie errichteten Hütte gelebt hatten, ihren Dialekt beherrschten und sie auf ihren Wanderungen begleiteten) als den Sozialanthropologen John Campbell* und dessen Gattin Sheila identifizierte. Doch das war des Rätsels Lösung, und einige Zeit später hatte ich das Glück, die beiden in Athen kennenzulernen. Wir unterhielten uns viele Stunden lang über die Sarakatsanen, und um dieses Kapitel auszuschmücken, das ohnehin schon nach Diebstahl riecht, habe ich mir ein paar kostbare Stücke aus ihrer Schatzkammer geborgt. In früheren Darstellungen und selbst auf diesen Seiten ging es in erster Linie darum, eine Theorie über die historischen Wurzeln der Sarakatsanen aufzustellen. Deshalb bekommt eine rein anthropologische Studie wie die von John Campbell außerordentlich hohes Gewicht, und wer immer sich mit dem modernen Griechenland befaßt, tut gut daran, sie nicht außer acht zu lassen.

Meine fast schon letzte Begegnung mit Sarakatsanen hatte ich an einem Lagerplatz oberhalb von Rizani in den Ausläu-

---

* Verfasser von *Honour, Family and Patronage* (Oxford University Press, 1964). Eine Abhandlung über Institutionen und Moralvorstellungen bei den Sarakatsanen.

fern der thesprotischen Berge im Westen von Epirus. Das von Pappeln gesäumte steinige Bett des blaugrünen Kalamos schlängelt sich westwärts durch eine byroneske Berglandschaft bis nach Igoumenitsa und zum Ionischen Meer. Die Silhouette von Korfu liegt quer vor dem zerklüfteten Einschnitt der Berge im Vordergrund wie der Knüppel, der die Kiefer eines gefangenen Alligators am Zuschnappen hindert. Es war windig und lange nach Einbruch der Dunkelheit, als Joan und John Craxton und ich die kleine Ansiedlung der Familie Charisis erreichten. Auch hier tat die Nennung des Namens Campbell sofortige Wirkung, und schon bald saßen wir mit bestrumpften Füßen auf dem mit Matten ausgelegten Fußboden und auf mit Decken gepolsterten Diwanen aus Reisig und Farn neben der Feuerstelle am Ende der rechtekkigen Hütte von Yanni, dem Tsellingas. Zwischen den kegelförmigen Hütten wirkte sie wie eine kleine Basilika aus Schilf. Das Ende mit der Feuerstelle war durch eine Art Lettner aus Weidengeflecht abgetrennt. Die Männer trugen allesamt schwarze Jacken aus handgesponnener Wolle und Hosen mit nach unten enger werdenden Beinen; die Frauen hatten zu meinem großen Bedauern ihre geometrische, zweifarbige Tracht aufgegeben und durch das allgegenwärtige Friedhofsschwarz der meisten griechischen Landfrauen ersetzt, von denen sie sich nur durch die steifen Falten ihrer Röcke und die metallenen Gürtelschnallen unterschieden. Die seltsamen Trachten der Älteren waren jetzt gut verstaut und wurden nur bei seltenen Gelegenheiten hervorgeholt und bewundert, wie wertvolle, doch antiquierte Erbstücke. Ein weiteres Zeichen der Zeit war, daß diese Ansiedlung sich zu einem halb dauerhaften Winterquartier gewandelt hatte. Unterwegs war das Licht unserer Taschenlampe auf ein paar Reihen Zwiebeln und einige Olivenbäumchen gefallen: traurige Totempfähle drohender Seßhaftigkeit. Im folgenden Monat würden sie zu ihren Bergweiden oberhalb des Dorfes Vitsa ziehen, hoch oben in der kargen, wunderschönen Berglandschaft der Zagoria zwischen Ioannina und der albanischen Grenze.

Trotz alledem war nicht zu übersehen, wie sehr sich unser Gastgeber, seine zahlreichen Brüder und ihre Frauen und Nachkommen – die sich irgendwie alle in diesem winzigen hellen Raum drängten – in Sprache, Verhalten, Aussehen, Auftreten und Redeweise von der übrigen Welt unterschieden. Ihre Haare waren hell und struppig, die Gesichter hohlwangig und adlernasig, die hellwachen, blaugrauen Augen sprühten vor Leben. Die klaren, fein geschnittenen Kieferknochen, die Nasen, Wangen und Brauen, allesamt durch die brennenden Stechpalmenzweige und eine Öllampe auf einem eisernen Dreifuß von unten beleuchtet wie die Gesichter der Apostel beim Abendmahl in Emmaus, wirkten geradezu lächerlich patrizierhaft. (Im Vergleich zu ihnen sollten die Einwohner der düsteren kleinen Stadt Igoumenitsa unseren verwöhnten Augen später plebejisch, wenn nicht gar grob erscheinen.) Das atemberaubende Tempo, in dem sie sich unterhielten, ihr Humor und ihre forsche Ungezwungenheit, die selbstverständliche Freundlichkeit, mit der sie uns willkommen hießen – all das hatte wahrhaft Stil, war ein Bilderbuchbeispiel für das, was Castiglione im *Cortegiano* als *sprezzatura* bezeichnet – den vollendeten Schliff der Manieren. Das gleiche galt auch für die Kinder – eine ganze Schar schön anzusehender Sprößlinge beobachtete uns aus den Schatten mit Argusaugen – und die Frauen, die auf der Schwelle standen und sich mit ihren hellen Stimmen häufig impulsiv und ohne Rücksicht auf Rangunterschiede in die Unterhaltung einmischten. Mir fiel auf, daß nur die Ehemänner ihre Frauen beim Vornamen nannten; die anderen redeten sie mit der weiblichen Form des Namens ihrer Ehemänner an, »Yánaina«, »Andónaina«, »Nicólaina«, »Jórgaina«: Johannesin, Antonin, Nikolausin, Georgin und so weiter.

Nach Brot und Milch machte bald das Ouzoglas ausgiebig die Runde. Uns zu Ehren wollten sie ein oder zwei sehr junge Zicklein schlachten, die am Morgen im Lager eingetroffen waren. Wir lehnten ab (wahrscheinlich sehr zu ihrem Leidwesen, denn ein Vorwand zum Fleischessen ist ihnen immer willkommen); zum einen, weil wir ihnen – was nicht richtig war – keine Umstände machen wollten, zum zweiten aber, weil wir die beiden Zicklein mit ihrer Mutter in einem Verschlag neben der Tür gesehen hatten: niedliche gescheckte Kreaturen, die wir nicht ans Messer liefern wollten. Wir nahmen die Fastenzeit als Ausrede, woraufhin sich alle erstaunt und bekümmert einander zuwandten und sagten: »Seht euch das an! Wie fromm diese Fremden sind; nicht so wie wir!« Da wir ihre karge Ernährung kannten und zu spät begriffen, wie gern sie unter dem Vorwand der Gastfreundschaft ihr Fasten gebrochen hätten, schämten wir uns unserer Heuchelei und hätten das Angebot gern nachträglich noch angenommen. Andoni, der jüngste Bruder des Tsellingas und der stattlichste und lebhafteste unter ihnen, zeigte uns die zylinderförmige Metallhaube – sie hatte einen Durchmesser von einem Meter und paßte genau auf die runde Lehmplattform der Feuerstelle –, unter der sie ihr Brot und ihre Pittas buken und bei Bedarf Lämmer und Zicklein brieten. Wir bekamen Gesellschaft von einem schneidigen Burschen namens Christo Gogola; sein Winterquartier lag zwar in einem fünfzig Meilen entfernten Stani, aber im Sommer war er ihr Nachbar, und er war gekommen, um sie alle zu seiner Hochzeit kurz nach Ostern einzuladen. Wieder kreiste der Ouzo, und schon bald ertönten in der Hütte Lobgesänge auf Katsantonis, Tzavelas und andere klephtische Helden. Nach einer Weile ging man zum Geschichtenerzählen über; die meisten wurden von Andoni in einem breiten, komplizierten Dialekt vorgetragen, bei dem, fast wie im Russischen, die Endvokale unbarmherzig verschluckt und die in der Wortmitte undeutlich ausgesprochen wurden. Man mußte all seine Kräfte aufbieten, um zu verstehen, was er sagte.* Es waren Märchen, gar nicht soviel anders als die der Brüder Grimm, in denen sprechende Schlangen und Wölfe und Hunde eine große Rolle spielten; sie erzählten auch von Hirten, die die Sprache der Tiere verstanden und bei Auseinandersetzungen mit ihren Ehefrauen auf Hilfe aus dem Tierreich hoffen konnten – von Hähnen, Eseln, Hunden und Schwalben. Ja, Adler seien ihnen verhaßt, sagte Andoni auf meine Frage, und das aus den üblichen Gründen. Kuckuck, Taube und Schwalbe seien ihre Lieblingsvögel; sie stünden

---

* Ich brauchte eine ganze Weile, bis ich das Wort verstand, das er für »Frau« verwendete. In der normalen Volkssprache lautet es *gynaíka*; bei Andoni klang es wie *y'niák*.

für den Sommer und die Berge, die ihnen, wenn sie im Tiefland seien, so fehlten, daß sie sich fühlten wie in der Verbannung. »Sobald die Lämmer den Kuckuck rufen hören, wissen wir, es ist alles gut.« Sie erzählten von Schlangen, die ans Feuer kommen, um Mich zu trinken; einer solchen Schlange darf man nie etwas zuleide tun – sie ist der *stoicheion*, der Schutzgeist oder Genius des Hauses, genau wie in alten Zeiten, und er bringt den Bewohnern Glück. Neben Märchen gab es auch Geschichten von alten Männern, von denen es hieß, sie verstünden die Sprache der Tiere, und eine davon berichtete von einem alten Hirten, der genau wußte, wann er sterben würde, weil er vor seiner Hütte ein Gespräch zwischen einem Hund und einem Hahn belauscht hatte.

»Nichts als Gerede«, sagte der Tsellingas, ein eher nüchterner Mensch. »Gesehen habe ich so etwas nie. Vor vielen, vielen Jahren vielleicht, zur Zeit unserer Großväter. Aber heute …«

Vor allem oben in der Zagoria sind – berichtete er – Wölfe eine ständige Bedrohung; man sieht sie dort in Rudeln von zwanzig oder mehr zwischen den Felsen umherstreifen, und ihr Heulen läßt einem das Blut in den Adern gefrieren. Wenn jemand einen Wolf erlegt, schneidet er ihm den Kopf ab und geht damit zu den Hütten, ja sogar hinab in die Dörfer, und bekommt Geld, Eier oder Wein zum Geschenk. Andoni war drei Jahre zuvor auf ein Nest mit Wolfsjungen gestoßen und hatte vergeblich versucht, sie aufzuziehen: »Wunderschöne kleine Geschöpfe, aber man konnte ihnen an den Augen ansehen, daß sie böse waren …« Auch Schakale seien eine Gefahr für Lämmer und Zicklein. Es gebe viele Füchse, doch die machten nur Jagd auf Hühner, deshalb machten sie sich ihretwegen keine Sorgen. Manchmal sähen sie Hirsche auf den Bergen, aber Bären gebe es nur viel weiter im Osten, bei den Kutsowalachen auf der makedonischen Seite des Pindosgebirges. »Und dann sind da noch die *zweibeinigen* Wölfe«, verkündete der Tsellingas düster. »Und die jagen nicht nur Schafe und Lämmer. Ein paar von ihnen haben mir sechs Pferde gestohlen, die ich zum Weiden auf den Hügel dort drüben gebracht hatte. Vielleicht waren es die Dorfbewohner; wir haben ständig Ärger mit ihnen. Oder Walachen. Ich habe tagelang nach den Pferden gesucht, aber sie waren wie vom Erdboden verschwunden. Wahrscheinlich haben sie sie in Ioannina verkauft, oder irgendwo weit weg, in Thessalien. Womöglich an die Walachen.« Sie wußten alles über Schattenwesen und Dämonen, Skiasmata und Daoutis; ein übler Haufen sei das. Dann kam Andoni auf etwas noch Schlimmeres zu sprechen. Durch das Bergland der Zagoria, jenseits von Vitsa und Monodendri, wo sie im Sommer ihre Herden weideten, verläuft die schmale, furchterregende Vikosschlucht, deren schroffe Felswände einen tiefen Einschnitt bilden: ein finsteres Chaos aus Felsblöcken und -zakken, durch das, wenn er Hochwasser führt, ein Nebenfluß des Aoos mit einem Geräusch wie fernes Donnergrollen tost. »Wenn man in der Tiefe Flöten und andere Instrumente hört«, erzählte Adoni, die langen Finger im Feuerschein gespreizt, wie um diese unheilvollen Spielleute heraufzubeschwören, »Geigen und Gitarren und Mandolinen – es ist niemand da, kein einziger Musikant, versteht ihr –, dann ist das ganz, ganz schlecht. Schlecht für die Herden, schlecht für uns, schlecht für jedermann ...« Alle anderen nickten beifällig mit nachdenklicher, bekümmerter Miene, als tue es ihnen leid, daß das Thema überhaupt zur Sprache gekommen war. Obwohl sie schon vieldutzendfach mit ihren Herden in der Nähe vorbeigezogen waren, hatten nur wenige von ihnen Ioannina, die Hauptstadt der Provinz Epirus, je besucht; wenn sie es in ihren Gesprächen erwähnten, taten sie es mit angehaltenem Atem, als sei es London oder Paris oder Babylon, eine Brutstätte unbeschreiblichen Luxus und Gegenstand wilder Spekulationen und Gerüchte. Doch sobald das Gespräch auf die Sommerweiden in der Zagoria kam, leuchteten ihre Augen wie die der Kinder Israel beim Gedanken an Kanaan, und alle redeten durcheinander. Dorthin sollten wir kommen und eine Weile bleiben. Was für Tauben, was für Hasen! Wein brauche man dort nicht – man werde berauscht von der Luft; und dann der Schatten, die Bäume und das *Wasser* – ah, das Wasser sprudele aus dem nackten Fels, eiskalt, so kalt, daß man es nicht trinken könne; und man könne es okkaweise trinken und sich wie ein Riese fühlen ... Es ließ sich nicht in Worte fassen.

Sie drängten uns zum Bleiben. Zu gerne hätten sie uns noch mehr über die Wunderwelt ihrer Berge erzählt, und sie selbst waren auch begierig zu erfahren, was draußen in der Welt vorging – schließlich begegneten sie nur selten einem Fremden. »Hört auf den Wind!« sagten sie. Aber wie schon in Sikorrachi rief uns eine lästige Verpflichtung nach Igoumenitsa und ans Meer. In den frühen Morgenstunden, als die Zeit zum Melken kam, rüsteten wir uns zum Aufbruch und wurden beim Herauskommen von der im Chor vorgetragenen Einladung zum Osterlamm und zur Teilnahme an der Hochzeit der Gogolas begrüßt; vor allem aber sollten wir zu ihnen in die Berge kommen. Der halbe Trupp stand bereit, um uns zurück zur Hauptstraße zu geleiten, »sicher vorbei an Felsen und Schluchten«. An dem milchigen, mit Schäfchen-wolken übersäten Himmel war kein Mond zu sehen. Es wehte ein kräftiger Wind, und eine langgestreckte, silbern geränderte Wolke wie ein Schiffswrack hing über dem Meer und den schemenhaften Umrissen von Korfu. Aus dem Ver-schlag neben dem Eingang hörten wir die beiden Zicklein kläglich meckern. Andoni lachte. »Hört nur!« sagte er. »Die beiden wissen, daß ihr ihnen das Leben gerettet habt, und sie bedanken sich! Wenn ihr hinauf in die Zagoria kommt, schlachten wir ein Lamm, und ein paar Hasen schießen wir auch, und Tauben und Rebhühner noch dazu. Wunderbare Vögel sind das, fetter als die, die sie in Ioannina in Käfigen mästen, für die Generäle und Gouverneure und Richter, für Rechtsanwälte, Kaufleute und Bischöfe …«

Tags darauf machten wir uns auf den Weg nach Süden durch die thesprotischen Berge, die zwischen Igoumenitsa und Parga entlang der Küste von Epirus emporragen, eine abge-legene Gegend aus steinigen Dörfern mit Stümpfen von Mi-naretten und zerfallenen Moscheen, wo einst albanische Beys und Agas in herrschaftlichen Sälen unter Platanen leb-ten. Viele Dorfbewohner sprechen den albanischen Dialekt der Tschamen. Es ist eine beinahe unzugängliche Welt, wo man unvermittelt auf grasbewachsene Hochflächen mit wil-den Iris und Anemonen, auf Narzissenwiesen, Kegelberge und versteckte Seen mit Sümpfen, Schilf und Schwärmen von Wasservögeln trifft. Jenseits der unüberwindlichen Ostgrenze fallen die Berge jäh zur acherusischen Ebene ab, wo, im Schatten der imposanten Bergfestung von Souli, Acheron und Kokytos, beides Flüsse der Unterwelt, sich vereinen. Viele Walachen und Karagunen weiden ihre Herden in dieser unzugänglichen Gegend. Unterhalb einer Ansammlung von jämmerlichen, verrotteten Wigwams an einem trostlosen Abhang trafen wir auf einige Sarakatsanen aus dem nördlichen Zagoragebirge mit einer großen Herde schwarzer Ziegen. Hie und da, zwischen den Tieren nicht weit von den Hütten und Pferchen, standen geheimnisvolle, spitz zulaufende Geröllkegel, jeder acht oder zehn Fuß hoch, mit dem typischen Kapuzenumhang der Nomaden behängt. Sie sahen geheimnisvoll und gefährlich aus. Wir fragten einen der Schäfer, wozu sie da seien.

»Um die Wölfe zu vertreiben«, sagte er.

»Gibt es viele davon hier?«

»Ah«, sagte er traurig. »Genau die Gegend dafür. *Tétios éinai o tópos* ...«

Und genauso sah sie auch aus.

Nun muß ich aber doch, wenn auch widerstrebend, ein Ende mit all diesen Rückblenden und Anmerkungen finden – vielleicht wird es höchste Zeit – und um mehrere Jahre, ein paar hundert Meilen auf der Landkarte und eine Handvoll Seiten zurückgehen und den eigentlichen Faden der Erzählung wieder aufnehmen, von dem wir zwischen den Quasten und Knopfpolstern des Eisenbahnwagens abgekommen sind, der uns durch die thrakische Nacht zurück von Sikorrachi nach Alexandroupolis schaukelte.

Es dauerte nicht lange, bis der Schaffner sich auf seinem gefährlichen Weg über das Trittbrett zu uns vorgehangelt hatte und ins Abteil geklettert kam; nicht um unsere Karten zu kontrollieren, sondern auf ein Schwätzchen. Wir waren seine einzigen Fahrgäste. Er war ein dunkler, rundgesichtiger, freundlicher Mann, Flüchtling aus Smyrna.

»Na«, meinte er schwungvoll und bot uns Zigaretten an, »haben Sie herausbekommen, wo sie ihre Töpfe mit Gold verstecken? Ist einer für mich übrig? Den könnte ich gebrauchen, bei der Arbeit.«

Wir erzählten ihm von der Hochzeit. Da sich die ersten noch schemenhaften Vorstellungen von einer möglichen langen Ahnenreihe der Sarakatsanen in meinem Kopf bereits eingenistet hatten, fragte ich ihn, was er davon halte.

»Ich habe keine Ahnung«, gestand er gutmütig, »und wenn ich ehrlich sein soll, es interessiert mich auch nicht. Ich hasse die alten Griechen. Wir mußten alles über sie in der Schule lernen: Platon, Sokrates, Perikles, Leonidas, Aristoteles, Euripides, Homer – *Andra mi ennepe, Mousa, polytropon os malla polla* und so weiter. Nein, hassen kann ich nicht sagen, das ist zu stark. Aber was haben sie mit mir zu tun? Vielleicht stammen wir von ihnen ab, vielleicht auch nicht – was spielt es für eine Rolle? Und wo bitte schön kamen *die* wiederum her? Das weiß keiner. Das waren Griechen, und wir sind auch Griechen, mehr weiß man nicht. Ich komme aus Smyrna – und das ist eine alte Griechenstadt, falls Sie's nicht wissen –, und womöglich bin ich griechischer als die Griechen in Athen, griechischer als Ihre Sarakatsanen, wer weiß. Aber wen kümmert das? *Griechenland ist eine Idee*, darum geht es! Das ist es, was uns zusammenhält – das und die Sprache und das Land und die Kirche – nicht daß ich die Priester sonderlich gern hätte, aber wir verdanken ihnen eine Menge. Und diese alten Griechen, unsere hochberühmten Vorfahren, die gehen mir auf die Nerven. Ich will Ihnen sagen, warum. Sie plagen uns wie Gespenster. Wir werden niemals wieder so großartig wie sie, niemand wird das. Und dafür fühlen wir uns schuldig. Die Leute denken, wir bringen nichts zustande, nur wegen ein paar alter Bücher und Tempel und Marmorbrokken. Und Ausländer, die das gelesen haben, die alles über die alten Griechen wissen, die kommen her und denken, jeder hier ist ein Apoll, und die Herren tragen Helme oder Lorbeerkränze, und wen sehen sie dann? Mich: einen kleinen, dicken, dunkelhäutigen Mann, mit Schnurrbart und Knopfaugen!« Er lachte gutmütig. »Zum Teufel mit denen! Ich halte mich an die Männer aus dem Unabhängigkeitskrieg, die uns die Türken verjagt haben, an Averoff, der uns ein Kriegsschiff aus eigener Tasche bezahlt hat, an Venizelos, unseren Retter, der aus Griechenland ein anständiges Land gemacht hat. An *die* soll man sich halten! Wenn wir nicht solche Dummköpfe wären und uns dauernd untereinander stritten, wenn es mal fünfzig Jahre lang keinen Krieg und keine Revolution gäbe – fünfzig Jahre, mehr will ich gar nicht –, da würden Sie staunen, was für ein Land aus uns würde! Und *danach* könnten wir uns Gedanken um das Trojanische Pferd machen und herausfinden, wie wir mit

Perikles verwandt sind und ob die Sarakatsanen von den alten Griechen abstammen!«

Ich verstand ihn. Für manche sind die alten Griechen Inspiration, Quell eines unbestimmten Stolzes; in Westeuropa schätzt man sie so ungeheuer hoch; anderen sind sie ein ewiges Ärgernis. Was ist mit Byzanz? mag sich ein heutiger Grieche fragen; *daher* kommen doch unsere Traditionen, nicht von Perikles, wie er auf der Akropolis seine Reden schwingt, nicht von Diogenes in seiner Tonne oder aus dem Zelt des Achill.

Was ist ihm Hekuba, was ist er ihr?

Zwischen Himmel und Erde

Griechische Sommer sind lang. Der Oktober ging schon in den November über, doch nur der frühe Sonnenuntergang, die plötzlichen Nebel, die kühle Luft in den Bergen, die feuerrote Färbung der Buchen zeigten uns, daß Herbst und Winter nicht mehr fern waren, als wir von Makedonien entlang der Ostflanke des Pindos südwärts fuhren. Hier, wo der Peneios auf die thessalische Ebene trifft und in seinem breiten, steinigen Bett gemächlich hinab zum Meer fließt, hatten die Platanen noch kein einziges Blatt verloren. Hinter uns erhob sich der Pindos, mit der steilen Straße nach Westen, die über den Metsovopaß nach Ioannina und Epirus führte. Östlich von uns jedoch öffnete sich das weite thessalische Flachland, vom Fuße des Gebirges glatt wie ein Binnenmeer, dessen ferne Ufer – Olymp, Ossa und Pelion – im Dunst des Frühherbsttages verschwammen.

Nun, wo Kalambaka in Sicht kam, entstand ein solches Tohuwabohu, ein solches Gewirr walachischer Stimmen, ein Einsammeln von Bündeln, Babys und Geflügel, daß wir anfangs gar nicht auf Meteora achteten. Erst als wir schon fast die Straßen des Dorfes erreicht hatten, hoben wir den Blick zu den unglaublichen Felsen, den Zacken und Zinnen, die senkrecht Hunderte von Fuß hoch in den Himmel ragten. Nichts hielt die Aufwärtsbewegung des Auges auf, außer hie und da einem unbedeutenden Busch, der sich mit einem einzigen verkrüppelten Strunk an die Felswand klammerte, oder einem Rinnsal, wie es wie eine schimmernde Schneckenspur von einem Quell in Adlerhöhen bis herab zu dem katzbuckligen Dörflein rann. Eine mächtige halbrunde Steinwand stand unmittelbar über uns. Dahinter, durchbrochen von bewaldeten Tälern, staffelten sich Säulen und Stalagmiten in wildem Durcheinander, aufrecht, schräg oder gewunden, und endeten in einsamen Sockeln in schwindelerregender Höhe (auf einem dieser Gipfel waren Mauer oder Turm eines Klosters, winzig und perspektivisch verkürzt, gerade noch zu erkennen) oder wuchsen und drängten sich wie schweigende Herden von Mammuts, die nachdenklich am Rande der Tundra innegehalten hatten.

Schweigend blickten wir lange hinauf. Selbst die Kutsowalachen, denen dieses Naturschauspiel durch ihre Wanderungen von den Sommerdörfern im Pindos zu den thessalischen Winterweiden wohlvertraut ist, schienen in Staunen versunken. Sie wandten den Blick erst ab, als ein Dorfbewohner, der die einmonatige Reise mit den Herden des Dorfes zu Fuß gemacht hatte, ihnen etwas zurief. Denn die Straßen waren ein einziger Strom aus Schafen, die Luft war erfüllt vom goldenen Staub, vom Blöken und von Begrüßungsrufen im seltsamen romanischen Dialekt dieser schwarzgekleideten Schäfer. Zwischen Umhängen aus handgewebten Stoffen, zwischen Bärten und Hirtenstäben in dem Wirbel aus Wolle erschien ein groß gewachsener Mönch. Er überragte die anderen um anderthalb Kopf, und zumal mit seinem hohen zylinderförmigen Hut schien er ein wahrer Riese unter ihnen. »Da ist er«, sagte der Fahrer zu uns. »Das ist Pater Christopher, der Abt von Sankt Barlaam.«

Ob wir die Nacht über bleiben könnten? Aber gewiß doch, auch zwei oder drei. Die Einladung unterstrich er mit einem freundschaftlichen Schlag auf die Schulter, und ein Lächeln zeigte sich auf dem eben noch so ernsten Gesicht, daß der drahtige Bart sich spreizte wie ein Fächer. Eine halbe Stunde später wanderten wir beiderseits seiner Stute gen Westen. Ein Tornister mit Verpflegung hing auf der einen Seite am Sattelbaum, auf der anderen eine große Korbflasche mit Wein. Und dazwischen, entspannt in seinem Sattel, wo er seine kurze Pfeife schmauchte und vergnügt vor sich hin summte und von wo er mit uns redete, saß der gastfreundliche Abt. Bauern grüßten uns auf unserem gemächlichen Weg westwärts, und er wechselte jedesmal ein paar freundliche Worte mit ihnen, ganz wie ein Landjunker; manchmal ermahnte er sie auch mit dem gutmütig erhobenen großen Stab oder versetzte ihnen einen jovialen Stoß damit. Die Schatten zwischen den grandiosen Felsen wurden länger, und als wir ins nächste Dorf Kastraki kamen, war alles in mildes, goldenes Licht getaucht. Wir ließen die letzten Häuser hinter uns, und als wir das riesige zentrale Tympanon aus Konglomeratgestein umrundet hatten, öffnete sich vor uns eine tiefe Schlucht, die eng zwischen den Felsen anstieg. Die weißen Wände des Klosters Metamorphosis erschienen hoch über uns auf dem Felsen und bald darauf die Umrisse von Sankt Barlaam. Als ich die Höhe und Entfernung sah, schwand mir der Mut. Unvorstellbar, daß wir je in diesem Adlerhorst anlangen würden ... Im selben Moment verschwand die Sonne hinter dem Zackenkamm des Pindos. Mit einemmal waren die Berge vor uns graublau und kalt, bedrohlich und bedrückend, und alle Fröhlichkeit schien aus der Welt gewichen. Diese Felsen wie auf Bildern von Mantegna oder El Greco hätten den Hintergrund für die Wüstenqualen eines Hieronymus abgeben können, die Leiden im Garten Gethsemane, die Versuchungen in der Wildnis.

Die Nacht brach herein, und unser Weg stieg unmerklich an. Am Fuße des Barlaamfelsens führte ein großer kantiger Felsspalt, gefüllt mit Gesträuch und Geröll, in die Bergwand. »Die Höhle des Drachen«, erklärte der Abt und wies durch das Dunkel in diese Richtung, mit einem leisen, ein wenig rauhen Lachen, »genau an der richtigen Stelle unter dem Kloster.« Aus dem Weg wurde ein schmaler, mit Steinplatten belegter Aufstieg zwischen erdrückenden Bergmassen, der sich zwischen Felsbrocken und krummen Platanen wand und sich schließlich zu einem steilen Panorama bergaufwärts öffnete, ohne daß ein Blick zurück auf die Ebene blieb. Wir waren fasziniert von diesen unglaublichen Gesteinsformationen. Doch eine Windung des Weges führte uns aus unserem Labyrinth ins schönste Mondlicht, und sogleich fiel alle Schwere und alles Bedrohliche von den Bergen ab. Alles war silberhell und verzaubert und wunderbar still. Die Platanen standen genauso reglos wie die schimmernden Felswände, als wäre jedes einzelne Blatt aus edlem Metall getrieben, gehämmert und mit Drähten an die silbernen Zweige gesteckt. Unendlich weit oben ragten die Eingangsplattform von Sankt Barlaam, die Traufen der Vorbauten wie die Hütte einer Galeone in die Mondnacht, und wie ein Anker an seinem Tau baumelte dort oben der große Haken. Die glatten Felswände gingen nicht nur senkrecht aufwärts, an vielen Stellen neigten sie sich nach vorn und ragten über die Basis heraus, und Vorstände, an denen ein Fuß Halt gefunden hätte, gab es hier genausowenig wie bei einem gläsernen Berg im Märchen. Hoch in den Lüften quollen die Klosterbauten über den Rand dieses felsigen Sockels, ein Zirkel aus vorstehenden Mauern, aus An- und Aufbauten.

Der Abt zügelte sein Pferd und stieß einen mächtigen Ruf aus. »Bessarion!« hallte der Name von den Wänden, und das Echo verlor sich unten im Tal. Von hoch oben auf der Brüstung des Vorbaus blickte ein bleiches bebrilltes Gesicht, und schwach tönte ein Gruß. »Laß das Seil herab, und dann komm und kümmere dich um das Pferd«, donnerte die Stimme des Abtes nach oben. Zwei Minuten brauchte der Haken, bis er unten angelangt war, kreiselnd kam er uns an seinem dicken Stahlseil entgegen. Bevor im Jahr 1932 die Stufen angelegt wurden, war dies der einzige Zugang zum Kloster. Damals kauerte der Besucher sich in ein Netz, das mit den obersten Maschen am Haken hing, und dann wurde er mit der Seilwinde emporgehievt und drehte sich auf seinem Weg nach oben bald in die eine, bald in die andere Richtung. Oben angekommen, zog man das Netz mit einer Stange auf die Plattform, wo es abgesetzt und der Besucher wieder aus den Stricken befreit wurde. Im vorigen Jahrhundert nahm man ein Tau so dick wie ein Männerarm. Auf die Frage, wie oft es erneuert werde, soll ein früherer Abt geantwortet haben: »Nur wenn es reißt …«

Atemlos vom hastigen Lauf treppab half Bessarion, der Diakon, dem Abt, Gepäck und Vorräte am Haken zu befestigen, nahm dem Pferd den Sattel ab und führte es zu seinem Stall an der Flanke des gegenüberliegenden Felsens, und dann stieg er mit uns die lange Treppe wieder hinauf. Die Stufen waren versetzt, Absatz folgte auf Absatz unter dem Vordach des Felsens, aus dem die Treppe geschlagen war, und schließlich standen wir keuchend und erschöpft vor einer schweren Eisentür. Dahinter ging es durch ein Loch und eine schwarze, mit Stufen versehene Grotte mitten durch den Felsen. So gelangten wir in einen Hof des Klosters, der nur durch eine niedrige Steinmauer vom Abgrund abgeschirmt war. Die weitläufige, mit schwarzen und weißen Steinen gepflasterte Loggia erreichte man durch einen weiteren kurzen Aufstieg, erbaut in jüngerer Zeit im byzantinischen Backstein des Klosters. Dort wuchs, so unglaublich das klingt, eine Zypresse und stand gebeugt im Wind. Die Dachziegel und Kuppeln der Kirche im Mondschein, die alten, verwinkelten Klosterbauten wirkten menschlich und anheimelnd nach der Felswüste, durch die wir gekommen waren. Oben auf der Treppe – eine gebieterische Gestalt, der ein plötzlicher Nordwind in Bart und Kutte fuhr – wandte der Abt sich um und hieß uns mit weit gebreiteten Armen willkommen. Dann, über das Geländer eines Vorbaus gebeugt, der mit jedem Windstoß bebte, sahen wir zu, wie Pater Bessarion sich an der Seilwinde mühte und mit dem Haken das Gepäck heraufholte. Vorräte, Sattel und Weinflasche langten wohlbehalten auf den Planken an. Als nächstes führte der Abt uns in die Kapelle, zündete am ewigen Licht einen

Wachsstock an, und das Gold und Silber der Ikonenwand und die unzähligen Heiligenscheine auf den Wandgemälden funkelten zwischen den Schatten. Der Abt und Pater Bessarion schlugen das Kreuzeszeichen, küßten die wichtigeren Ikonen und gingen dann wieder nach draußen. Wir folgten ihnen auf den mondbeglänzten Hof. Es war niemand zu sehen, in keinem Fenster brannte ein Licht. Das Kloster lag wie verzaubert.

Ich erinnerte mich noch einigermaßen an das Gastzimmer, wo Pater Christopher den Docht einer Öllampe höherdrehte – ich hatte schon einmal einige Tage dort verbracht, vor dem Krieg: die Glasschale voll mit Visitenkarten all der Priester und Prälaten und Byzantologen, das Sofa unter dem Fenster, der ausgebleichte russische Druck mit einem Panorama von Jerusalem. Kaum zu glauben, daß etwas so Menschliches, Anheimelndes wie diese Kammer, golden vom Lampenlicht, in solch kargen, windumtosten Höhen wartete. Schon bald schnitt Pater Bessarion uns Äpfel und Ziegenkäse auf, als *mézé* zu dem Ouzo, den der Abt nachschenkte, sobald unsere Gläschen leer waren; und als wir uns zu einem einfachen Abendessen aus Bohnen setzten, wurde die große Weinflasche aufgemacht. Nach dem Essen zündeten die beiden Mönche ihre Pfeifen an, und alle vier waren wir längst tief ins Gespräch über den Krieg und die Sorgen des modernen Griechenlands und den Niedergang des orthodoxen Mönchswesens versunken. Sie waren ein lustiges Paar – der schüchterne, kleine Bessarion in seiner groben Kutte und der Strickmütze, mit seinem Eifer und seiner Gutmütigkeit, die aus Augen hinter dicken Brillengläsern funkelten, und der mächtige Abt mit seinem listigen, gewitzten Blick, den hageren, spöttischen Zügen, das alles als riesenhafter Schatten in einer großen Tabakswolke an die Wand geworfen. Was er sagte, war nie ganz ohne eine handfeste, sinnliche Seite. Er stammte aus einer Priesterfamilie, die schon seit Jahrhunderten in Kalambaka ansässig war. Mit ihm war diese lange Reihe des weltlichen Priestertums zu Ende gegangen, denn mit zweiunddreißig Jahren hatte er sich als Mönch nach Sankt Barlaam zurückgezogen und war, was uns ungewöhnlich rasch vorkam, binnen drei Monaten zum Diakon, dann zum Priester geweiht und anschließend zum Archimandriten und Abt ernannt worden. Inzwischen war er sechsundsiebzig und war in seinem ganzen Leben nicht mehr als ein paar wenige Tage krank gewesen. Er versicherte uns, daß sein Heilmittel gegen eine gelegentliche Erkältung oder ein wenig Fieber nie versage – fünf Tage oben in den Bergen mit den Herden des Klosters, viele Okkas Wein, die Nächte in den Reisighütten der Schäfer, danach – er streckte seine gewaltigen Hände wie Samson, als er die Säulen von Gaza umfaßte – sei er wieder stark wie ein Riese. Er hoffe, daß Pater Bessarion ihm als Abt nachfolgen werde. Er streichelte den großen, geschecken Kater auf seinem Schoß – es gab zwei Katzen im Kloster, Makry, der nun träge schnurrte, und eine kleine schwarze mit weißer Nase und einer roten Schleife um den Hals, Marigoula – und beschrieb uns das Klosterleben im Winter, wenn die Berge tief verschneit waren und an den ausladenden Holzbauten die Eiszapfen hingen. »Manche davon sind ellenlang und bestimmt ihre zwei Fuß dick. Wenn die Schneeschmelze kommt, brechen sie ab und donnern zu Tal, ein Geräusch wie ein Kanonenschuß. Manchmal sind die Wolken so dicht, daß Bessarion und ich zusammenstoßen, wenn wir in der Kirche die Messe lesen ...« Wie seltsam und einsam dies Junggesellenleben klang! Es war von anderen Mönchen die Rede, doch wir sahen während unseres ganzes Besuches nur einen einzigen, einen unglaublich alten Mann, der eines Morgens mit seinem Krückstock zur Kirche tappte.

Nach den harten Brettern, auf denen ich in den Dörfern des Pindos geschlafen hatte, war das Bett in meiner weiß gekalkten Kammer der reinste Luxus. Als der Wind sich legte, konnte ich den tiefen Atem des Abtes hören, der nebenan schlief, und bisweilen einen zufriedenen Seufzer. Dann heulte der Wind wieder um unseren schmalen Felssockel. Draußen stand das Mondlicht wie eine Aureole um die ziegelgedeckten Kuppeln der Kirche und füllte die leere Landschaft südwärts von diesem Säulengebirge mit einem bleichen, schimmernden Schein.

Beim Mittagessen am nächsten Tag blieb der Stuhl des Abtes leer. Er hatte sich schon vor Tagesanbruch aufgemacht und war zu den Wäldern des Klosters an den Hängen von Chasia geritten, um den Köhlern dort die Leviten zu lesen – ein Sechsstundenritt in jeder Richtung. Wir waren mit Bessarion allein. Von den strengen Regeln auf dem Berg Athos abgesehen gibt es offenbar in der orthodoxen Gastfreundschaft keine Geschlechterunterschiede, und Joan war genauso willkommen wie männliche Gäste. Bessarions große Augen leuchteten hinter den Brillengläsern, nun wo er uns die Geschichten der Lokalheiligen von Thessalien erzählte – die Wundertaten des Dionysios von Karditsa, der Märtyrertod des Schutzheiligen seiner Heimatgemeinde, St. Gideon von Tyrnavos, gemartert von Veli Pascha, dem Sohn Alis, des berühmten Tyrannen von Ioannina. Auch seine eigene Lebensgeschichte konnte sich hören lassen. Nachdem die Engländer sich 1941 aus Griechenland zurückgezogen hatten, hatte er mehrere Monate lang zwei britische Soldaten im Vorgebirge des Olymp verborgen, und später war noch ein Oberstleutnant dazugekommen, der aus seiner brennenden Maschine über der thessalischen Ebene abgesprungen war. Als es zu gefährlich wurde, floh er mit ihnen von Trikeri, südlich des Pilion, per Unterseeboot in den Nahen Osten, wo er von El Alamein bis zum Triumph der Griechen in Rimini in der griechischen Armee diente. Aber seit jeher hatte er Mönch werden wollen, und nach seiner Entlassung hatte er mehrere Monate in verschiedenen Klöstern und Einsiedeleien auf dem Berg Athos zugebracht. Dann war er eine Weile im Kloster Douskos auf dem Berg Koziakas gewesen, hatte jedoch dort keine Ruhe gefunden und war schließlich zu den Meteoraklöstern gekommen.

»Hier gehöre ich hin«, schloß er. »In Sankt Barlaam bleibe ich für immer.« Er wies auf den endlos blauen Himmel vor dem Fenster. Nichts anderes war zu sehen. »Hier oben«, sagte er, »fühlt man sich fast schon im Paradies ...«

In den letzten Jahrzehnten ist der Strom der Novizen in den orthodoxen Klöstern deutlich schwächer geworden. Jetzt findet man kaum noch Anwärter. Seit den ersten Jahrhunderten der Christenheit, als der heilige Pachomios die enorme Anzahl von Asketen in der Thebais zu Gemeinschaften vereinte, waren Griechenland, Ägypten und die Levante stets Hochburgen des klösterlichen Lebens gewesen. Die Mönche, für die Basilius in seinem Zypressenhain an der Schwarzmeerküste seine Regel schrieb (Vorläuferin der benediktinischen Regel, auf der das Klosterleben der Westkirche fußt), waren international. Bis heute gibt es nur einen einzigen Orden in der orthodoxen Welt, die Basilianer. Er scheidet sich jedoch in zwei Strömungen: die zönobitische und die idiorrhythmische; ersteres ist eine gemeinschaftliche Lebensform, vergleichbar derjenigen der Benediktiner, die andere ist eremitisch, etwa in der Art der Kartäuser oder Kamaldulenser. Diese Einsiedler leben und essen jeder für sich und begegnen sich nur beim Kirchgang; doch bei allem Frühaufstehen und all ihrem Fasten ist ihr Leben weit weniger asketisch und abgeschieden als in den Orden von Romuald oder Bruno, und die Strenge der Zisterzienser kennen sie nicht. Das Mönchtum der Ostkirche wuchs und gedieh in frühchristlicher und mittelalterlicher Zeit, und es gab kaum eine Wüste ohne Styliten und kaum einen Berggipfel ohne Kloster. Die höchsten Spitzen waren in der Regel dem Propheten Elias geweiht, denn sie galten als Symbole seiner Entrückung in den Himmel; doch offenbar hat die Ostkirche ihre Klöster grundsätzlich an spektakulären Orten errichtet. Die Klöster am Berg Athos, die Vulkankegel Kappadokiens, die Felsnadeln von Meteora, das Katharinenkloster am Berg Sinai und das Iwankloster in Rila in den südbulgarischen Bergen sind nur die herausragendsten Beispiele für das, was es im kleineren Maßstab im gesamten orthodoxen Raum gab. Die humanistische Renaissance konnte das Gebäude der Orthodoxie nicht zum Wanken bringen, ebensowenig die Reformation oder die neuen Ideen der Enzyklopädisten. Diese Stürme, die die Kirche des Westens in ihren Grundfesten erschütterten, nahm man hier nur von ferne wahr, gedämpft durch eine andere Kultur und durch die Türkenherrschaft. Denn die Osmanen verachteten zwar die Religion des Volkes, ließen sie aber alles in allem bestehen. Niemand hinderte die Kirche an der Gründung immer weiterer Klöster. Als die Griechen aufbegehrten und die Osmanen mit zunehmender Gewalt reagierten, stärkte das die Position der Kirche noch, und sie wurde, zusammen mit der Sprache, zum Symbol, zum Talisman griechischer Selbstbehauptung. (Und ist es bis heute geblieben.) Griechische Klöster waren im vergangenen Jahrhundert und noch weit bis in unseres hinein blühende und volkreiche Gemeinschaften, und ich würde annehmen, daß ihr Niedergang eher wirtschaftlichen und administrativen Gründen zuzuschreiben ist als religiösem Zweifel oder Streit. Die russische Revolution war für die orthodoxe Kirche ein schwerer Schlag, und besonders hart traf es die Kassen bestimmter griechischer Klöster. Auch die Verstaatlichung von Kircheneigentum in Rumänien kostete sie große Ländereien, die ihnen die Fürsten von Moldau und Walachei in den Jahrhunderten zuvor überlassen hatten. Im Zuge der venizelischen Reformen wurde viel Kirchenland konfisziert; und Krieg, Besatzung, brandschatzende Deutsche und plündernde Italiener, nicht zuletzt manche Zerstörung durch die Rebellen haben ein übriges getan. Nur wenig bleibt. Leerstehende Klöster, verfallen durch Vernachlässigung, in Naturkatastrophen zerstört, von der Geschichte vergessen und jetzt womöglich als Schafs- oder Ziegenstall genutzt, sind ein genauso allgegenwärtiger Bestandteil der griechischen Landschaft wie die unzähligen Festungen, die von den abrückenden Franken zurückblieben. Viele sind nicht größer als ein Bauernhaus. Ein paar gutmütige, gastfreundliche alte Männer harren in manchen noch aus, versorgen die Hühner und bestellen einen Acker mit Korn oder pflegen einen Olivenhain, und tauschen die zerlumpten Kleider, in denen sie gehen, nur gegen die schwarzen Roben und den zylinderförmigen Hut aus, wenn sie auf ihren Eseln zum Markt reiten.

Eine andere Erklärung dafür, daß in den Klöstern die Novizen ausbleiben, liefert neuerdings der Ansturm des westlichen Materialismus, der für die Griechen noch ganz den Zauber des Neuen besitzt. Griechen sind ein rastloses Volk, optimistisch, individualistisch und unternehmungslustig, und sie werfen – mit welcher Rechtfertigung, könnte ich nicht sagen – den Mönchen oft Faulheit vor. Das mönchische Leben in Griechenland, das sich, besonders am Berg Athos, seit byzantinischer Zeit kaum verändert hat, hat einer Generation, die den Verlockungen westlicher Güter erlegen ist, nichts mehr zu bieten. Nur selten geht es in Gesprächen unter Griechen um abstrakte Themen, und das kontemplative Leben ist ihnen durch und durch fremd. Deshalb sollte man die jüngsten Veränderungen auch nicht als das Ergebnis einer intellektuellen Auseinandersetzung sehen, sondern als selbstverständlichen Wechsel zum leichteren Leben. Im Westen, wo längst Überdruß, Abscheu und Furcht vor der eigenen Kultur vorherrschen, erleben wir die Wiederkehr des Mönchtums. In Griechenland ist es umgekehrt. Gäbe es keine Kriege und kein materielles Leid, dann wäre für die Griechen (außer in den Dörfern und in den Kleinstädten, wo sie ein nationales Symbol blieben) das Leben auch ohne die Tröstungen von Religion oder Philosophie vollkommen.

Der Abt stimmte beim Abendessen finster unserem Bild vom Niedergang des Klosterlebens zu. »Allein Sankt Barlaam besaß drei Bauerndörfer, alle drei verlorengegangen unter Venizelos im Jahr 1928. Die kommen nicht mehr zurück. Wir hatten Tausende von Hektaren … Und bis zum Krieg Hunderte von Schafen und Ziegen – Hunderte von Rindern, sechzig Pferde … die Deutschen und Italiener und Rebellen haben sie alle geholt. Es gab Hunderte von Mönchen hier oben, Bataillone – Bataillone, Mihali! – in den alten Zeiten –, und in jeder Höhle im Fels saß ein Einsiedler, wie ein Bienenstock … Und schau dir uns heute an! Ach, *parakmí, parakmí!*« Dies letzte Wort – »Niedergang« – sollte zum Leitmotiv der nächsten Tage werden. »Die jungen Leute wollen uns nicht mehr.« Nachdenklich goß er den Wein ein, und dann, mit einem plötzlichen Satyrlächeln, zitierte er aus dem Neuen Testament die Stelle, wo es heißt, daß Wein des Menschen Herz erfreut, und darauf stießen wir an.

Schon früh am nächsten Morgen weckte mich Glockengeläut. Die Luft erbebte von den Semantra, Schallbrettern, der umliegenden Klöster. Der Klang dieser flachen Hölzer, jedes davon meterlang und mit einer Aussparung in der Mitte, wo der diensttuende Mönch es mit der linken Hand halten kann, während seine rechte mit einem kleinen Hammer in immer schnellerem kurzem Rhythmus auf die flache Oberfläche schlägt, reicht meilenweit. Geschlagen wird in Triolen, zum Gedenken an die Trinität. Manchmal heißt es, Noah habe dieses Instrument ersonnen, um damit die Tiere der Welt zur Arche zu rufen. Das wiederum brachte uns auf den Gedanken, wie sehr diese Klöster einer Arche glichen, jedes auf seinem eigenen Ararat. Direkt vor meinem Fenster klapperte die Glocke von Sankt Barlaam und vertrieb die letzten Schleier des Schlafes. Mir fiel wieder ein, daß gestern abend Nachtwache zum Fest des Demetrios von Saloniki gewesen war, und so schlüpfte ich in meine Kleider und machte mich, wobei ich mir mit Streichhölzern leuchtete, über Laufstege und Treppen zur kleinen Klosterkirche auf. Nur ein paar wenige bleiche Streifen am schwarzen Himmel versprachen einen neuen Tag.

Die Kirche, kaum größer als eine Burgkapelle, ist allen Heiligen geweiht. Das heruntergelassene ewige Licht und die Kerzen, die den Patres Christopher und Bessarion Licht für ihre Breviere spendeten, vertrieben ein wenig die umliegenden Schatten. Doch außerhalb dieser schmalen Lichtkegel war es pechschwarz. Ich stützte mich auf eine der Miserikordien, die den kleinen halbrunden Erker zur Rechten des Altarraums säumten. Die entsprechende Apsis zur Linken verlor sich im Dunkel. Wir drei waren allein in der Kirche. Bessarion sang die Liturgie, und ich versuchte den Neumen und Flexionen und Vierteltönen der orientalisch anmutenden Monodie anhand des Auf und Ab der schlanken Bögen und Schnörkel über dem Text im Kerzenlicht zu folgen. Beide Mönche trugen ihr Haar, das sonst zu Knoten gebunden unter ihren Kopfbedeckungen verschwand, offen, und es hing ihnen in langen Locken weit über den Rücken hinab. Von unten warf der Kerzenschein seltsame Schatten auf die wachsbleichen Züge Bessarions und zeichnete scharf die Konturen, die tiefen Augenhöhlen, die kraftvolle Nase, die fragend in Falten gelegte Stirn Pater Christophers, als er schließlich mit dem Weihrauchkessel in der Hand hinter dem Altar hervortrat, ein erhabener Koloß in prachtvollen, uralten Gewändern. Seine tiefe Stimme raunte die Responsorien auf Bessarions höheren Ton. Nach kurzem Innehalten schwenkte der Diakon das drehbare Lesepult, schlug die Seiten um und stimmte den Lobgesang auf den heiligen Demetrios an. Makry, der Kater, schlich sich verstohlen herein und nach vorn zum Lettner; das Licht vom Altar warf den langen Katzenschatten bedrohlich auf die Steinplatten. Geschickt sprang er auf den hohen, mit Perlmuttintarsien verzierten Tisch, auf dem das Lesepult stand, dann setzte er sich, den Schwanz elegant um die Oberschenkel gelegt, und betrachtete die Seite. Ohne die kleinste Unterbrechung seines Gesanges schob Bessarion die zum Buch ausgestreckte Pfote beiseite und kraulte, weiterhin singend, den schildpattfarbenen Kopf; und langsam nahm die lange Liturgie ihren Lauf.

Auf der geschwungenen Wand oberhalb von Bessarions kleinem Lichtfleck waren die unteren Extremitäten der Heiligen auf den Freskomalereien gerade noch zu erkennen: das gebräunte Bein eines Wüstenpredigers, das Muster aus

schwarzen Kreuzen an den Enden einer weißen Patriarchen-
stola, die Lappen und Riemen am schwieligen Fuß eines ka-
nonisierten Bauern, die purpurnen Schnürstiefel eines Kaisers, die roten und goldenen Beinschienen eines Heroen, der
rostrote Schwung einer Märtyrerrobe und die perlenbestick-
ten Pantoffeln eines Archonten – alles Weitere verlor sich im
Dunkel. Weiter oben an der Wand, jenseits der unsichtbaren,
langgestreckten Leiber, warf das getriebene Gold ihrer Gloriolen den Kerzenschimmer in einem schwachen Halbrund
aus Hufeisen zurück. Erst als sich ganz allmählich in der östlichen Lünette das erste Tageslicht zeigte, traten sie, einer
nach dem anderen, hervor. Johannes der Täufer, eine zottige
Gestalt mit merkwürdigen Flügeln, trug das eigene Haupt
auf einem Tablett vor sich her, mit einem Glorienschein in
allen Farben des Regenbogens. Sankt Demetrios stand auf
seine Lanze gelehnt. Der heilige Georg erschien als Zentu-
rion mit Schwert und Schild. Sankt Prokop war im Begriff,
sein Krummschwert zu zücken. Sankt Govdelas trat in roter
Robe auf, ein Stirnband bändigte seine Hyazinthenlocken.
Sankt Anais gestikulierte geheimnisvoll, der Mantel eingefaßt mit einem Muster aus kleinen schwarzen Adlern. Oberhalb dieser Heiligen kamen epischere Szenen: eine wunderbare Entschlafung der Jungfrau auf einem scharlachroten
Diwan; eine Geburt Christi; lange Büßerkolonnen, die sich
bergauf mühten, jeder sein Kreuz auf den Schultern; Burgen
in schwindelnder Höhe, Belagerungen, bei denen die Ge-
schosse nur so flogen, Schlachtfelder und scheiternde
Schiffe. Jede Laibung, jeder Zwickel, jedes Feld und jede
Ecke waren von himmlischen Heerscharen bevölkert, und

das alles gekrönt vom großen Pantokrator im Gipfelpunkt der zentralen Kuppel. An den Seiten der beiden Hauptpfeiler zeigten Fresken die Brüder, die einen großen Teil des Klosters im Jahre 1511 wiederaufgebaut hatten: den heiligen Nektarios und den heiligen Theophanes, Mitglieder der einflußreichen Familie Apsaras aus Ioannina. Sie sahen aus wie Zwillinge mit ihren dunklen Kapuzen und Umhängen und den endlos langen Bärten; beide hatten den Blick gen Himmel gerichtet und hielten in der einen Hand eine Pergamentrolle, in der anderen ein detailgetreues Modell der Kirche, in der ihr Abbild zu sehen ist. An der Flanke einer Säule im Narthex stand, in zitronengelbe Dalmatik, schwarzen Skapulier und malvenfarbenen Umhang gewandet, eine hochgewachsene Gestalt mit Heiligenschein und dunklem Bart, deren wallenden Locken von einem königlichen oder kaiserlichen Diadem bekrönt wurden. Tags zuvor hatten wir erfahren, daß es sich dabei um Kaiser Johannes VI. Kantakuzenos handelte – einen der Gründer von Sankt Barlaam, wie mein Führer versicherte.*

---

* Ich glaube, da irrte er sich, und das Fresko zeigt eher Jovan Uros Palaiologos, König von Thessalien, de facto Despot von Epirus und Abt eines der Meteoraklöster; einen Mann, der, so berichten die Chroniken, bekannt war für sein gottesfürchtiges Leben. Das würde die gleichzeitige Anwesenheit von Herrscher- *und* Heiligenattributen erklären, denn selbst ein noch so großzügiger Künstler könnte nur die ersteren einem Kantakuzenen zuschreiben. Das Mißverständnis, wenn es denn eines ist, ist verständlich, weil der Kaiser, als er sich am Ende seines wildbewegten Lebens in ein Kloster auf dem Berg Athos zurückzog, den gleichen Ordensnamen annahm wie Uros Palaiologos, nämlich Josaphat. (Josaphat war auch der Ordensname von Johannes VII. Palaiologos.) Dieser Name steht neben dem Fresko. Außerdem war *Anton* Kantakuzenos einer der Gründer des benachbarten Klosters Sankt Stephan – obwohl diese Verbindung zur kaiserlichen Familie nicht endgültig be-

Als der Gottesdienst zu Ende ging, war es hellichter Tag, und ich schlenderte hinaus in den Narthex, die Vorhalle, um mir die übrigen Fresken anzusehen. Die Ausmalung des Katholikon oder Kirchenschiffs war 1548 abgeschlossen, die des Narthex 1566; die Fresken stammten von einem gewissen Frankos Katellanos und seinem mönchischen Mitstreiter Pater Georg. Es ist seltsam, wie wenig sich für ein ungeübtes Auge wie das meine die byzantinische Formel verändert. Abgesehen von der kretischen Renaissance hielt sich, grob gesprochen, dieselbe plastische Technik über ein ganzes Jahrtausend, und ein Fremder würde diese Malereien als wesentlich älter einschätzen. Wie die orthodoxe Kirche bis heute blieb die Ikonographie des Ostens bis zu einem sehr späten Datum spirituell Bestandteil des byzantinischen Reiches. Ja, noch lange nachdem Byzanz untergegangen war und nur noch als geistliches Bild in der Vorstellungswelt der Griechen fortbestand.

Auch hier waren die Säulen mit Heiligenfiguren bemalt, viele davon Asketen aus der Wüste. Die Torsi der beiden Säulenheiligen Agapios und Daniel ragten aus viereckigen Kisten, die wiederum auf korinthischen Kapitellen ruhten, und der Bart eines nackten Eremiten, mit blaßgrünen Blättern beschürzt, reichte ihm bis unter die Knie, ein fließender weißer Stalaktit wie geschmolzenes Siegelwachs. Besser er-

wiesen ist, was die Verwirrung noch weiter steigert. In dreien der Meteoraklöster wurde mir Johannes VI. von Mönchen als Gründer genannt, und das Fresko zeigt ihn in dieser Rolle. Soweit ich herausfinden konnte, gibt es dafür jedoch keine schriftlichen Quellen. In jedem Falle war er jedoch ein großzügiger Förderer und hat die Klöster wohl während seiner Feldzüge in Epirus und Ätolien im Jahr 1340 besucht.

ging es Makarios, der einen identischen Bart trug, jedoch seine Blöße am ganzen Körper mit einem dichten Silberfuchspelz bedeckte. Nur die Hände und Füße schauten hervor, und die Knie, wo er durch eifriges Knieen Löcher in den dichten Pelz gescheuert hatte. Die Wände waren blutigen Märtyrerszenen gewidmet – da wurde auf dem Kopf stehend gekreuzigt, die Haut abgezogen, gepfählt, von wilden Pferden geschleppt, durch junge Bäume entzweigerissen, gebrandmarkt, verstümmelt und, das vor allem, geköpft. Prachtvoll gekleidete Gestalten knieten in langen Reihen oder lagen am Boden, Blut spritzte aus ihren kopflosen Körpern, und die Köpfe kugelten, weiterhin mit Heiligenschein, durch die Einöde davon.

Um so angenehmer war die Kapelle der drei Hierarchen gleich nebenan. Sie hatte die Form einer Basilika, eine niedrige Holzdecke mit mexikanisch anmutendem Muster aus schwarzen und weißen Winkeln auf ausgebleichtem Orange, und der Fußboden bestand aus uralten ziegelroten Steinplatten. Angeführt von den drei großen Kirchenlehrern – den Heiligen Johann Chrysostomos, Gregor von Nazianz und Basilius von Caesarea – zog die heilige Schar die Wände entlang, mit dem einzigen kutsowalachischen Heiligen als Nachhut – Nikolaus von Metsovo, den die Türken auf dem Scheiterhaufen verbrannt hatten, auf dem Marktplatz von Trikala. In der Sterbeszene Sankt Ephraims des Syrers lag der Heilige in ein graues Leintuch gewickelt auf einer Bahre aus Korbgeflecht, und ein asketischer Gefährte neigte das bärtige Haupt zum Abschiedskuß, während ein weiterer die verhüllten Füße umarmte. Aus den benachbarten Einsiedeleien humpelten betagte Glaubensgenossen in Scharen herbei, manche auf dem Rücken ihrer Brüder getragen, andere in altertümlichen Sänften. Gleich nebenan umringte eine Armee aus Jungfrauen und Matronen und rauchfaßschwingenden Gelehrten das Sterbebett des Evangelisten Johannes. Der Heilige, mit einer Tonsur nach Art der Westkirche, ruhte in einem hellroten und goldenen Palast auf grün und malvenfarben drapiertem Katafalk zwischen großen goldenen Kandelabern. Die ausgeblichenen Farben all dieser Fresken, die uralte Technik, die ungelenke Perspektive und die Drastik der Details verleihen ihnen, obwohl erst 1637 entstanden, einen unendlichen Charme. Die wahnwitzigen Berge von Meteora selbst müssen die Inspiration zur Darstellung des Lebens Christi gewesen sein, die sich rund um die oberen Mauern zog – die schmalen Zinnen der Reihen von schwindelerregenden Tafelbergen, die rund um den Garten Gethsemane in den Himmel reichen, beinahe wie eine Brücke. Am eindrucksvollsten von allen war die langgestreckte Kartusche mit dem Abendmahl. Auf goldenen Bänken und vieleckigen Schemeln saßen unser Herr und die zwölf Apostel im Kreise, mit einer gestickten gemeinschaftlichen Serviette auf den Knien. Die Architektur im Hintergrund zeigt schon einen ersten Hauch von Renaissance, auch die gelbe und schwarze Markise, die von Giebel zu Giebel drapiert ist. Ein großer runder Tisch ist aus der Perspektive heraus geneigt, damit wir die schlanken Kerzenleuchter sehen können, die Pokale mit Wein, die Gewürzständer, Eierbecher, Schüsseln, die eleganten bauchigen Krüge mit den geschwungenen Tüllen, die Messer, Brotlaibe und, über den Tisch verstreut, großen weißen Rettiche noch mit ihren leuchtend grünen Blättern. Die Gesellschaft des mystischen Mahles ist in bunte Togen und Tuniken gekleidet, in Rot, Weiß, Grün und Lila, und alle sind sie einander mit unbekümmerten Gesten im Gespräch zugewandt. Es herrscht die Stimmung eines Symposions, eines Banketts aus dem Dekameron.

Ich kehrte noch einmal in die Hauptkirche zurück und sah im Vorbeigehen Bessarion, wie er in den rußigen Tiefen der Küche ein Feuer aus Dornzweigen entfachte. Die Flamme ließ seine Brillengläser und die kleinen bronzenen Kasserollen für den türkischen Kaffee, mit denen er zugange war, aufleuchten. Nebenan, über dem Türsturz zum äußeren Eingang der Vorhalle, wurden in großen gemalten Waagschalen die Seelen der Toten gewogen. Auf der einen Seite geleiteten Engel die Rechtschaffenen zum Paradies. Auf Wolken schwebten sie himmelwärts, und die gestaffelten Gloriolen ließen an die Schuppen eines Goldfischs denken. Auf der anderen hingegen führten schwarzgeflügelte Teufel die Verdammten von dannen, Strick um den Hals, an den Händen gebunden, und schleuderten sie in ein entsetzlich loderndes Höllenfeuer. Dieses Flammenmeer, in dem Prälaten und Kaiser zappelten, riß sie hinab in das haifischzähnige Maul eines gigantischen, glasig dreinblickenden, schweineschnäuzigen Ungeheuers. Große Delphine, Heringe und Karpfen – jedem steckten menschliche Gliedmaßen zum Maul heraus – durchpflügten im Hintergrund die stürmische See. Unterhalb gab es vier Abteilungen. Auf dem ersten Bild sah man die sich windenden Leiber der Opfer, auf denen etwas Kleines, Weißes wimmelte: »Der Wurm, der nicht stirbt« hieß die Bildunterschrift. Die zweite zeigte tränenüberströmte Gesichter, die Zähne gebleckt, die Stirn vom Entsetzen gefurcht: »Heulen und Zähneklappern« hieß es hier. Nackte Gestalten drängten sich auf dem dritten in einem finsteren Gelaß: dies war der Tartarus. Auf dem vierten Bild, »Die tiefe Finsternis«, ließen sich die Umrisse der Verlorenen im Dunkel der Fläche nur eben noch ausmachen.

Jemand berührte mich an der Schulter. Ich drehte mich um und erblickte die große, schwielige Hand des Abtes, und als ich den Blick hob, sah ich die hochgezogenen Augenbrauen. »Da hast du sie«, sagte er streng, »die Hölle« (er wies zuerst auf die eine Seite, dann auf die andere) »und den Himmel.« Der Zeigefinger zeigte auf die Emporschwebenden. »Wir wollen hoffen, daß ihr *dort*hin geht.« Auf dem Weg die Treppe hinauf hatte ich den Eindruck, ich könne den Anflug eines Zwinkerns sehen. »Und jetzt nach oben mit uns«, sagte er. »Bessarion wartet mit dem Kaffee.« Auf halbem Wege hielten wir noch einmal inne. Ich war so mit den Fresken beschäftigt gewesen, daß ich gar nicht daran gedacht hatte, nach unten ins Tal zu schauen. Die Welt unter uns war unter einer Wolkendecke wie Schnee verborgen, die bis an die Kante der Brüstung reichte. Nur die Klöster ragten wie Vorposten in einer Eiswüste heraus, als könne man die halbe Meile zum Kloster Metamorphosis auf Schneeschuhen zurücklegen. Brücke, Dachziegel und Rotunde von Sankt Barbara ragten gerade noch heraus. Der Rest verschwand unter dem Schnee. Sankt Stephan und das Dreieinigkeitskloster schwebten hoch oben auf bleichen Schwaden, und eine Glocke klang aus der Ferne wie das Signal eines Schiffes, das weit draußen im Eis festsaß. Hoch über dieser weißen Wüste thronte die Barlaam benachbarte mächtige blaue Felsnadel, umgeben von drei perfekten Rauchringen aus Wolken.

Die Klöster liegen nicht so weit auseinander, wie es von der Ebene aus den Anschein hat. Binnen einer halben Stunde führte uns der gewundene Pfad vom Fuße Sankt Barlaams hinunter zu einem flachen Felssattel, dann einen steilen Hügel auf der gegenüberliegenden Seite wieder hinauf und im Schatten von einigen Platanen zum Fuße der Metamorphosis. Nach drei Vierteln des Aufstiegs auf den steinernen Sockel dieses Klosters wölbt sich die Felswand ein wenig aus der Senkrechten, und eine schmale, gemauerte Bastion, die immer dicker wird, je weiter der Berg zurückweicht, steigt etwa hundert Fuß weit an, so daß die Eingangsplattform direkt über dem Pfad zu hängen scheint. Die morschen Überreste einer Leiter mit einem Verbindungsstück alle paar Meter hing aus einem Loch im Vorbau des Klosters herab. Bevor die Stufen geschlagen wurden, bot dieser gefährliche Weg eine Alternative zur Auffahrt im Netz. Bei Einbruch der Dunkelheit wurde sie durch einen Schacht im Felsen hinaufgezogen, und genau wie Sankt Barlaam blieb das Kloster damit unerreichbar für die Außenwelt. Von unten wirkte es genauso abweisend und unzugänglich. Heute führen ein paar Stufen und eine kleine Tür am Sockel durch einen schmalen, in den Fels gehauenen Gang zum Anfang der Treppe. Und diese brachte uns schließlich, außer Atem und mit pochendem Herzen, zum Klostereingang – einem weiten, hohen, staubigen Torbogen. Sonnenstrahlen, in denen die Staubflocken tanzten, fielen hinein und beschienen alte Winden und Körbe und Stöße von Feuerholz für den Winter. Durch die morschen Fußbodendielen boten sich schwindelerregende Blicke auf die kümmerlichen Pflanzen, die noch auf dem nackten Felsen wuchsen, von den drei vorspringenden Wänden des Turmes eingefaßt. Ein abschüssiger Weg führte von hier weiter, zwischen mächtigen Säulen und hohen halbrunden Bögen hindurch, abwechselnd über Fliesen und Pflaster hin zu einer Fläche, die der Vorplatz einer Stadt hätte sein können, uralt und geheimnisvoll hoch, dort oben schon halb in den Wolken. Doch die schmalen Durchgänge – außer an der einen Seite, wo der *Platylithos*, der »breite Felsen« der Klostercharta, zu einem kleinen Hügel anwuchs – führten in Richtung Himmel. Die Klostergebäude, trotz der vier Kirchen, drängen sich auf einer Fläche, die kleiner ist als ein Dorfanger.

Wurmstichige Schallbretter und schwere Eisenringe und -bögen, für denselben Zweck bestimmt, hingen an Ketten unter einer Kolonnade entlang der Längsseite der Hauptkirche – Metamorphosis, die Verklärung unseres Heilands, nach der das Kloster Meteora seinen Namen trägt (später wurde Meteora zur Bezeichnung für die gesamte Bergkolonie). Es ist nicht nur das größte unter den Klöstern, sondern steht auch auf dem höchsten Felsen, und es genoß oder beanspruchte eine Art Vorrang vor den anderen Meteoraklöstern – wobei die Mönche der benachbarten Klöster diesem Privileg oder dieser Anmaßung immer wieder einmal heftig, oft mit unmißverständlichen Worten, widersprachen.

Gelehrsamkeit und Geschichtsschreibung spielten in den Klöstern der Ostkirche keine so große Rolle. Es gibt nur wenige Aufzeichnungen über Meteora. Man staunt, wie wenig sich aus zeitgenössischen Dokumenten erfahren läßt, und die Grunddaten der historischen Ereignisse muß man sich aus den gelegentlichen Aufzeichnungen eines geschichtsbewußteren Mönchs in staubigen Klosterbibliotheken zusammensuchen, aus den Beschlüssen der Synoden und vor allem den Bullen der Gründer und Stifter. Diese umfänglichen Dokumente, auf Pergament aufgezeichnet und mit schweren Siegeln versehen, sind im Falle der moldauwalachischen Woiwoden auf rumänisch abgefaßt, doch die Mehrzahl ist in griechischer Sprache, ein kaum zu entzifferndes Labyrinth aus byzantinischen Kürzeln und Ligaturen, die, gerade wenn es sich um Verfügungen des Kaisers handelt, in kalligraphischen karminroten Unterschriften enden, besprenkelt mit Goldstaub und Zinnober.

Der erste Asket von Meteora war nach allem, was wir wissen, der Einsiedler Barnabas, der im Jahre 985 die kleine Skete vom Heiligen Geist in den Felsen oberhalb von Kastraki gründete, eine gute Meile südlich von Sankt Barlaam. Zahlreiche Zeloten folgten im Laufe des 11. Jahrhunderts seinem Beispiel, und 1162 hatte sich bereits eine kleine Thebais um die Skete von Dupiani oder Stagoi* als Mittelpunkt gebildet, wo die versprengten Athleten Gottes sich am Sonntag zur Messe versammelten. Im 14. Jahrhundert er-

* Stagoi, der hierarchische Name des Bischoftums Kalambaka (einschließlich Trikke oder Trikala), ist zusammengezogen aus der Wendung *eis toushagious*, »alle Heiligen«.

schienen die ersten Klöster auf den höheren Gipfeln, und allmählich entwickelte sich Meteora zu dem, was wir heute sehen. Den ersten Anstoß gab vielleicht die Ankunft von
Athanasios dem Meteoriten. Was wir über sein Leben wissen, erfahren wir hauptsächlich aus einem anonymen, unda-
tierten Manuskript in der Bibliothek des Klosters Metamorphosis. Er kam 1305 in Neopatra (heute Ypatri) am Berge
Othrys zur Welt. Als Gefangener der katalanischen Kompanie auf ihrem Zug durch Zentralgriechenland kam er zum
Berg Athos, nach Byzanz und nach Kreta. Sein Noviziat auf
dem Berg Athos schloß Athanasios unter der Aufsicht eines
altehrwürdigen Mönchs namens Gregor ab, und mit diesem
floh er vom Heiligen Berg vor einem Angriff der Korsaren,
die zu jener Zeit die griechischen Küsten unsicher machten.
Angezogen von Berichten über die vielen Wunder, die sich
zu Füßen der Meteorafelsen ereignet hatten, »bewohnt« (ließ
der Bischof von Veria die Pilger wissen) »nur von Krähen und
Geiern«, und über die Triumphe der Askese dort, zogen sie
südwärts und richteten sich in einer Höhle auf dem Gipfel
des Stylos ein, des Säulenfelsens, wo sie sich dem Gebet, der
Weberei und der Korbflechterei widmeten. Dies Leben erwies sich jedoch als zu hart für den alten Gregor, und Athanasios brachte ihn über die Berge zum Refugium in Saloniki;
er kehrte allein zurück und mußte feststellen, daß der Mönch,
der in seiner Abwesenheit die Stelle auf dem Felsen eingenommen hatte, dort oben gestorben war, sein Leichnam,
ganz wie er es gewünscht hatte, wie der eines Parsen den Vögeln zum Fraß vorgeworfen. Ein Aasvogel mit einem Finger
im Schnabel war das erste, was den heimkehrenden Heiligen

begrüßte. Er ließ sich auf der Spitze des Felsens nieder, wo sein Kloster heute steht, versammelte bald darauf vierzehn Mönche um sich und errichtete eine Kirche, zu der er die Mittel von »einem mächtigen Mann aus dem Stamme der Triballer« erhielt. Das erste der großen Klöster war gegründet.

Die Triballer, wie sie in der hochfliegenden Sprache des byzantinischen Schriftstücks genannt werden, sind nichts anderes als Serben. Der Niedergang des byzantinischen Reiches schritt um die Mitte des vierzehnten Jahrhunderts immer rascher voran. Die Kriege der rivalisierenden Kaiser Johannes V. Palaiologos und Johannes VI. Kantakuzenos (während derer die Türken ihren ersten, schicksalhaften Vorstoß nach Westeuropa unternahmen) führten dazu, daß die westlichen Gebiete schutzlos dem Machtstreben des Serbenkrals Stefan Dushan ausgeliefert waren, so daß dieser Nordwestgriechenland erobern konnte. Im Jahr 1345 befand sich fast ganz Thessalien in seiner Hand. Nach dem Vorbild des Reiches, das er zu besiegen hoffte, setzte er seinen General Prealoumbos als Vizekönig in Trikala ein und verlieh ihm den byzantinischen Titel eines Caesaren.* Wahrscheinlich war er jener mächtige Mann, der Athanasios unterstützte. Beim Tod Stefans im Jahr 1355 usurpierte sein Halbbruder Simeon Urosh das Königreich Thessalien, das eigentlich Stefans Sohn zufallen sollte. Der Vormarsch der Türken auf den Balkan schnitt bald darauf das alte Königreich Serbien von seinen neuerworbenen griechischen Provinzen ab, und Simeon blieb als König von Thessalien in Trikala, dieser

---

* Der nicht mehr allein dem Kaiser zustand, sondern nun den zweiten in der Rangfolge des Reiches bezeichnete.

staubigen Stadt im Flachland am Ufer des gewundenen Peneios. Um seinen Machtansprüchen Nachdruck zu verleihen, nahm er den Familiennamen seiner Mutter an (wiederum Palaiologos: Sie war Maria, die Tochter des Despoten Johannes, des Bruders von Kaiser Michael VIII., der Konstantinopel von den »Lateinern« befreit hatte) und heiratete eine griechische Prinzessin namens Thomaïs, die Tochter von Johannes II. Dukas, dem Despoten von Epirus. Die Kinder aus dieser Ehe waren de facto Griechen und schienen sehr darauf erpicht, ihre barbarische Herkunft zu vergessen. Die Tochter Maria Angelina* Dukaina Palaiologina legte als Despotin von Epirus den Namen ihres serbischen Vaters ab und zog es vor, ihren Herrschaftsanspruch durch die in weiblicher Linie erworbenen Namen dreier kaiserlicher Dynastien zu bekräftigen, zu denen sie bisweilen noch einen vierten hinzusetzte: Komnena. Ihr Bruder Jovan Urosh Dukas Palaiologos wurde im Jahre 1371 Nachfolger seines Vaters Simeon. Doch schon lange vor seiner Thronbesteigung war er als Mönch in das von Athanasios gegründete Kloster Metamorphosis eingetreten, wo er, abgesehen von einem kurzen Intermezzo auf dem Berg Athos, bis zu seinem Tod unter dem Namen Josaphat lebte. Auch wenn er sein thessalisches Königreich an Caesar Alexios Angelos übergab, stand er seiner Schwester in Fragen der Regierung ihres dornigen Despotats jenseits des Pinduskamms häufig mit Rat und Tat

---

* Angelina ist hier kein Vorname, sondern die weibliche Form von Angelos, zugleich der Nachname einer ehemaligen byzantinischen Herrscherfamilie. Die Namen Dukaina und Palaiologina sind nach dem gleichen Muster gebildet.

zur Seite. Offenbar war er ebenso weise wie fromm, und die vorrangige Stellung und das herrliche Gebäude des Klosters Metamorphosis sind ebenso sein Verdienst wie der des Athanasios.

Die Heiligen Athanasios, Josaphat und Barlaam (der sich zur gleichen Zeit auf dem benachbarten Gipfel niederließ) sind die drei Gründerväter der Meteoraklöster. Der heilige König starb erst lange nachdem die Türken unter Sultan Murad die Serben auf dem Amselfeld geschlagen hatten;[*] lange nachdem Bayezid der Blitz in Griechenland der griechischen und der serbischen Herrschaft gleichermaßen ein Ende gemacht hatte.[**] Was sein Todesjahr angeht, gibt es widersprüchliche Angaben, aber es muß innerhalb ein oder zwei Jahrzehnten vor der endgültigen Zerstörung des byzantinischen Reiches im Jahr 1453 gewesen sein. Die Feldzeichen mit Halbmond und Roßschweif rückten gegen Europa vor.

Die ursprüngliche Kirche, von Athanasios begonnen und von Pater Josaphat vollendet, bildet heute den Hieron, den Bereich hinter dem Lettner, der dem Priester und den sakralen Handlungen vorbehalten ist. Der Hauptteil der Kirche – Katholikon und Narthex – entstand fast zwei Jahrhunderte später während der Herrschaft Suleimans des Prächtigen, eines Zeitgenossen von Elizabeth I. Aus dem kreuzförmigen Grundriß von Athos entwickelt, bei dem die Querschiffe in Apsiden mit hölzernen Bankreihen enden, ist dies mit Abstand die größte der Meteorakirchen. Es ist geradezu ein Wunder, wie die Höhe der Säulen und der zentralen Panto-

[*] 1389.
[**] 1393.

kratorkuppel, die Sonnenstrahlen, die durch die zahlreichen Fenster auf den vorwiegend blauen Hintergrund der prachtvollen Fresken fallen, diesen massigen byzantinischen Mauern Leichtigkeit verleihen. Bei unserer Betrachtung der Ikonen leistete uns ein kummervoller ältlicher Mönch Gesellschaft, den unser Besuch nicht gerade zu erfreuen schien. Wir folgten ihm in das alte Hospital und in ein schönes Refektorium mit Tonnengewölbe. Der lange Tisch war zerbrochen, und überall auf dem Boden lag Unrat, aber in einer Nische am Ende markierte ein wuchtiger runder Steintisch den Platz des Abtes und seiner Symbouloi. Man sah, daß dieser Saal einmal eine große Zahl von Mönchen beherbergt hatte. Gefragt, ob er denn heute noch jemals benutzt werde, warf der alte Mönch seinen Kopf in den Nacken, die griechische Geste der Verneinung.

»Was sollten wir damit anfangen? Es sind ja nur noch vier von uns übrig ... *Parakmí, parakmí* ...«

Seine Mitmönche waren an den Türen ihrer Zellen entlang einer langen Galerie zu sehen; bis auf einen waren es gebrechliche, uralte Männer. Einer davon schlurfte, als er sah, daß wir uns zum Gehen anschickten, nach drinnen und kehrte mit Rakigläsern und einem halben Dutzend Walnüssen, die er, die Schalen bereits geöffnet, in seiner Handfläche trug, zurück.

»Hier, meine Kinder. Ich bedaure, daß wir nichts Besseres zu bieten haben – aber die Zeiten haben sich geändert. Früher, da ...«

Das Gespenst der Armut hatte von diesem schönen Ort Besitz ergriffen, doch so schnell verschwindet die Tradition der Gastfreundschaft nicht. Seine Klage über den Verfall begleitete uns auf unserem Weg zum Klosterausgang, wo der Wind toste und wo rings um einen kleinen Pavillon ein paar Herbstzeitlosen blühten.

Wir kehrten auf einem anderen Pfad nach Sankt Barlaam zurück, über ein glattes Felsplateau, wo wir auf Bessarion stießen; er verfolgte die Stute des Abtes, die aus ihrem Stall ausgebrochen war. Besorgt, daß das arme Tier in den Abgrund stürzen könnte, halfen wir ihm, sie einzufangen und wieder in ihr Quartier zu bringen, und dann stiegen wir zu dritt die Stufen zum Kloster hinauf.

Als ich am Abend mit den beiden Mönchen am Fenster des Gästezimmers saß, fragte ich sie, wie Athanasios der Meteorit jemals den großen Felsen habe besteigen können. Bessarion sah den Abt an, dann blickte er aus dem Fenster.

»Es heißt«, hob er zögernd an, »er sei auf dem Rücken eines Adlers emporgeschwebt ...«

Pater Christopher hatte seine Schnupftabaksdose geöffnet. Er stellte das Pulver selbst her, aus zermahlenem Tabak, Kräutern und Gewürzen. Es roch wie Potpourri.

»So sagt man«, wiederholte er geistesabwesend und nahm eine große Prise.

Bessarion erzählte uns von seiner Fahrt von Griechenland nach Nahost im Unterseeboot.

Das Barbarakloster oder, wie es häufiger genannt wird, Roussanou ragt auf einer spitzen, schrägen Felsklinge an der Seite des Beckens auf, das die höheren Zacken von Meteora wie ein Gürtel umfassen. Es ist so kompakt wie ein Schwalbennest. Fels und Mauerwerk gehen unmerklich ineinander über, und das Kloster steht am Himmel wie eine kleine Donauburg; ein Kreis aus Holzbalkonen, von Balken gestützt, ragt über die Dachtraufen hinaus, und das steile Ziegeldach wölbt sich im Zentrum zu einer eleganten Kuppel. Wir stiegen in einem Bogen vom Fuße Sankt Barlaams hinab und kletterten bergabwärts durch ein Gesträuch aus Thymian und Zistrosen und Tamarisken. Über die Schlucht zwischen dem Felsen von Roussanou und dem dahinterliegenden halbinselartigen Felsmassiv spannt sich eine schmale Eisenbrücke, die wie ein Sprungbrett von der Spitze eines schmalen Kegels aus Steinstufen, vorgestreckt von der Bergflanke, bis zur Tür des Klosters führt. Pater Chrysanthos, der letzte Mönch von Roussanou, ist schon vor langem gestorben, und heute ist es ein kleines Nonnenkloster. Die beiden Bewohnerinnen begrüßten uns bei unserer Ankunft und führten uns in einen weiten, goldenen Raum mit niedriger Holzdecke und krummem Fußboden, dessen abgewetzte Planken von Wand zu Wand so gefährlich schwankten wie Spinnweben. Alles bebte schon beim leisesten Schritt. Das Licht, das durch die breiten Fenster mit den Balkonen davor und die Ritzen zwischen den Brettern einfiel, ließ an das Deck eines Segelschiffs mit einem Sonnensegel denken. Mit einer Reling versehene Leitern führten zu noch höheren Regionen und verschwanden durch Luken in den Tiefen des Klosters. Die Kapelle – eine kleine Kammer mit Steinboden und einem Quadrat in der Mitte, an dessen Ecken vier Säulen die untertassenförmige Kuppel trugen, deren aus Ziegeln gemauerte Wölbung wir schon von oben gesehen hatten –

ist ganz vom Komplex der hölzernen Klosterbauten umschlossen. Das Jüngste Gericht, dazu Martyrien, wie ich sie blutiger nie gesehen habe,* erstreckten sich entlang der Wände des Narthex. Doch im Inneren offenbarte sich das ganze Universum. Berge und Meere entfalteten sich, Wälder mit den merkwürdigsten Bewohnern, ein ganzer Zoo: Pfauen, die Federn zum Rad gespreizt, Kamele, Löwen, Antilopen, Schlangen, Lindwürmer und Hippogryphen. Drachen querten die Lüfte und bliesen aus ihren Nüstern Kondensstreifen wie ein Doppeldecker, der eine Reklameschrift an den Himmel schreibt, und die Elemente fanden sich als tropfende Eiszapfen, Gewitterwolken, Hagel, Regen, Eis und Schnee. Tag- und Nachtgleichen, Mond- und Sonnenfinsternisse und das Planetensystem säumten oberhalb des Bands mit den Tierkreiszeichen das Firmament. Paradiesische Gefilde, Throne, Reiche und Mächte füllten zusammen mit Scharen geflügelter Seraphim das Rund der Kuppel, Stufen des Himmels bis hinauf zur großen goldenen Gestalt des Allmächtigen.

In ihrer Schlichtheit und Sanftheit hatten die beiden Nonnen von Roussanou nur wenig von der Strenge westlicher Klöster, dem reservierten Blick, mit dem die Bewohner dem Besucher dort begegnen. Die Gesichter unter den schwarzen Kopftüchern waren apfelrund, und sie redeten uns mit »mein Kind« an, in der vertrauten und freundlichen Art der Griechen. Mutter Ekaterini, die Äbtissin, ließ sich in einer sonnigen Fensternische nieder und schlug mit einem Seufzer

---

* Ausgenommen die der Nikolauskirche auf der Seeinsel von Ioannina.

ihr Nähzeug auf, und derweil bereitete Schwester Kyriaki an einem kleinen Tisch eine Mahlzeit zu – Pitta, ein Salat aus Zwiebeln und Tomaten und, auf jede der gefalteten Servietten gelegt, ein Laib Brot, in dessen Kruste die Insignien unseres Herrn eingeprägt waren, dazu das Konstantinkreuz von der Milvischen Brücke als Siegeszeichen. Mutter Ekaterini strich die Handarbeit in ihrem Schoß glatt und erzählte uns dabei, daß das Kloster vor fünfhundertundsechzig Jahren von einer russischen Prinzessin namens Marina begründet worden sei. Sie wußte wenig über sie, nur daß sie noch als junges und schönes Mädchen aus Rußland geflohen war und sich für den Rest ihres Lebens als Nonne hier niedergelassen hatte. Ich fragte mich, was für eine Nachfahrin Ruriks oder Tochter eines Großbojaren aus Kiew oder Nowgorod sie wohl gewesen sein mochte.*

Beim Essen fragten die beiden uns nach England. Ob es jenseits des Meeres sei? War Amerika ein Teil von England, so wie Thessalien ein Teil von Griechenland, oder war es umgekehrt? Schwester Kyriaki wollte wissen, ob es in England auch Nonnen gebe. Bevor wir antworten konnten, griff die Äbtissin in sanft tadelndem Tonfall ein.

»Natürlich gibt es dort Nonnen, Tausende und Abertausende davon. Wenn es sie in einem kleinen Land wie Grie-

---

* Die Worte der Äbtissin sind das einzige, was ich über sie habe. Vielleicht habe ich nicht alle Quellen gefunden, doch den Chroniken zufolge wurde Roussanou – dessen leicht russisch klingenden Namen die Äbtissin dieser hypothetisch-hyperboräischen Gründerin zuschrieb – im Jahre 1380 von den Mönchen Nikodemus und Benedikt begründet (letzteres ein sehr merkwürdiger Name für einen orthodoxen Mönch), und 1545 restaurierten zwei Mönche aus Ioannina es, Maximos und ein weiterer (und letzter) Josaphat. Offenbar ist es immer ein Männerkloster gewesen.

chenland gibt, meinst du, da gibt es in einem großen wie England keine?«

Tief unter dem Fenster schlängelte sich die Straße zwischen den Felsen hindurch bis an den Rand der Ebene, von der nur ein kleines Stück jenseits eines Klosteraufstiegs zu sehen war. Hoch oben auf einer der Spitzen verfiel das kleine Nikolauskloster, jetzt unbewohnt, einst die erste Unterkunft des heiligen Barlaam. Dann war das Feld der Felsnadeln zu Ende, nur ein einziger Fels stand noch ein wenig abseits am Ufer des Peneios, ein massiger graublauer Block wie ein gestrandeter Wal. Ein Adler, bald von einem zweiten gefolgt, schwebte gemächlich um den Sockel von Sankt Barlaam, und die reglosen Federn berührten beinahe den Stein. Die Mittagssonne beschien ihre weit ausgebreiteten Schwingen und warf ihren langen, schrägen Schatten auf die steinerne Wand. Ich wiederholte Bessarions Worte über den Aufstieg des Meteoriten. Schwester Kyriaki war verblüfft. »Das stell sich einer vor«, rief sie und bekreuzigte sich staunend, »auf dem Rücken eines Adlers!«

»Na, schließlich war er ein Heiliger«, sagte die Äbtissin und stach dabei beherzt ihre Nadel ein. »Wie denn sonst?«

Einem Fremden, der die Strenge und die stille Betriebsamkeit katholischer Klöster kennt (die starren Regeln, die das mönchische Leben so gestalten sollen, daß die eigentlichen Aufgaben um so stiller und kontemplativer verrichtet werden können), muß vieles an den Klöstern der Ostkirche, gerade wenn sie so im Niedergang begriffen sind wie die Meteora, willkürlich und improvisiert vorkommen. Wenn man bedenkt, daß nur noch ein knappes Dutzend Mönche einen Komplex bewohnt, der einmal Hunderte beherbergte, wird man es eher verstehen. Ausländische Reisende bemerkten schon vor einem Jahrhundert die Zeichen des Verfalls.* Jetzt ist selbst in den bewohnten Klöstern nur noch eine Handvoll Mönche übrig, manchmal nur noch zwei, dazu kommen ein oder zwei Bauern, die die Klöster versorgen, und eine kleine, nie eindeutig zu bestimmende Schar von Schäfern. Die beste Vorstellung davon, wie das orthodoxe Klosterleben in seiner Blütezeit ausgesehen haben muß (obwohl man selbst hier an allen Enden die Zeichen des Niedergangs entdeckt), bieten gewiß die großen Klöster an den Hängen des Athos und die Bewohner der einsamen Felsenklausen – Behausungen, nur mit dem Ruderboot und per Strickleiter zu erreichen, hoch über den Wellen des ägäischen Meers.

Das Sankt-Stephanskloster ist das zugänglichste der Meteora, und aus diesem Grund mag dieser Fels auch der erste gewesen sein, der einen Asketen beherbergte, einen Einsiedler aus dem zwölften Jahrhundert namens Jeremia. Zwar ist es eines der am höchsten gelegenen, doch nur eine kleine Zugbrücke trennt die efeuumrankten Klostermauern vom Hauptteil des Felsens. Ein steiler gepflasterter Pfad führte uns vom Eingang durch einen dunklen Tunnel hinauf in den Klosterhof. Abgesehen von dem noch recht jungen Mönch, der auf unseren Griff zum Glockenstrang hin geöffnet hatte,

---

* *Monasteries of the Levant* von Robert Curzon [*Besuche in den Klöstern der Levante*] und Leon Heuzeys *Excursion dans la Thessalie Turque en 1858* sind die interessantesten unter den zahlreichen Berichten.

schien der Ort menschenleer. Die Pflastersteine, die hölzernen Galerien, der Feigenbaum mit dem herbstlichen Laub lagen schläfrig in der Sonne, und erst gegen Abend erkundeten wir die Bauten. Die Kirche des heiligen Charalampos aus dem späten achtzehnten Jahrhundert sah nach den überbordenden Fresken, an die wir inzwischen gewöhnt waren, seltsam nackt und kahl aus. Es gab nichts zu sehen außer den schönen epirotischen Schnitzereien der Ikonostase und dem Thron, wo weihrauchfaßschwingende Männlein und Kraniche mit Vipern im Schnabel sich in dem geschnitzten Blattwerk ausmachen ließen. In der Kirche wird das Haupt des Heiligen aufbewahrt, von dessen Schädel ein Stück durch den Silberschmuck des Reliquiars zu erkennen ist. Handwerklich ähnelt diese Schatulle derjenigen, in der die Mönche von Metamorphosis Splitter des wahren Kreuzes, Krümel des Schwammes und Fasern des Leichentuchs Christi aufbewahren. Die Meteoraklöster sind reich an Reliquien, Gewändern, Mitren und juwelenbesetzten Weihrauchgefäßen, ebenso an Manuskripten, Chrysobullen und Kodizes, viele von großer Schönheit. Ich weiß noch, wie ich vor dem Krieg voller Staunen die Feinheiten der Buchmalereien bewunderte. Viele blieben nach dem Krieg noch lange in ihren Verstecken; einige sind in der Nationalbibliothek.*

Die alte Stephanskirche wirkte nach den kahlen weißen Flächen von Charalampos unermeßlich alt; eine dunkle,

---

* Als Thessalien von den Türken befreit wurde, erhoben sich die Mönche und die Bewohner der umliegenden Dörfer und verhinderten mit Waffengewalt, daß die Athener Behörden ihre Manuskripte in die Hauptstadt brachten.

niedrige Kammer in Gestalt einer Basilika, deren Wände einst ganz mit schwarzen, verrußten Malereien bedeckt waren. Wandinschriften nennen einen frühen Wohltäter, einen Mönch namens Mitrophanes, sowie denjenigen, der die Kirche im frühen sechzehnten Jahrhundert restaurierte, Johann von Kastraki. Die Kirche muß im vierzehnten Jahrhundert erbaut sein, Nachfolgerin der ursprünglichen Gründung von Jeremia. Es wird erzählt, daß der große Gönner dieses Klosters, Andronikos Palaiologos der Jüngere, sich im Jahr 1333 eine Zeitlang hier aufhielt. Im Krieg plünderten die Italiener Kirche und Kloster und schleppten sogar die Glocken fort; deutsche Maschinengewehrkugeln und Mörsergeschosse – das Kloster wurde von der Ebene aus beschossen, weil man Widerstandskämpfer darin vermutete – durchschlugen die Ostwand der Kirche und zerstörten die Fresken aus dem vierzehnten Jahrhundert fast ganz; Bruchstücke der Bilder und Holzornamente liegen jetzt als beklagenswerte Trümmerhaufen umher. Das Freskoporträt des Stifters Anton Kantakuzenos gehört zu den wenigen, die diesen Angriff überstanden haben. Die Züge des Fürsten tauchten aus dem Dunkel auf, als der Abt mit zitternden Fingern einen Wachsstock in die Höhe hielt.

Das bleiche Gesicht des Abtes, die weit aufgerissenen Augen, umrahmt von schwarzem Haar und Bart und Augenbrauen, waren erfüllt von einer unbestimmbaren Wehmut. Während wir seinen leicht hinkenden Schritten von den hübschen kleinen Gästezimmern zu dem vom Lampenschein erfüllten Refektorium folgten, überlegte ich, was wohl der Grund dafür sein mochte. Pater Anthimos war schon seit etlichen Jahren Abt, und sein freundliches Gesicht leuchtete bei jedem lobenden Wort über sein Kloster. Gegen Ende des Abendessens erzählte er uns, wie während der Kämpfe ein paar Jahre zuvor ein Guerillatrupp der ELAS das Kloster gestürmt hatte, was vielleicht mit einem dreiköpfigen Gendarmerieposten, der dorthin abkommandiert war, zu tun hatte. Zuerst hatten sie mit einer Panzerfaust das eiserne Tor an der Brücke aufgesprengt. Dann waren die Eindringlinge hereingestürmt, hatten zwei von den Gendarmen zu fassen bekommen und ihnen auf der Stelle die Kehle durchgeschnitten. Der dritte floh über den Hof, um sich über die Brüstung zu stürzen, doch ein Gewehrschuß streckte ihn nieder, und ihn ereilte das gleiche Schicksal wie seine Kollegen. Den Abt zogen sie nackt aus und prügelten ihn, und ein Schlag mit dem Gewehrkolben zertrümmerte ihm das eine Bein; sein Fuß ist bis heute in einer unnatürlichen Haltung verdreht. Und auch sonst hatte dieses Erlebnis offensichtlich seine Spuren bei dem Abt hinterlassen. Dezent betupfte er sich die Augen mit einer Serviette, als er die Geschichte zu Ende erzählt hatte.* Dann, fast ohne Pause, holte er zu einem langen Vortrag über den bösen Blick aus, eine Legende, die bis auf die Zeit zurückgeht, als Salomo den großen Tempel in Jerusalem errichtete.

Sankt Stephan ist das östlichste der Meteoraklöster, und vom Fuße seines Felsens aus erstreckt sich, ungebrochen von jeder weiteren Erhebung, die thessalische Ebene gen Osten. So wie wir sie am nächsten Morgen von der Klostermauer

---

* Ich habe sie tags darauf noch einmal gehört, von den Einwohnern von Kalambaka.

146

aus sahen, schien sie unendlich. Ostwärts davon lag das Land der Zentauren, der Myrmidonen des Achilles; Trikala (unsichtbar am Ende der schnurgeraden Straße und der Windungen des Peneios gelegen) hatte Truppen nach Troja entsandt. Zu allen Zeiten ist diese Ebene ein Schlachtfeld gewesen. Am Südende schlug Caesar den Pompeius, die Byzantiner rückten vor und zogen sich zurück, Bulgaren überschwemmten sie in slavischer Flut, Walachen machten sich breit. Nicht lange nachdem die ersten Einsiedler sich niedergelassen hatten, schlug Bohemund hier den Kaiser Alexios Komnenos, kurz nachdem Bohemunds Landsleute England erobert hatten. Franken, Teutonen und Katalanen brachten das unpassende und umständliche System des westeuropäischen Feudalismus ins Land. Über ein Jahrhundert lang war die Ebene von neuem der Schauplatz von Kriegen, von dynastischen Auseinandersetzungen zwischen Caesaren und Despoten und Sebastokratoren und Kralen. Der türkische Vormarsch kam erst zum Stillstand, als Tamerlan Bayezid in Kleinasien schlug; und dann rollte die Welle der Osmanen an. Aus byzantinischen Themata wurden Paschaliks und Vilayets und Sandschaks, in denen die Griechen mit Ausnahme der aufständischen Armateloi und der Klephten für über fünfhundert Jahre verschwanden. Ich weiß noch, wie ich im Frühjahr 1941, auf unserem Rückzug unter schwerem Beschuß, während sich die Stukas auf uns herabstürzten, von meinem Schützenpanzer aus hinauf zu den Meteoraklöstern schaute – wie fern sie schienen, unberührbar, aus einer anderen Welt. Der Vers aus Saint-Wandrille kommt mir wieder in den Sinn. *Altissimum posuisti refugium tuum, et non accedet ad te malum* ... »Der Höchste ist deine Zuflucht, es wird dir kein Übel begegnen«. Und tatsächlich ist ihnen seit dem ersten Anachoreten in über tausend Jahren Unruhe und Krieg und Unterdrückung kein Übel geschehen. Erst in den letzten zwei Jahrzehnten haben die Wellen des weltweiten Unheils auch ihre Küsten nicht verschont.

Der letzte Tag bei den Meteoraklöstern neigte sich dem Ende zu. Der steile Pfad hinunter nach Kalambaka und ins Tiefland nahm von einem abgestorbenen Baum am Fuße des Felsens seinen Ausgang. Aber der Abschied von dem letzten Kloster fiel uns schwer. Das Dreieinigkeitskloster, Agia Triada, mit seiner Reihe aus weißen Säulen und Bögen, das graue Gewirr seiner Mauern und die hellroten Ziegel, die Kuppel und der hohe schwarze Mast einer Zypresse hoch über der tiefen Schlucht wirkt mehr noch als all seine Genossen wie ein Gebilde aus einem Traum. Keiner der Klosterfelsen kann schwerer zu erreichen gewesen sein, und auf die Frage, wie der erste Mönch, der beinahe schon legendäre Dometios, ihn erklommen hat, könnte nur die gleiche Antwort kommen, die wir schon in Sankt Barlaam auf die Frage nach Metamorphosis gehört hatten. Die Felsspalte, über der Eingangsplattform und Haken hängen, ist enger als bei allen anderen, und noch größer als anderswo müssen die Mühen gewesen sein, als unter dem Episkopat des Polykarp von Trikke und Stagoi die Stufen angelegt wurden. Niemand weiß, von wann die Klosterkirche stammt oder wann man die kleine, Johannes dem Täufer geweihte Kapelle aus dem Felsen schlug; nur die Namen späterer Stifter und Restauratoren – Parthenios, Damaszen und Jona – sind an den Wänden verewigt. Die Gemälde sind düster und schwer zu erkennen.

Agia Triada war das ärmste unter den Meteoraklöstern. Heute ist es nicht mehr bewohnt. Die Mönche haben es vor dem Krieg verlassen, und keiner ist zurückgekehrt. Manche Türen der leeren Zellen standen offen. Andere waren mit Draht verschlossen, und der Wind blies das Herbstlaub vom vergangenen Jahr durch die weitläufigen hölzernen Säle. In dem kleinen Garten saß auf einem Felsbrocken ein alter Schäfer mit strahlenden blauen Augen, langem, verfilztem Haar und einem spatenförmigen Bart, wie Ajax und Agamemnon ihn auf griechischen Vasen tragen. Seinen langen Stab hatte er über der Schulter, an den Füßen trug er rindslederne Mokassins und war in einen hochgeschlossenen Kittel aus Schafsfell gewickelt, den ein Gürtel zusammenhielt. Er sah so wild und unerschütterlich aus wie Timon von Athen, doch bei dem seltenen Luxus einer Zigarette gestand er uns, daß es einsam im Dreieinigkeitskloster sei und daß er das Schäferleben aufgeben wolle, um Postulant in Sankt Stephan zu werden. Er kramte in seiner Erinnerung nach Erlebnissen, die beinahe so lange vergangen schienen wie die Gründung des Klosters, und erzählte uns von der kurzen Zeit, die er als Auswanderer in Louisiana verbracht hatte, als Arbeiter im städtischen Schlachthaus von Baton Rouge.

Vom Rand der Ebene bei Sankt Stephan waren wir noch einmal ins Herz der Klosterregion zurückgekehrt. Nur das Abschüssige des Pfades verriet, daß wir im Begriff waren, in die Außenwelt zurückzukehren. Zwischen den Felsen, auf denen auch heute noch Mönche und Nonnen lebten – Roussanou, Sankt Stephan, Sankt Barlaam und Metamorphosis, letzte Überlebende einer weitläufigen Metropole aus sechsundzwanzig Klöstern –, verfielen die Gebäude der aufgegebenen Stätten. Kein Weg führt heute mehr hinauf zu ihnen auf ihren Felsnadelgipfeln. Keine Stufen wurden geschlagen, kein Mönch ist mehr da, der sein Netz in den Abgrund hinablassen kann. Hoch oben in den Lüften lösen sie sich auf, leere Steinsärge, morsches Gebälk, Fresken, die nach und nach von den Wänden blättern, und nur die Spinnen und Eulen und Turmfalken sehen sie noch, gelegentlich noch eine Adlerfamilie. Wie klar und deutlich die Felsen von Meteora am Himmel stehen! Sie sind von anderer Art, sie wirken fremdartig, ja außerirdisch, wie Stein gewordene Donnerkeile. Die Flanken der Säulen, die uns am nächsten standen, waren glatt wie Muschelschalen, an manchen Stellen gestreift mit gelben Flechten oder Moos so dunkel wie Pflanzen am Meeresgrund, und nur hie und da einmal war das himmelstrebende Konglomeratgestein durchbrochen von einer Rüsche aus Immergrün. Und in der Ferne verschmolzen all diese Farben zu einem alles umfassenden Graublau.

Hier, an der Kante über dem Abhang der Dreieinigkeit, waren wir auf Augenhöhe mit all diesen Klöstern, mit Ausnahme des noch höher gelegenen Metamorphosis. Wir lagen im Gras zwischen Herbstzeitlosen, Alpenveilchen und Anemonen und beobachteten, wie die Schatten länger wurden. An den Felswänden erschienen schräge und waagerechte Streifen, und es sah aus, als seien die großen Säulen in

Bewegung; als drehten sie sich wie schmelzende Zucker-
stangen, die ihre Tröpfchen in Spiralen in den stillen, blauen
Abendhimmel sandten. Eine schmale Jakobsleiter aus hellem Gold reichte über die Reihe der Klöster von einer strahlend umringten Öffnung in den treibenden Wolken, ließ einen Felsfleck aufleuchten, und wir entdeckten die winzigen
Gestalten der Patres Christopher und Bessarion auf dem
Floß von Sankt Barlaam. Leise kam das Klacken eines
Schallbretts über die immer schwärzere Kluft herüber, bald
gefolgt vom traurig klappernden Abendläuten der Metamorphosis. Je tiefer die Schatten wurden, desto mehr schien es,
als schwebten die Klöster in den Lüften, aufgestiegen an die
Oberfläche ihres ureigenen Elements. Die massigen Säulen,
auf denen sie standen, schienen nun nur noch unbedeutende
Anhängsel, herabhängende Wurzeln, die schwächer und
dünner wurden und sich im Dunkel verloren, bis die Gebilde
aus Kuppeln und Türmen und Zypressen wie kleine Städte
am Himmel über dem Abgrund schwebten, getragen von
nichts als den schwirrenden Flügeln einer schimmernden
Schar von Engeln.

3

Das hellenisch-rhomäische Dilemma und ein Ausflug nach Kreta

»Romiòs eísai?«

Die Frage wurde begleitet von einem überraschten Blick. Es war lange nach Mitternacht, und ich hatte auf dem Rückweg zu meinem Hotel in Panama-Stadt an einer Bar unter freiem Himmel haltgemacht. Die drei Männer hinter der Theke nahmen die Bestellungen auf spanisch entgegen, riefen sie aber dem backenbärtigen Koch auf griechisch zu; als ich an der Reihe war, bestellte ich in dieser Sprache. Daher die Frage: *Sind Sie Grieche?* Inhaber des Lokals war eine Familie aus der kleinen Hafenstadt Karlovasi auf der Insel Samos. Es war das viertemal während meines fast einjährigen Aufenthalts in der Karibik und den mittelamerikanischen Staaten, daß ich auf Griechen traf: Der erste war ein Geschäftsmann in Haiti gewesen; einem weiteren begegnete ich auf dem Flug von Havanna nach Britisch Honduras – er betrieb einen Lebensmittelladen; der letzte war ein einsamer Gastwirt in Cordova am Nicaraguasee, dem Vulkan Momotombo gegenüber. (Griechen leben zwar in aller Welt verstreut, doch in jenen Breiten gibt es nur wenige. Die Bewohner der nächstgelegenen griechischen Kolonie stammten von Kalymnos im Dodekanes und tauchten in den haifischfreien Gewässern vor den Riffen von Florida nach Schwämmen.)

Zwischen den lethargischen Panamesen, Laskaren und Chinesen wirkten diese drei quirligen Inselgriechen seltsam fehl am Platz. Als ich zahlen wollte, wehrten sie ab. Diese Begegnung war ein unverhoffter Lichtblick und versöhnte mich ein wenig mit dem ansonsten eher unerquicklichen Aufenthalt in Panama, und als ich zwischen Straßenbahnen und Moskitos und den anzüglichen Angeboten, die man mir in den engen Gassen zuflüsterte, zum Hotel zurückging, dachte ich voller Heimweh an die ferne Inselwelt und die Sprache und das Land, das uns so vertraut war; ich dachte auch an den Ausdruck, den sie in ihrer Frage gewählt hatten: Wieso hatten sie, als sie mich einen kurzen Augenblick lang für einen Landsmann hielten, das Wort »*Romiós*« genommen und nicht das gebräuchlichere »Hellene«?

Die Antwort führt uns um zwei Drittel der Zeitspanne zurück, die seit der Ära des Perikles verstrichen ist.

Als Kaiser Konstantin eine zweite Hauptstadt für das spätrömische Reich gründete, sollte Konstantinopel der älteren Metropole am Tiber nicht den Rang ablaufen, es sollte sie keineswegs ersetzen oder mit ihr in Wettstreit treten. Die rasch wachsende Stadt war die Zwillingshauptstadt eines ungeteilten Staates. Aber schon sechzig Jahre später teilten sich zwei Kaiser die Herrschaft und regierten als Partner in zwei getrennten Reichshälften. Die Stadt im Osten expandierte; jene im Westen verlor unter dem Ansturm der Barbaren zusehends an Bedeutung, und ein knappes Jahrhundert später wurde sie, gleichsam im Vorbeigehen, von den Goten zerstört. Seiner Westhälfte beraubt, unterstand das Römische Reich nun wieder einer einzigen Stadt, dem Neuen Rom an den Ufern des Bosporus. Und so blieb es bis zum Jahr 1453, als die Türken es eroberten. Der Osten überlebte seine amputierte Westhälfte um zwölf Dynastien, vierundachtzig Kaiser und fast tausend Jahre.

Die Welt, in der Byzanz-Konstantinopel-das Zweite Rom heranwuchs, war griechisch. Dies galt auch für die verbleibenden römischen Bürger und bald sogar für die Kaiser. Athen siechte dahin, Konstantinopel war nun Herz und Mittelpunkt der griechischen Welt. Als ein Theologenstreit über den Heiligen Geist Osten und Westen entzweite, wurde die jüngere Kaiserstadt auch zum Mittelpunkt der Ostkirche und blieb es während der gesamten tausend Jahre ihres Bestehens. Ein Jahrtausend lang waren die Griechen also *Romaîoi* – Römer – und Hellenen zugleich; und das Wort »Romaioi« bezeichnete schon bald einen Bewohner des Kaiserreichs und Anhänger der orthodoxen Ostkirche im reichlich verwirrenden Gegensatz zu den Christen der Westkirche mit ihrer spirituellen Hauptstadt im alten Rom. Unter einem »Hellenen« verstand man einen Heiden, und als das Heidentum nach seiner kurzen Wiederbelebung durch Julian Apostata unterging, geriet auch das Wort »Hellene« in Vergessenheit. Weitaus später, in der Zeit der Renaissance, betrachtete eine byzantinische Elite sich unter dem Einfluß der – nicht erhaltenen, was gar nicht genug zu beklagen ist – neoplatonischen Kosmogonie des Gemistos Plethon ein oder zwei flüchtige Jahrzehnte lang als veritable Hellenen.

Es war ein schwacher, berückender Nachklang von Julians Rückkehr zum Heidentum, und so wie die Zeiten damals waren, trug das Wort »Hellene« vermutlich mehr als nur eine Spur seiner alten heidnischen Bedeutung. Die Bewegung ging von Mistra aus, in den letzten Jahren, bevor die Türken kamen, und war ebenso kurzlebig und von düsteren Vorzeichen überschattet wie die Malerschule, die dort gleichzeitig ihre Blüte erlebte. (Zu gern wäre ich dabeigewesen.) Düstere Ereignisse löschten diese nur so kurz auflodernden Flammen. Danach gab es nur noch Rhomäer. Bei den muslimischen Völkern – Persern und Arabern und später auch den Türken – war das Römische Reich unter dem Namen *Rūm* bekannt. Zur Zeit, zu der Byzanz fiel, bezeichnete man in der islamischen Welt alle Griechen als *Rūmi*, und so blieb es auch in den folgenden vier Jahrhunderten. Das imposantere Wort *romaios* kam im alltäglichen Sprachgebrauch nicht mehr vor, und auch die Griechen selbst benutzten das zwanglosere *romiòs* (eine halb gräzisierte Form von *rūm*), wenn sie von sich oder ihren Landsleuten sprachen.*

---

* Der römische Kaisermantel auf griechischen Schultern hat zu heilloser Verwirrung geführt, denn wenn Orientalen das Wort »*Rūm*« verwendeten, meinten sie damit nicht nur die christlichen Byzantiner – so heißen sie im Koran –, sondern ein oder zwei Jahrhunderte lang auch das von ihnen eroberte Gebiet in Kleinasien; das Wort bezeichnete den Herrschaftsbereich der seldschukischen Türken in Anatolien mit seiner Hauptstadt Konya (Iconium), der den »Sultanen von Rūm« unterstand. Um die Sache noch weiter zu komplizieren, benutzte man im Westen, vor allem während der Kreuzzüge und in der Zeit danach, häufig das Wort *Romania* und meinte damit die Teile des Oströmischen Reiches, die auf europäischem Boden lagen; die Türken machten aus *Rūm* »Rumeli« (»Land der Rhomäer«) und beschrieben damit das gleiche Gebiet. Auf alten Karten findet sich immer noch das mißverständliche

Für das alltäglich gesprochene Griechisch – die Sprache der volkstümlichen Gedichte, Lieder und Sprichwörter, die lebendige Sprache, wenn man so will – bürgerte sich die Bezeichnung »Rhomäisch« ein. Ihr gegenüber stand die archaisierende literarische Sprache der Theologie und der Chroniken, der offiziellen Dokumente und der Liturgie, die im Laufe der Zeit immer künstlicher wurde: die Sprache der Schriftgelehrten. Die Trennung begann lange vor dem Fall von Byzanz; beides sind Varianten der universellen »koine« der hellenistischen Welt und unverkennbar Erben des Altgriechischen. Aber während das

Wort »Rumelien«. (In Griechenland versteht man unter Rumeli heute den gebirgigen Teil des griechischen Festlands, der sich nördlich des Golfs von Korinth und südlich von Epirus und Thessalien von der Adria bis zur Ägäis zieht.) Das türkische Wort für die alten Griechen lautet »Yunan« – »Ionier« –, und für Griechenland haben sie den Namen Yunanistan. Spätestens nachdem das Schisma die Christenheit in eine östliche und eine westliche Hälfte gespalten hatte, nannten die Griechen die Italiener und die westlichen Katholiken »Lateiner« – Anhänger des lateinischen Ritus – oder, nach den Kreuzzügen, in einem allgemeineren Sinne »Franken« – ein Wort, das bei Türken und Griechen bisweilen auch heute noch Nordwesteuropäer überhaupt bezeichnet: Bewohner von Frankia oder Frangistan.

Das berühmteste Einzelbeispiel für die Verwengung des Wortes *rūmi* ist der Beiname des bedeutenden muslimischen Weisen Mevlana Dschalal ad-Din ar-Rumi, des mystischen Dichters und Begründers des Ordens der drehenden Derwische. Denn obwohl er Perser war, lebte er in Konya, im Gebiet der Sultane von Rūm.

Ein letzter Fallstrick: All das darf man keinesfalls verwechseln mit dem Heiligen Römischen Reich, das, von Karl dem Großen begründet und im Jahr 800 n. Chr. durch den Papst bestätigt, von Napoleon mit Hilfe des Rheinbunds zerstört wurde. Was für eine Faszination die Vorstellung vom Namen Caesars auf die Geschichte ausgeübt hat! Für die byzantinischen Herrscher war es ihr angestammter Titel; die Kaiser des Heiligen Römischen Reiches nahmen ihn an. »Zar« ist eine slawische Form desselben Worts, und bis vor kurzem trugen die Herrscher von England als Nachfolger des Großmoguls auch den Titel »Kaisar-i-Hind«.

rhomäische oder demotische Griechisch in aller Munde war, wurde das andere, »Katharevousa«, »das reine«, nur von wenigen geschrieben und von niemandem gesprochen. Das eine war schlichtes Handgesponnenes, das andere festlicher Brokat. Als die Griechen aus einer Kombination von politischen und religiösen Motiven heraus begannen, sich nicht mehr als »Hellenen« zu sehen, hörten sie deswegen nicht auf, Hellenen zu *sein*, auch wenn sie sich selbst nun als Romioi (Rhomäer) verstanden. Als Griechenland seine Freiheit wiedergewann, bekam die alte Bezeichnung »Hellene« neuen Aufwind, und »Rhomäer« geriet in Mißkredit bei denen, die an die Wiedergeburt des antiken Griechenlands glaubten. Heute haben die zwei Begriffe unüberhörbar verschiedene Untertöne.

In »Hellene« schwingt die Größe der griechischen Antike mit; »Rhomäer« erinnert an den Glanz und das Leid von Byzanz, vor allem aber an das Leid. Symbol des »Hellenentums« sind die Säulen des Parthenon; für Byzanz, das goldene Zeitalter des christlich-griechischen Kaiserreichs, steht die gewaltige Kuppel der Hagia Sophia. Wenn man ein Sinnbild für die komplexere Bedeutung des Wortes *Romiosyne* – die rhomäische Welt, das »Rhomäertum« – finden wollte, dann wäre es vielleicht noch immer die Hagia Sophia; aber die Hagia Sophia ist heute eine Moschee voller Turbanträger, flankiert von Minaretten; die Mosaikbilder der Heiligen schlummern unter der weißen Tünche und den riesigen Koranversen der Türken, die jetzt hier das Sagen haben, während die Griechen, Vertriebene im eigenen Land, ihren Gott in bescheideneren Häusern verehren.

Vor einigen Jahren fragte ich den angesehenen griechischen Schriftsteller Giorgos Theotokas, weshalb das Wort *romiós* in bestimmten Zusammenhängen einen negativen Beigeschmack habe. Nach langem Überlegen sagte er: »Ich würde vermuten, weil es sich auf unsere schmutzige Wäsche bezieht. *Einai ta aplyta mas ...*« So verstanden, beschwört es nicht nur die Tragödie des Falls von Konstantinopel herauf, sondern auch die Hilflosigkeit gegenüber der Unterwerfung, gegenüber jenen Strängen der türkischen Sitten und Gebräuche, die sich im Laufe einer Jahrhunderte währenden Besetzung unweigerlich mit dem Stoff verwoben, der das griechische Leben ausmacht. Es erinnert auch an die Tricks und Kompromisse, mit deren Hilfe es den Pfiffigeren unter den Griechen gelang, ihre Unterdrükker zu überlisten. In der Zeit der Osmanenherrschaft blieb den Griechen nichts außer der griechisch-orthodoxen Kirche und ihrer eigenen Schlauheit. Beides wußten sie mit Erfolg einzusetzen. Der ökumenische Patriarch von Konstantinopel, das einzige Bindeglied zwischen dem Sultan und seinen griechischen Untertanen, hielt die Griechen zusammen wie eine Familie, stets in der Hoffnung auf bessere Zeiten. Die Abneigung der Türken gegenüber fremden Sprachen und ihr mangelndes diplomatisches Geschick hatten zur Folge, daß phanariotische Griechen, als Dragomane der Hohen Pforte, eine wichtige Rolle in der Außenpolitik des Reiches spielten. Phanariotische Fürsten herrschten im Auftrag des Sultans in den Vasallenstaaten Moldau und Walachei; griechische Bankiers regelten die Finanzen; griechische Gebirgstruppen – die Armatolen –

»bewachten« die Bergpässe; griechische Seeleute bildeten die Besatzung der türkischen Kriegsschiffe.*

Die meisten von ihnen bemühten sich im verborgenen, das Los ihrer Landsleute zu erleichtern. Die Verwaltung regierte mit eiserner Hand, aber sie war auch träge und korrupt. Unter diesen Bedingungen erwiesen sich Durchtriebenheit und die Bereitschaft zu Kompromissen als Tugenden. Wendigkeit und Schläue halfen beim Überleben und waren der Schlüssel zum Reichtum. (*Nés dans le serail*, sozusagen, *ils en connaîssaient les détours*.) Das war die Zeit, in der das Wort *romios* langsam einen negativen Beigeschmack bekam. Es gibt unterschwellig zu verstehen, daß, auch als der Feind verjagt war, ein Bodensatz der dubiosen Machenschaften zurückblieb, mit denen die Griechen ihn über einen langen Zeitraum hinweg überlistet hatten, nur daß die Waffen jetzt auf die eigenen Landsleute gerichtet waren. Noch begünstigt durch die rauhen Sitten der Berge, war dies Sand im Getriebe eines wiedergeborenen und souveränen Staates. Tatsächlich bedeuten die Ausrufe *»romaïka pragmata!«* und *»romaïkes douliès!«* – »rhomäische Zustände!« und »rhomäisches Treiben!« –, stets begleitet von einem mißbilligenden Zungenschnalzen, soviel wie »Schlamperei« oder, schlimmer noch, »krumme Machenschaften«.

Die Zeit der Türkenherrschaft ist eine endlose Vorhölle. Aber sie ist auch reich an wunderbaren Geschichten, Erzählungen über wahrhaft odysseischen Listenreichtum,

---

* Im Gegenzug für diese Dienste betrieben griechische Schiffe von Hydra und den Inseln das Transportwesen im gesamten Mittelmeer.

über pikareske Abenteuer und die geschickte Ausnutzung des Chaos. Unzählig sind die Geschichten von märchenhaftem Aufstieg oder Reisen in weite Ferne auf der Suche nach dem Glück, und sie können es jederzeit mit Gil Blas, Hadschi Baba und den Geschichten aus Tausenundeiner Nacht aufnehmen. Die volkstümlichste und komischste Verkörperung des Rhomäertums finden wir im Schattenspiel vom Karagiozis. Diese faszinierende Theatertradition geht, so wird vermutet, auf chinesische Wurzeln zurück; auf jeden Fall erfreute sie sich jahrhundertelang in vielen Ländern von der Mandschurei bis hin zur Adria großer Beliebtheit und paßte sich in jeder Region der Vorstellungswelt und den Sitten der jeweiligen Bewohner an. In manchen Teilen des Orients waren die Stücke anzüglich, im Stil eines Rabelais. Bei den Griechen trugen sie witzige, parabelhafte Züge. Heute sind sie zutiefst und unverkennbar griechisch.

Die Akteure sind durchscheinende, aus Kamelhaut geschnittene, bemalte und mit Gelenken versehene Figuren, die von einem unsichtbaren Puppenspieler und seinen Gehilfen mit langen Stäben gegen eine straff gespannte und von hinten angestrahlte Leinwand gedrückt und bewegt werden. Der Schauplatz, vielfach ausstaffiert mit Palästen, Moscheen und Serails, ist Konstantinopel oder das unterjochte Griechenland, irgendwann in den letzten zwei oder drei Jahrhunderten. Die Einakter, die auf dieser Bühne zur Aufführung kommen und von denen es über einhundert gibt – ein fester, manchmal je nach Geschick und Phantasiereichtum des Puppenspielers leicht abgewandelter Kanon –, wollen in erster Linie unterhalten; aber sie tun mehr als das: Sie zeichnen mit den Mitteln von Komödie, Karikatur, Parodie und Farce ein Bild des rhomäischen Dilemmas.

Protagonist und Antiheld ist Karagiozis selbst. Als Inbegriff des verarmten, vom Schicksal gebeutelten Reâyâ lebt er in einer baufälligen Holzhütte. (»Karagiozis' Hütte« ist überall in Griechenland die sprichwörtliche Bezeichnung für eine Bruchbude.) Er ist klein, kahlköpfig und hat einen Buckel; einer seiner Arme, mit dem er das gesamte Spektrum griechischer Gesten beherrscht, ist übernatürlich lang – ein Relikt des Phallus, der bei den Anzüglichkeiten des arabischen Karaguz eine so entscheidende Rolle spielt. Zerlumpt, barfüßig, ungebildet, wendig und wandlungsfähig, ist er ein schneller, dreister und amüsanter Redner, und in dem, was er sagt, wimmelt es von komischen Fehlern. Er stiehlt gern und oft – *romaïka pragmata*! –, wird aber häufig ertappt; mal ist er tollkühn, mal zaghaft; er ist einfallsreich, wenn es um Ausreden und Verkleidungen geht, sprunghaft, ruhelos, hartnäckig, aufbrausend und streitsüchtig, gibt sich rasch geschlagen und ist ebenso schnell wieder auf den Beinen. Seine Pläne scheitern fast immer, und fast immer erntet er Prügel. Schnatternd, hüpfend, gestikulierend und angriffslustig flitzt er zwischen seinen übermächtigen oder auch behäbigeren Mit-Schatten umher wie ein aufgeregter Leuchtkäfer. So absurd und ungeheuerlich sein Verhalten auch sein mag, wir sind immer auf seiner Seite. Er ist durch und durch liebenswert, ein komischer David inmitten von lauter Goliaths. Als kleiner Mann im aussichtslosen Kampf gegen eine Übermacht verkörpert er etwas in uns allen; er ist die Nadel, die immer wieder in die Luftballons von Eitelkeit und Wichtigtuerei sticht; er ist die vollkommene Verkörperung des Vergnügens, das es den Griechen macht, sich selbst oder einander zu verspotten. Wenn das Publikum über Karagiozis lacht, dann lacht es über sich selbst, und das ist auch allen bewußt. Er ist der Inbegriff der Romiosyne.*

Karagiozis ist also Rhomäer. Aber das Wort »Rhomäer« umfaßt mehr als das Viereck im Kerzenschein, innerhalb dessen er seine Streiche spielt. Wie wir gesehen haben, erinnert es an die spukhafte Pracht von Byzanz, die Leiden der Unterdrückung, die »schmutzige Wäsche«, es spiegelt sich in den Absurditäten des Schattenspiels. Und es trägt eine Bedeutung darüber hinaus, ohne jeglichen traurigen oder negativen Unterton. Es weckt Gefühle von Wärme, Freundschaft und Zuneigung, von gemeinsamer Geschichte, vom Zusammenhalten in der Not, von gemeinschaftlich durchlebten Gefahren und Hoffnungen, das Gefühl, daß man mit den anderen im selben Boot sitzt. Es ist das Sinnbild der Zugehörigkeit zu ein und derselben Familie, etwas, das jede Verstellung, das Erklärungen und Entschuldigungen überflüssig macht. Ein Grieche, der einen Landsmann in Not oder im Exil oder in der Emigration antrifft, begrüßt ihn als Mit-Rhomäer, verhilft

---

* Vor ein paar Tagen kam ich im Gespräch mit dem Maler Niko Ghika auf diesen typisch griechischen Wesenszug. Er meinte: »Sie tun nie etwas anderes.«

ihm zu einer Mahlzeit oder einem Bett und greift ihm unter die Arme.

Trotz glanzvollem byzantinischen Intermezzo und trotz allem Leid der Fremdherrschaft blieb das Wissen um die Abkunft von illustren antiken Vorfahren, wenn auch nur schemenhaft, bei den einfachen Rhomäern erhalten. Das ist für die heutigen Griechen Gegenstand des Wortes »Hellene«. Auch wenn die Zeit dieses Gefühl bei den weniger Belesenen ins Unterbewußtsein gedrängt oder auf die Bedeutungslosigkeit einer längst vergessenen Legende reduziert hatte, war es doch immer da, auch wenn die Umstände dazu führten, daß das Wort für Jahrhunderte außer Gebrauch geriet. Eine leider nur geringe Zahl von Gelehrten und Gebildeten hielt das Erbe lebendig, und nach der Vertreibung der Türken erstand aus den Trümmern nicht ein wiederbelebtes oströmisches Reich mit dem Mittelpunkt Konstantinopel, sondern Hellas mit (nach anfänglicher Unentschlossenheit) seiner Hauptstadt Athen. Die Kuppel der Hagia Sophia trat in den Hintergrund – (nicht sehr weit; sie übt noch immer eine große Faszination auf das Denken aller Griechen aus) –, und der neue Leitstern am Himmel des nationalen Lebens war der jahrhundertelang vernachlässigte Parthenon. Nicht als Byzantiner oder Rhomäer begannen die Griechen, die sich dabei vielleicht verwundert die Augen rieben, ihr neues Leben, sondern als Hellenen. Dieser Vorgang ist vergleichbar mit der Wiederbelebung eines längst in Vergessenheit geratenen, aber rechtmäßigen Titels, der lange Zeit ruhte. Der Begriff »Rhomäer« hatte, wie wir gesehen haben, die Kraft des Vertrauten und Unmittelbaren; der Begriff »Hellene« ist umstrahlt vom Glanz einer Idee. Sie sind zwei Seiten derselben Medaille.

Es wäre nicht leicht, das Blut eines englischen Straßenarbeiters durch Namen wie Boadicea, Caractacus oder Cadwallader in Wallung zu bringen, oder das eines französischen Lebensmittelhändlers durch den Namen Vercingetorix. Bei der Wiedergeburt des griechischen Staates hingegen wurden die Geschicke des Landes von Politikern und philhellenischen Dichtern, von Gelehrten und Professoren in die Hand genommen, die an den Universitäten des Westens studiert hatten, und sie präsentierten den Bewohnern ein ganzes Museum voll mit längst vergessenen marmornen Verwandten. Die Griechen freuten sich; aber sie waren auch verlegen. All die Götter, Philosophen, Generäle und Helden flößten ihnen Ehrfurcht ein. Unterschwellig waren sie sich ihrer großartigen Verwandtschaft stets bewußt gewesen; auch wenn der einzige, den sie mit Namen kannten, Alexander der Große war, erfüllte sie die Vorstellung mit einem unbestimmten Stolz. Jetzt wurden die antiken Gestalten als Vorbilder präsentiert – ja, es hatte fast etwas von konfuzianischer Ahnenverehrung. Die modernen Griechen, glaubten diejenigen, die das klassische Griechenland zu neuem Leben erwecken wollten, mußten sie nur in ihr Herz schließen, und schon würde ein neues Goldenes Zeitalter anbrechen, größer noch als zu Perikles' Zeiten.

Man kann ihnen kaum einen Vorwurf machen. Sie lebten in einer Zeit der Wunder. Das Wunder der Befreiung war geschehen. Es gab viel zu kritisieren an der jüngsten, rhomäischen Vergangenheit, viele fremde Miesmuscheln mußten vom Rumpf ihres Staatsschiffes gekratzt, manche Denkmuster an der Wurzel bekämpft werden, und es galt, die erhabene griechischen Sprache von allem Fremden, Unreinen zu befreien … Es war noch zu früh; sie konnten nicht begreifen, daß die Abkunft ihrer Landsleute von den Griechen der Antike (und von einer griechischen Vorzeit, die viel weiter zurückreichte als bis zu dem 5. vorchristlichen Jahrhundert, das sie willkürlich als Anfangspunkt nahmen) viel überzeugender in Hunderten von Volksbräuchen und im Aberglauben zum Ausdruck kam, all dem, was ihren Mentoren rückständig und barbarisch erschien, als in den wenn auch bezaubernden neoklassischen Stuckbauten, die in Athen aus dem Boden schossen. Sie konnten noch nicht begreifen, daß die verachtete Volkssprache, die Dimotiki, die rechtmäßige Erbin des antiken Griechisch war, während die »reine« Schriftsprache – denn die Katharevousa wurde nie wirklich gesprochen* – trotz ihrer edlen Abkunft mausetot war. Vielleicht

---

* Das stimmt nicht ganz. Ich erinnere mich an die unvergeßlichen Bemühungen einer Äbtissin in Mistra, vorgetragen mit stockender, näselnder Stimme und von unglaublichen Fehlern nur so wimmelnd. Ein denkwürdiges Erlebnis. Es gibt noch andere Fälle, stets als extreme Beispiele für übertriebene Pedanterie ins Feld geführt und immer ein Anlaß zur Heiterkeit. Etwa so absurd wie die Vorstellung von Platon mit Zylinder und Stockschirm.
  Dennoch ist es unmöglich, nicht insgeheim eine gewisse Ehrfurcht und Zuneigung für dieses hieratische Mandarin mit all seiner gespreizten Künstlichkeit und archaischen Syntax zu empfinden. Die Katharevousa hat sogar hie und da (ein wahres Kunststück) Verwendung in der Lyrik gefunden; einige der Gedichte von Calvos sind von einer merkwürdigen, artifiziellen Schönheit, und auch bei Kavafis finden sich Spuren der Katharevousa: geschickt plazierte Korsettstangen im geschmeidigeren

klangen die Worte »Hellas« und »Hellene« zur damaligen Zeit in ihren Ohren ebenso fremd und unwirklich wie für Bewohner der Britischen Inseln die Worte »Britannien« und »britisch« auch noch nach einem Jahrhundert Empire und Commonwealth: Bezeichnungen, die ausschließlich von Herrschern, Politikern, Grenzbeamten, Journalisten, Amerikanern und Deutschen verwendet wurden, von niemandem sonst; und am allerwenigsten dann, wenn von Walisern und den Bewohnern Cornwalls die Rede war, den einzigen auf der Insel, die ein Anrecht auf diesen Namen haben, der ansonsten allein den Bewohnern der Bretagne zusteht.

Auf die Altvorderen war man stolz; aber sie beschämten einen auch. Wie konnten die Griechen mit diesen wiederentdeckten Heroen mithalten? (Wie kann das überhaupt jemand von uns?) Im Vergleich zu den Helden schienen sie hoffnungslos degeneriert; die Gesichter in Stein waren ein einziger Tadel. Manchen waren sie ein Ansporn, anderen nur Grund zur Verwirrung; und ein paar widersetzten sich, beinahe schon zornig: Sollte man den Parthenon nicht besser in die Luft jagen? Die neuen Bestrebungen setzten, schien

Dimotiki. Die Hochsprache ist kompliziert und abschreckend, aber sie ist präzise: unverzichtbar, wie ihre Verteidiger behaupten (und ihre Gegner entschieden bestreiten), für juristische, wissenschaftliche oder mathematische Definitionen. Die Katharevousa ist ein kostbares, ausgeblichenes Lederetui mit einem matt gewordenen Monogrammstempel, das einen Satz geometrischer Instrumente enthält: steife, mit Gelenken versehene Zirkel, fein säuberlich in Samt gebettet. Die Dimotiki ist ein Alltagswerkzeug – ein Spaten, eine Axt oder eine Sichel –, die Klinge dünn vom vielen Schleifen und glänzend vom Wetzstein; und der hölzerne Griff, dunkel vom Schweiß und glatt durch die Patina von Generationen, liegt leicht in der Hand. Befürworter und Gegner der beiden Sprachen haben sich in Athen Straßenschlachten geliefert, bei denen es Verletzte und sogar Tote gab.

es, alles am Rhomäertum – alles, was das Leben lebenswert machte –, ins Unrecht. Und der rhomäische Pantheon war gut gefüllt. Dort herrschte noch der Geist von Byzanz, dort fand man Konstantin und Helena und Basilius den Bulgarentöter und den letzten Palaiologen, eine ganze Gespensterparade von Herrschern, deren Hauptstadt nach wie vor in Ketten lag. Auch die Jungfrauen waren da, die Heiligen und Märtyrer der orthodoxen Kirche – in jedem Haus brannte ein Licht vor ihren Ikonen, ihre Fresken, schwarz vom Weihrauch, halb ausradiert von tausend Jahren Küssen, bedeckten die Wände der Kirchen. Nicht ihrer mystischen Qualitäten wegen liebten die Menschen diese gemalten Heerscharen, sondern wegen der Wunder, die sie wirkten, ihres übernatürlichen Beistands an schlechten Tagen. Dazu waren nun die Anführer in den Bergen, die Schiffskapitäne des Unabhängigkeitskriegs gekommen: Kolokotronis, Karaiskakis, Athanasios Diakos, Miaoulis und Kanaris und wie sie alle hießen. Diese schnurrbärtigen Helden waren Rhomäer reinsten Wassers. Sie wurden verehrt wie Götter; ihr Jatagan war es gewesen, ihre Flinten, ihre Kanonen, die Griechenland von den Türken befreit hatten. Da konnten Leonidas und Miltiades sehen, wo sie blieben. Sie hatten tapfer gegen die Perser gekämpft, hieß es. Aber das war schon so lange her.*

Ich schreibe diese Präambel nicht ohne Absicht: Ich will den Leser in aufnahmebereite Stimmung bringen für eine von mir selbst entwickelte Theorie, die ich das hellenisch-

---

* Siehe Seite 104.

rhomäische Dilemma nenne. Die Grundthese dieser Theorie ist, daß in jedem Griechen zwei gegensätzliche Gestalten wohnen. Manchmal hat die eine die Oberhand, manchmal die andere, und es kommt sogar vor, daß sie einer Meinung sind. Das sind, wie könnte es anders sein, der Hellene und der Rhomäer; und um der Klarheit dieser Theorie willen soll »Hellene« nichts weiter bedeuten als das exakte Gegenteil von »Rhomäer«. Jeder Grieche ist, meiner Theorie zufolge, ein Amalgam aus diesen beiden, doch das Verhältnis der Legierung ist bei jedem anders; die beiden leben im Widerspruch, aber sie ergänzen einander auch. Hier soll es uns jedoch um den Gegensatz zwischen beiden gehen, nicht um eine mögliche Synthese. »Zwei Seelen wohnen«, könnte mein hypothetischer Grieche mit Goethe rufen, »ach!, in meiner Brust.« Man denkt an einen lebenslangen zoroastrischen Kampf zwischen Gut und Böse, wobei der Hellene den Part des Ormuzd spielt, der Rhomäer den des Ahriman. All das bringe ich mit aller Zurückhaltung vor. Griechische Freunde, denen ich vom hellenisch-rhomäischen Dilemma erzählt habe, fanden die Vorstellung interessant und amüsant und meinten, womöglich sei sogar etwas daran. Am einfachsten läßt es sich als parallele Liste von Charakterzügen darstellen, von Zugehörigkeiten und Symbolen, willkürlich ausgewählt aus einem größeren Katalog, mit dem sich viele Seiten füllen ließen. Einige Einträge sind absichtlich überspitzt oder übermütig, um den Kontrast deutlicher zu machen. Hier sind sie.

RHOMÄISCH	HELLENISCH
1 Praxis	Theorie
2 Das Konkrete	Das Abstrakte
3 Das Reale	Das Ideale
4 Persönlicher Ehrgeiz	Streben nach Höherem
5 Streit	Diskussion
6 Konzentration	Diffusion
7 Instinkt	Prinzip und Logik
8 Improvisation	Systematik
9 Empirik	Dogma
10 Liebe zur jüngsten Vergangenheit	Liebe zur fernen Vergangenheit
10a Bewunderung für den materiellen Fortschritt des Westens, Mißtrauen gegenüber dem westlichen Denken	Bewunderung für die europäische Kultur, die auf den freiheitlichen Idealen der alten Griechen fußt. Ein gewisses Mißtrauen gegenüber dem westlichen Materialismus
11 Rhomäische Bräuche werden gepflegt	Westliche Bräuche werden übernommen, das Orientalische der Rhomäer wird verabscheut
12 Mißtrauen gegenüber dem Gesetz. Bereitschaft, es mit List, Nepotismus oder anderen dubiosen Mitteln zu umgehen	Respekt vor dem Gesetz. Theoretisch Hemmungen, es mit den links genannten Mitteln zu umgehen
13 Leidet unter der materiellen Armut Griechenlands	Leidet unter den rhomäischen Schandflecken Griechenlands
13a Respektiert Gelehrsamkeit als Mittel zum Erfolg	Respektiert Gelehrsamkeit als Wert an sich
13b Glaubt an schnelle Ergebnisse	Vertraut auf langfristige Wirkung

	RHOMÄISCH	HELLENISCH
14	Verläßt sich auf Bewährtes und Sprichwörtliches	Sucht nach Parallelen in der Antike
15	Versteht die Außenwelt als Ort, den man ausbeuten kann	Pflegt Reisen, um den Horizont zu erweitern, oder zum fairen Handel
16	Dinge werden nach ihrem Geldwert beurteilt	Auch andere Werte haben Gewicht
17	Gibt nicht gern Unwissenheit zu	Gibt zu, daß es Dinge gibt, die außerhalb seines Wissensberei-ches liegen
18	Alles muß einen Namen haben, ob er nun paßt oder nicht[*]	Alles soll definiert, erklärt und klassifiziert werden
19	Versteht Griechenland nicht als Teil von Europa	Versteht Griechenland als Teil von Europa
20	Sieht Europa als Land der »Franken«	Sieht Europa als Land von Mit-europäern
20a	Einigt sich durch Feilschen	Einigt sich durch Verhandeln
21	Glaubt an die Unzerstörbarkeit und die Heiligkeit der Romio-syne	Glaubt an Hellas als Werkzeug des Schicksals
22	Ausgeprägter Lokalpatriotis-mus, Mißtrauen gegenüber Leuten aus anderen Provinzen, etwa zwischen Kretern und Manioten	Zentralistische Ausrichtung nach Athen. Verachtet provin-zielle Streitereien und Eng-stirnigkeit
23	Jeder Rhomäer ist davon über-zeugt, daß er zum Amt des Pre-mierministers geeignet ist	Zurückhaltendes Selbstver-trauen
24	Gerissenheit, behindert durch (a) Leichtgläubigkeit und (b) unbegründetes Mißtrauen	Klugheit und Umsicht

* Zum Beispiel lösen sie das Rätsel eines alleinreisenden Ausländers, in-dem sie ihn (a) zum allwissenden Gelehrten, (b) zum Millionär, (c) zum Verrückten oder (d) zum Spion erklären. Manchmal all das in einem. Siehe dazu den hinteren Teil von (32).

RHOMÄISCH	HELLENISCH
25 Neigt dazu, politische Differenzen durch Revolution zu lösen	Glaubt an die Verfassung, Revolution nur als letztes Mittel
26 Skrupellos beim Streben nach persönlichem Vorteil	Aufrecht und ehrsam
27 Fatalismus	Philosophischer Zweifel
28 Schnell und gewitzt	Aufgeweckt und intelligent
29 Eheschließungen ausschließlich durch Mitgift und elterliches Feilschen bestimmt	Mildere Form derselben Praxis, durch romantische und ästhetische Aspekte modifiziert
30 Blinde, stammesmäßige Treue zu einer politischen Partei, entweder auf Lokalpatriotismus oder auf persönlicher Gefolgschaft gegenüber einer Führerpersönlichkeit fußend	Feste politische Bindungen, doch eher auf persönlichen Entscheidungen fußend
31 Leidenschaft für Zeitungen, vor allem für den politischen Teil	Leidenschaft für Zeitungen, vor allem für den politischen Teil
32 Bedingungsloser Glaube an das gedruckte Wort, im Gegensatz zum gesprochenen oder geschriebenen. Von Zeit zu Zeit wird dies zurechtgerückt mit der Bemerkung: »Nichts als Lügen in der Zeitung.« Beide Einstellungen lassen sich oft durch die paradoxe Fähigkeit in Einklang bringen, zwei widersprüchliche Dinge zugleich zu glauben	Nüchterner, nicht ganz so begabt zum Ausgleich von Gegensätzen
33 Abscheu vor unverblümten Tatsachen; man kleidet ein, schmückt aus, fabuliert hinzu: »Das Mythopoetische«	Diese Neigung verhältnismäßig gering ausgeprägt

	RHOMÄISCH	HELLENISCH
34	Übermenschliche Kräfte unter dem stimulierenden Einfluß von Begeisterung, Interesse, Patriotismus, Freundschaft oder Ehrgeiz	Dasselbe, abgemildert durch 7, 8 und 9
35	Neigung, plötzlich das Interesse zu verlieren, wenn Stimulus oder Dringlichkeit nachlassen. Furcht vor Langeweile	Dasselbe, korrigiert oder gemäßigt durch 7, 8 und 9
36	Saumseligkeit (bedingt durch 34), mangelndes Zeitgefühl. Mißfallen an jeder Routine	Schwankungen durch Klimaeinfluß, korrigiert oder gemäßigt durch 7, 8 und 9
37	Vertrauen auf Improvisation (8) und eine Tendenz, Dinge verkommen zu lassen, da man mit der Vergänglichkeit alles Irdischen rechnet	Glaube an Instandhaltung und Pflege, da man größere Hoffnung auf Gesellschaft und Sicherheit setzt
38	Stark ausgeprägter Sinn für Kränkungen, was zu unüberlegten, gewaltsamen und selbstzerstörerischen Handlungen führt, oder zu anhaltender, unversöhnlicher Fehde	Dito, doch Reaktionen weniger gewaltsam und Strafen weniger drastisch
39	Verzweiflung und Melancholie *(stenachoria)*, wenn etwas nicht so gut geht wie erwartet. Wird im Laufe der Zeit durch Fatalismus, Sentenzen und heilsame Flexibilität abgemildert	Dieselben Neigungen, jedoch weit weniger ausgeprägt, korrigiert durch den Trost der Philosophie
40	Hang zur *leventeiá*, d.h. jugendlichem Überschwang, einem fröhlichen Wesen, Mut, Tempo, schnellen Reaktionen,	Sinn für das Wesentliche mit einer deutlich zurückhaltenderen, nüchterneren Art

gutem Aussehen, Geschick
beim Singen, Tanzen, Schießen, verträgt viel Wein und viel
Spaß, oft begleitet von *merakli-
dilíki*, dem sartorischen Ausdruck dieses Temperaments

41	Hoher Stellenwert von *philo-timo*, »Ehrliebe«, d.h. dem ehrenvollen Umgang miteinander im Gewirr der Romiosyne, dazu vor allem eine persönliche *amour propre*, wie bei den Sapniern der *pundonor* – die persönliche Würde. Eine Verletzung in diesem Bereich – »Er hat meine *philotimo* beleidigt« – führt oft zu 37	Ehrgefühl gilt als wertvolles Erbe der alten Griechen
42	*Bessa:* ein Wort albanischer Herkunft, das die Unverletzlichkeit eines Schwurs bezeichnet, gerade im Guerillakrieg. Das Gegenteil von Verrat	Wahrscheinlich gilt hier das gleiche wie oben
43	Die Probleme der Welt werden bei endlosen Tassen türkischen Kaffees im Kafenion gelöst	Die Probleme der Welt werden bei endlosen Tassen türkischen Kaffees im Kafenion gelöst
44	Hang zu Karten, Brettspiel und dergleichen	Dito
45	Nüchternheit und frugales Leben, unterbrochen durch dionysische Feste	Unterbrechungen meist weniger dionysisch
46	Große Schwäche für *amané-*Lieder, d.h. klagende, nasale, recht melancholische Rezitativgesänge in orientalischer Molltonart	Radikale Ablehnung von *amané-*Liedern als Überrest einer fremden, barbarischen Kultur

	RHOMÄISCH	HELLENISCH
47	Große Schwäche der Stadtbewohner für *rebétika*-Lieder und Tänze, d.h. die Musik der Athener Halbwelt, fatalistische, bluesartige Verlierergeschichten, begleitet von bestimmten Saiteninstrumenten. Angeblich in Haschischspelunken entstanden. Komplexe Solotänze, vielleicht kleinasiatischen Ursprungs. Der choreographische Ausdruck der Lieder	Mißfallen daran, Ablehnung aus weitgehend denselben Gründen wie beim vorigen. Neigung zu westlicher Musik
48	Auf dem Land eine Vorliebe für Berg-, Insel- und Bauerntänze (meist in einer langen Reihe getanzt, von einem Vortänzer angeführt)	Duldung dieser Tänze als Teil einer »gesunden« heroischen Tradition und Folklore und wegen ihrer möglichen Wurzeln in korybantischen Tänzen der Antike
49	Vorliebe der Landbewohner für *klephtika* oder Klephtenlieder: lang, emotional und halb orientalisch in ihrer Art, Lobgesänge auf die Waffentaten der Krieger in den Bergen	In der Theorie, wenn auch nicht in der Praxis, Duldung dieser Lieder als bescheidene Andenken an den Triumph des Hellenentums über die barbarische Fremdherrschaft: »gesund«, im Unterschied zu *amané* und *rebétika*
50	Nach außen hin Ablehnung, insgeheim aber Bewunderung für die Räuber und Piraten der fernen Vergangenheit; Zeichen, daß ein lebendiges, anarchisches Leben sich erhalten hat	Verständliche Verurteilung dieser Stolpersteine auf dem Weg zu einer Regierung und Verwaltung nach europäischem Vorbild: *»Romaikès douliès«* von der schlimmsten Sorte
51	Bei den Alten eine Vorliebe für die Nargileh	Ablehnung, aus naheliegenden Gründen

	RHOMÄISCH	HELLENISCH
52	Zwanghaftes Spiel mit den *komboloi*, den wie ein Rosenkranz an einer Schnur aufgefädelten Bernsteinperlen, zur Beruhigung der Nerven befingert in der Art eines Kettenrauchers	Milde Form von Abneigung, auch unter denen, die selbst süchtig sind
53	Hang einer kleinen, draufgängerischen Minderheit (die städtische Halbwelt der *rebétika*, siehe 47) zu gelegentlichem Haschischrauchen als Begleitung zu Gesang und Tanz	Braver Abscheu vor diesem Überbleibsel orientalischen Lebenswandels
54	Glaube an die wundertätige Kraft mancher Ikonen	Aufgeklärter Unglaube
55	In entlegenen Bergdörfern Hang zu Zaubermitteln, die von alten Frauen verabreicht werden. Bewahrung zahlreicher heidnischer Überzeugungen, Praktiken und Legenden	Verachtung für Obskurantismus, obwohl Magie und Aberglauben eine lange Tradition haben. Vertrauen in die moderne Medizin
56	Gleichgültigkeit gegenüber der ethischen oder mystischen Dimension der Religion, aber halbheidnische Anhänglichkeit an die orthodoxe Kirche als einigender Bewahrerin der Romiosyne in schwerer Zeit	Relative Gleichgültigkeit gegenüber der ethischen oder mystischen Dimension der Religion, aber Duldung der orthodoxen Kirche als Symbol des Hellenentums
57	Strenge Befolgung religiöser Feste und Fastentage, kollektives Bewahren vieler Äußerlichkeiten der Orthodoxie	Eine Neigung, diese zu mißachten, außer zu Weihnachten und Ostern
58	Patriotismus auf der Grundlage von 21 (rh.), zu Kriegszeiten inspiriert von der Erinnerung an die Klephten	Patriotismus auf der Grundlage von 21 (hell.), zu Kriegszeiten inspiriert von den Helden der antiken Welt
59	Krieg als Guerillakampf verstanden	Wissenschaftliche Kriegsführung

	RHOMÄISCH	HELLENISCH
60	Augenmaß	Lehrbuch
61	Grundsätzliche Bereitschaft zu allem, was nicht durch ein ehrwürdiges Tabu verboten ist	Zurückhaltenderer und rationalerer Umgang mit allen Anforderungen des Lebens
62	Sehnsucht nach einer Rückkehr des byzantinischen Reiches	Heimweh nach der Zeit des Perikles
63	Demotisch	Katharevousa
64	Die Kuppel der Hagia Sophia	Die Säulen des Parthenon

Wollte man die Eigenheiten dieser beiden Spalten zusamzählen und daraus Volkscharaktere ableiten, entstünden zwei reichlich schiefe Karikaturen. Zum Glück gibt es keinen von beiden Typen in reiner Form – jeder von ihnen braucht den anderen. Erst wenn sie gemeinsam in eine Brust gesperrt werden, erwachen sie beide zum Leben. Fast immer liegen die zwei im Streit, und es gibt eine Vielzahl von Anlässen dazu – und was der Körper, in dem sie sitzen, am Ende tut, hängt davon ab, wer von ihnen beiden gerade die Oberhand hat. Nach jeder Runde ließe sich Gibbon zitieren: »Geseufzt habe ich als Rhomäer, gehorsam war ich als Hellene« – oder umgekehrt.

Es wäre nicht recht, von diesem Widerstreit zu schreiben, ohne wenigstens einige der Eigenschaften zu erwähnen, die beiden Seiten gemeinsam sind. Ohne sie bliebe das Bild verzerrt.

Die Liebe zum Vaterland ist die tiefste Überzeugung jedes Griechen. Kränkungen, Drohungen und die Gefahr einer Invasion treiben nicht nur Rhomäer und Hellenen einander in die Arme – dafür kann es verschiedene Anlässe geben –, sondern versöhnen alle inneren Differenzen des Landes. Mut, Opferbereitschaft, Ausdauer erreichen heroische Höhen. Ist die Krise vorüber, löst sich der Zusammenhalt wieder auf, und politische Rivalitäten werden wieder so erbittert ausgetragen wie zuvor (kein Wunder, daß *stasiazo*, »ich lebe in Zwietracht«, eine der ersten Verbformen war, die man in der Schule lernen mußte); es gibt unzählige Parteien, die sich immer weiter spalten – die Individualität der Griechen ist so groß, daß im Grunde das Land aus acht Millionen Einmann-Splittergruppen besteht, die sich widerwillig immer wieder neu zu kurzlebigen Koalitionen zusammenraufen.

Andere Charakterzüge kommen einem in den Sinn: Selbstvertrauen; der Glaube daran, daß sich mit Anstrengung und Phantasie, gerade wenn noch Glück dazukommt, alles erreichen läßt; Intelligenz, Geistesgegenwart, Wachheit, Neugier; Streben nach Ruhm; Rastlosigkeit und extrem eigensinniges Urteil; Versessenheit auf Neuigkeiten; Redegewandtheit, eine Begabung, Gedanken in Worte zu fassen; Energie und Tatendrang; Begeisterung und Enttäuschung; ein tiefsitzendes Gefühl der Vertrautheit und der Ebenbürtigkeit nicht nur mit allen anderen Griechen, sondern der gesamten Menschheit, und der Überlegenheit über viele andere; kein Klassenbewußtsein, kein Snobismus; ausgeprägter Familiensinn; Intoleranz gegenüber dem politischen Gegner, abgemildert durch Rücksicht gegenüber menschlichen Schwächen und Fehlbarkeiten; ein großzügiges Verhältnis zur Moral, aber mit strengen und puritanischen Vorstellungen von Familienehre; Empfindlichkeit, besonders gegenüber Ironie oder Angriffen auf die persönliche Würde; ein hitziges Temperament, das zusammen mit letzterem gefährlich sein kann; Furcht vor Einsamkeit, mangelnder Sinn für Privatsphäre, der Wunsch, den Verstand durch Konversation zu schärfen. Meinungen werden durch Zeitungen und im Gespräch gebildet, selten durch private Lektüre oder nicht-zweckgebundenes Studium; abstrakte Philosophie und Metaphysik findet man im griechischen Leben nicht. Ein geradezu zwanghafter Rededrang, geprägt von Einfallsreichtum, großem erzählerischem Geschick, schlagfertigen Antworten, Widerspruchsgeist, Skepsis gegenüber Autoritäten, Spott, Selbstironie, Satire und Humor. Sinn für die Freuden des Lebens zeigt sich in der panhellenischen Neigung, bis spätabends bei Essen und Trinken und Gesang beisammenzusitzen, sobald sich auch nur der leiseste Vorwand dazu bietet.

Griechen sind berühmt für ihr Geschick in allem, was mit Geld zu tun hat. Die Kunst, aus dem Nichts Gold zu schaffen, wird, was erfreulich ist, nie durch die komplementäre Schwäche getrübt: Geiz gilt als verachtenswert und findet sich so gut wie nie; Griechen verehren und praktizieren Großzügigkeit, selbst dann wenn sie es sich nicht leisten können, und die Gesetze der Gastfreundschaft sind genauso tief verwurzelt wie die heiligsten patriotischen Gefühle oder die orthodoxe *pietas*. Ich glaube, die Griechen verstehen viel besser als wir Westeuropäer, daß alles im Leben im Fluß ist und sich Stabilität niemals erlangen läßt. Auch wenn es Phasen rhomäischer Trägheit, verschleppter Aufgaben gibt, spüren sie doch den Drang, die Gelegenheit bei den Hörnern zu packen, die günstigen Strömungen zu nützen und selbst die aussichtslosesten Umstände noch zum Guten zu wenden – eine Neigung, die zu mutigen, spontanen Unternehmungen führen kann und manchmal auch zu Opportunismus. Sie haben einen ausgeprägten Sinn – wie man ihn in armen und unfruchtbaren Gegenden erwirbt – für jedes Unglück und alles Tragische. Doch auch wenn sie vieles unter dem Blickwinkel von Tragödie und Melodrama sehen, sind Stoizismus und Humor als Gegenmittel stets zur Hand. Humor ist, könnte man sagen, der Rettungsanker in ihrem Leben. Und auf ganz ähnliche Art dämpft *philotimo*, der persönliche Ehrenkodex, den sie sich selbst auferlegen – ein ganzes System von altehrwürdigen Skrupeln –, anarchische Impulse und legt mit festen Regeln rhomäischer Wurstelei und gar zu individuellen Lösungen formelle Fesseln an. Wer gegen diese Regeln verstößt, erwirbt ein beschämenderes und unauslöschlicheres Schandmal, als das Gesetz ihm je aufdrücken könnte.

Zwei Dinge will ich zum Abschluß dieser langen Liste noch erwähnen. Das erste ist das untrügliche Gefühl, das man als Fremder hier empfindet – daß man von Menschen umgeben ist, die einer uralten und hochzivilisierten Kultur entstammen. Dieses Gefühl nimmt an Intensität zu, je weiter nach unten man auf der ökonomischen Leiter kommt; nicht weil es den bürgerlichen Griechen fehlt –

ganz und gar nicht;* aber weil eine ärmliche Umgebung es um so klarer hervortreten läßt. Und die letzte meiner typisch griechischen Eigenschaften ist der Hang zur Tugend. Die Wurzeln dafür könnten in den Qualitäten liegen, die schon die alten Griechen zu schätzen wußten, oder auch im christlichen Ethos. Vielleicht sind natürliche Einflüsse oder die Umwelt dafür verantwortlich.

Unterweltliche Dämonen trieben die Vorväter zu schaurigen und schrecklichen Taten; Wut und Gewalt suchen bisweilen noch ihre Nachfahren heim. Doch das Licht, in dem sie leben, trägt viel dazu bei, ihnen dieses bösartige Prinzip auszutreiben, und führt das Dogma von der Erbsünde ad absurdum. In einer Welt, in der die Strafe des Gesetzes als Pech verstanden wird und das Leben nach dem Tode weder Hoffnung noch Schrecken bereithält, ist es um so bemerkenswerter, daß ein solcher Zug im griechischen Nationalcharakter existiert. Der Hang zum Tugenhaften mag nicht immer gleich groß sein, doch er wirkt auf das Unterbewußtsein der Griechen nicht weniger zuverlässig als der Nordpol auf eine Kompaßnadel.

Diese arg verallgemeinernden Bemerkungen sind voller Widersprüche, und das ist ganz recht so. Es ist auch offensichtlich, daß die Liste rhomäischer und hellenischer Ei-

---

* Plötzlicher Reichtum, die Anhäufung bisher ungekannter Luxusgüter, gesellschaftliche Regeln, die nicht die eigenen sind, treiben ihre barbarischen Blüten genau wie in manch anderem Land; aber es fällt auf, um wieviel schneller und schmerzloser diese Dinge assimiliert werden.

genschaften nicht nur Gegensätze, sondern zugleich auch verschiedene Entwicklungsstufen dokumentiert. Die rho- mäische Liste zählt die alltäglicheren Eigenschaften auf. Hellenische Eigenschaften finden sich auf jeder Stufe der Rangleiter, nehmen jedoch zu, wenn wir weiter nach oben kommen und das rhomäische Erbe spärlicher wird. Bei dem Dilemma geht es nicht nur um den Kampf zwischen Altem und Neuem, sondern auch zwischen Ost und West.

Was bei diesem Tauziehen herauskommt, ist leicht zu prophezeien. Das Alte geht zugrunde, uralte Bräuche sterben in Scharen, Orientierungspunkte verschwinden, alles verändert sich in schwindelerregendem Tempo.

Gerade in Athen werden alle Neuerungen des Westens kritiklos willkommen geheißen: Wolkenkratzer, die dort nichts zu suchen haben, schießen in die Höhe, Radios verbreiten ihren Lärm, Reklameschilder klappern, Neon versprüht seine Todesstrahlen, Straßenbahnen scheppern, gigantische amerikanische Taxis wie langgestreckte Bonbons mit Haifischflossen schlingern und schleudern über den glühenden Asphalt wie die Dämonen von Gadar. Fieberhaft wird abgerissen und neu gebaut, nichts in Athen ist vor diesem Eifer sicher. Straßen stehen zerklüftet wie nach einem Bombenangriff, Häuser stürzen ein, Staub wie bei einer Belagerung hängt in der Luft, und das Rattern der Preßlufthämmer hat den Eulenruf als Leitmotiv der Stadt abgelöst. Die Eisenstangen der Betonwände stehen wie rostrote Bartstoppeln am Horizont: Neue Hotels schießen aus den Trümmern wie Mundharmonikas für Riesen. Alles in Athen ist in Bewegung.

Bei jeder Rückkehr sehe ich, daß eine weitere Handvoll Cafés, Tavernen, Restaurants und Buchläden, die unverrückbar wie die Pyramiden schienen, verschwunden ist, und bei all diesen Veränderungen hetze ich durch die Straßen wie ein Fuchs, dem man sämtliche Bauten verstopft hat. Vor einigen Jahren kam ich nach nur einem halben Jahr Abwesenheit in Piräus an und ging zu einer Ecke des Syntagma-Platzes – der Agora des heutigen Athens –, wo ich in meinem gewohnten Quartier absteigen wollte, einem Haus mit dem kuriosen Namen Hotel New Angleterre. (Es war ein heruntergekommenes gelbes Gebäude im sympathischen neoklassischen Stil der Zeit König Ottos, wo viktorianische Reisende sich einst unter dem Säulenportal zu Ausflügen zu Pferde nach Sounion, Marathon und Delphi versammelten. Brüchige Gipskaryatiden stützten den Balkon, ein eigensinniger Aufzug ächzte im Inneren, die Decke der Eingangshalle schmückten Fresken mit Zentauren, und geheimnisvolle, spinnwebverhangene Rohre führten in die Tiefe des Hauses.)

Aber es war nicht mehr da, so vollständig verschwunden, als hätten Dschinnen es anderswohin getragen, und an seiner Stelle stand ein schimmernder Betonwürfel mit einem nagelneuen Café, dessen Aluminiumstühle einen Rücken hatten, der wie eine Harfe mit Plastikdrähten bespannt war:

Ich war nicht dabei, und dem Himmel sei Dank,
Als das New Angleterre in Trümmern versank ...

Ich ging über den geschäftigen Platz zum Hotel Grande Bretagne, wo ich zum Trost nun dringend ein Gläschen an der Bar brauchte. Dort, dachte ich, hatte sich ganz bestimmt nichts verändert. Aber ich täuschte mich. Das alte Foyer strahlte nun im kalten, aseptischen Glanz einer Flughafenhalle. (Griechische Architekten haben das Wort ihres Vorvaters Isokrates, daß der Mensch das Maß aller Dinge sein soll, längst vergessen.) Dahinter, wo die Bar der turbulente, anheimelnde Treffpunkt so vieler Jahre gewesen war, erwartete mich ein lautloses Ödland, und die wenigen, verstohlen murmelnden Gäste wirkten in ihrer Umgebung so verloren wie Schlittschuhläufer auf einer klimatisierten marmornen Eisbahn. Nur die alten Barkeeper waren noch da. Sie wirkten bekümmert und verloren ... (Zum Zeitpunkt, zu dem ich dies schreibe, ist die Bar wieder einmal geschlossen, ihr fünfter Umbau binnen drei Jahrzehnten. Ich frage mich, was für ein babylonischer Phönix wohl diesmal aus der Asche steigen wird.)

So sieht es überall aus. Die Athener verfolgen diese andauernden Veränderungen mit einer Mischung aus abstraktem Stolz und persönlicher Verwirrung. Vieles an dieser architektonischen Rastlosigkeit mag mit dem plötzlichen Tourismusboom zusammenhängen. Zunächst freut man sich über das unverhoffte Geschenk: Die griechische Wirtschaft braucht diese Einkünfte; doch denkt man genauer darüber nach, ist man betrübt. Die Ökonomen jubeln, doch manch alter Athener, der weiß, welchen Schaden der Tourismus in Spanien, Frankreich und Italien angerichtet hat, bedauert, daß diese Reiselust, bei der die

Besucher genau das zerstören, dessentwegen sie kommen, sich Griechenland als ihr neuestes, schönstes und vielleicht zerbrechlichstes Opfer gewählt hat. Sie wissen, daß der Tourismus binnen wenigen Jahren aus stolzen Inseln und heiteren Küsten einen stinkenden Pfuhl gemacht hat. In Athen selbst sind aus den schönsten Tavernen Touristenbabel mit falscher Folklore und verwässertem Wein geworden. Gutgläubige Herden strömen dorthin, von knopfäugigen Führern zusammengehalten, Mentoren und Stentoren mit ganz Manchester, Lyon, Köln und dem halben Mittelwesten im Gefolge. Die Athener, die seit Generationen in diesen Gaststätten gegessen haben, haben längst die Flucht ergriffen. (Zum Glück gibt es noch Lokale, die davon nicht betroffen sind; aber wie lange noch? Die Werke von Autoren, die diese Orte namentlich nennen, sollten vom Scharfrichter öffentlich verbrannt werden.) Griechenland erleidet derzeit die schlimmste Invasion seit Xerxes' Zeiten. Es heißt, schlechtes Geld vertreibe das gute, aber in diesem Falle vertreibt gutes Geld alles.

In düsteren Augenblicken sehe ich Bucht um einsame Bucht, Insel um Insel vorbeiziehen, wie sie heute sind und wie sie vielleicht bald sein werden. Das heutige Bild ist wohlvertraut: Grob behauene Steinplatten mit Pollern und Ankerwinden, Halbmonde aus Sand oder weißen Kieseln, wo die barfüßigen Fischer ihre Netze flicken, ihre Boote auf die Seite legen und sie kalfatern, ihren Dreizack reparieren und komplizierte Reusen aus Weidenzweig und Bindfaden flechten. Die Spanten der Kaiken ragen aus dem Schaum der Hobelspäne wie das Skelett eines Wals. Humorvolle, verschmitzte, selbstsichere Männer leben hier, hager geworden vom Kampf gegen die Elemente, und sie teilen gern ihren Wein mit einem Fremden. Am Abend versammeln sie sich unter den Bäumen vor der einzigen windschiefen Taverne. Dann und wann, wenn er einen guten Fang gemacht hat und wenn Musikanten zur Hand sind, tanzt einer von ihnen einen langsamen, einsamen Tanz zu seinem eigenen Vergnügen, dann kehrt er zum Gesang der anderen und zur Unterhaltung zurück. Schwammtauchen und Stürme und weite Reisen, Schiffbruch und ein halbes Dutzend Kriege, manchmal auch die Schmuggelei spielen eine große Rolle in ihren Gesprächen, oft von Gelächter unterbrochen. Nach Einbruch der Dunkelheit funkeln auf dem Meer ein, zwei Meilen draußen jenseits der Bootsmasten ganze Sternbilder, die Lichter der Azetylenlampen, wo andere ihre Netze zu Wasser lassen oder sich über den Rand ihrer Kaiken beugen, um mit dem langen Speer nach einem Fisch zu stechen. Im Rücken der Zecher führen die gepflasterten Gassen wie Bergbäche zum Strand hinab, durch Torbögen, zwischen Galerien aus weißgekalkten Wänden. Der Duft von Basilikum und Rosmarin erfüllt diese Gassen, wetteifert mit dem Salz, dem Teer, dem Schweiß, dem Harz, den Fischschuppen und dem Sägemehl vom Strand. Es ist ein schweres und oft karges Leben, manchmal ein Leben der Entbehrungen; doch es gibt hundert Dinge, die es lebenswert machen. Keine Niedergeschlagenheit, nichts von der Bedrücktheit eines Lohnsklaven steht in den salz- und wettergegerbten Gesichtern unter den abgewetzten Mützen. Sie blicken wach und voller Lebenskraft, heiter, freundlich, und ihre ganze Haltung drückt maritime Männlichkeit aus, Unabhängigkeit und selbstverständliche Würde.

Und dann nimmt das zweite Bild Gestalt an. Das Ufer wird beschallt von fünfzig Musikboxen und tausend Transistorradios. Jedes Haus ist jetzt eine Künstlerbar, eine Boutique oder ein Andenkenladen; neu gebaute Hotels ragen auf, täglich kommen neue Ferienhäuser aus Beton hinzu. Batallone von sonnencremeglänzenden Urlaubern räckeln sich unter gestreiften Schirmen. Bisweilen röhrt ein Motorboot und übertönt die Radios, eine Schiffssirene signalisiert die Ankunft einer neuen Dampferladung, Hubschrauber knattern. Der Arbeitsplatz des Schiffsbauers ist längst einer Reihe Badehäuschen und einer Betontoilette gewichen; schneidige Beamte der Touristenpolizei patrouillieren, immer zu zweit. Irgendwo am Rande dieser Szene sitzen die alten Fischer rund um einen Stahlrohrtisch; sie sind begeistert von all dem Treiben, aber sie fragen sich, warum sie sich nicht mehr so wohl fühlen wie früher. Einer der Polizisten erzählt ihnen, daß die Verfügung der vergangenen Woche, in der Barfußgehen und Nargilehrauchen verboten wurden, widerrufen ist – die Touristen finden so etwas pittoresk. Der Bürgermeister sieht mit Befriedigung, daß seine neue Hygieneordnung eingehalten wird: Kein Esel ist mehr ohne das vorgeschriebene Netz unter dem Schwanz zu sehen, in das die Äpfel fallen; wenn erst einmal die neue und überflüssige Straße fertig ist, wenn die ersten Abgaswolken und Hupkonzerte endgültig signalisieren, daß die Zivilisation in dieser Ortschaft angekommen ist, wird für diese Tiere aus einer anderen Zeit kein Platz mehr sein. Der Kampf ums Überleben ist vorbei. Die Söhne der alten Fischer arbeiten als Kellner, als Krimskramsverkäufer oder Fremdenführer. Die Ansehnlicheren finden Beschäftigungen, die denen der Gondoliere oder der Ruderer auf Capri gleichen, freigiebige Besucher sorgen dafür, daß den Kleinen der Kaugummi nicht ausgeht.

Keine Stahlrohrtische in der alten Taverne. Jetzt ist diese *boîte* eine unter Dutzenden, mit Treibholz ausstaffiert. In der Neondämmerung schimmern Kerzen in Flaschenhälsen, auf alten Fässern, die als Tische dienen, und auf jeden davon ist ein Totenkopf gemalt; Netze sind über Anker und Dreizacke drapiert, Glühbirnen stecken in Hummerkörben, und auf der Bühne dreht sich ein weiterer Fischerssohn in merkwürdiger Verkleidung zu einer aufgepeppten Variante des Zeibekiko. Strahlend und schwitzend in Freizeitkleidern klatschen Busgruppen den vereinfachten Takt mit, begleiten ihn mit Elektrogitarre und Akkordeon. Kameras blitzen; das Ruhrgebiet und die Midlands spenden Applaus.

Aber nicht alle fühlen sich wohl. Die sonnengebräunten Pioniere starren in ihre Highballs und wenden sich schaudernd von der bunten, dampfenden Masse ab. Wer hätte denn so etwas vor drei Jahren gedacht? – damals, als sie zum erstenmal mit ihren Jachten hier ankerten, als sie die ersten Fischerhäuser kauften und renovierten, die ersten

Cocktailschränkchen ans Ufer schafften, ihr erstes Stück Land erwarben und ein Hotel darauf setzten? Die Düsternis des fünften Jahrhunderts lastet auf ihnen, das Entsetzen der lang romanisierten gotischen Patrizier beim Anblick ihrer Landsleute, wie sie, frisch aus Illyricum, die aurelische Mauer bestürmten. Es wird Zeit, daß sie die Anker lichten und sich entlegenere Inseln suchen, fernere Ufer, und sie können nur hoffen, daß ihnen noch einmal drei Jahre Aufschub gewährt sind.

Diese Zukunftsvision wird gerade Wirklichkeit. Doch nur ein paar wenige Orte sind betroffen, und bisher haben die Inselbewohner dem Ansturm bemerkenswert würdevoll widerstanden. Vielleicht verkraften sie es ja doch alles. Wenn ja, dann müssen sie wahre Helden sein. Es wäre traurig, wenn es Griechenland genauso erginge wie Italien und Südfrankreich. Das Land hat ein besseres Schicksal verdient. Man kann hoffen, daß diejenigen, die die Entscheidungen fällen, sich ansehen, was fünf kurze Jahre an der spanischen Mittelmeerküste angerichtet haben, und daß sie das Grausen packt.

Im Vergleich zu den ungeheuren Kräften, die hier am Werk sind, wirkt das hellenisch-rhomäische Dilemma klein und unbedeutend. Aber es werden die beiden äußersten Enden dieses Spektrums sein, von denen der stärkste Widerstand kommt. Das traditionelle Leben der Bergbewohner wirkt als Barriere oder doch zumindest als eine Reihe von Hürden gegen alles Neue. Straßen sind rar, Berge sind hoch, und die Einflüsse aus dem Tiefland und den Städten werden erst mit großer Verspätung in solchen Höhen anlangen. Das andere Extrem bildet die neohellenische Strömung. Deren Anhänger sehen die bedingungslose Verwestlichung und den Kult des Neuen, wie ihre Vorläufer ihn zunächst so eifrig und wohlmeinend pflegten, heute mit einem Jahrhundert Abstand ein gutes Stück vorsichtiger. Sie erkennen die Gefahren, die damit einhergehen, und fürchten sie; und auch wenn sie sie nicht bezwingen können, meldet doch wenigstens ihr Geist seinen Widerspruch an. Irgendwo zwischen diesen Extremen liegt der schwächste Punkt.

Man könnte sich ein Blatt Millimeterpapier vorstellen. Oben links befindet sich ein Punkt mit der Aufschrift *Inseln und Berge* und ebenso weit oben auf der rechten einer mit der Aufschrift *Athen.* Von jedem dieser beiden Punkte geht die Kurve rapide in die Tiefe, dann, zur Mitte hin, wird der Winkel flacher, die Linie führt aber immer noch tiefer hinab bis zum Mittelpunkt weit unten in der Mitte des Blattes. Allerdings nicht ganz unten, denn die Linie, die von *Inseln und Berge* abwärts führt, könnte man auch *ländliche Romiosyne* nennen, die zweite, von *Athen* ausgehende, *städtischen Hellenismus*, der erstere hat immer eine leise Ahnung des zweiten, im zweiten findet sich immer ein kleiner Rest des ersten. Die beiden Kurven, die nunmehr als geschwungener Bogen von links nach rechts verbunden sind, bezeichnen die psychologische Reise eines Dorfbewohners, den die magische Anziehungskraft der Großstadt von seinen Gipfeln oder von seiner Insel lockt, und der Punkt G, der tiefste Punkt in der Mitte, steht für Gefahr. Wenn er dort anlangt, nähert der Schutz, den das Althergebrachte ihm bietet, sich dem Nullpunkt, und die treibende Kraft der Neuerung spürt er noch nicht. Diesen Punkt erreicht er in den Randbezirken der großen Städte und vor allem in Athen selbst, dem Stern, der ihm auf seinen einsamen Wanderungen am hellsten leuchtet. Unbewaffnet und ahnungslos irrt dieser Fremde durch ein Niemandsland. Geht nicht alles so gut, wie er es erwartet hatte, machen sich Enttäuschung und Zynismus breit. Das ist der Punkt, an dem der westliche Materialismus ihm am verlockendsten vorkommt und die Propaganda des Ostens auf die offensten Ohren stößt. Es ist der Punkt, an dem ein Grieche seine ureigenen Tugenden am dringendsten benötigt.

Der Untergang des Rhomäertums wird manchen alten Schlendrian beseitigen, aber es wird auch vieles verlorengehen, was wertvoll und ehrwürdig ist. Die Gegenkraft hat etwas Herablassendes, Unfaires. Sie beansprucht alles für sich, was am ländlichen Griechenland tugendhaft ist; alles, was rückständig, abergläubisch, unanständig, unkultiviert oder ungehörig ist, gilt als rhomäisch. Dadurch entsteht ein einfältiges Bild von Griechenland, bei dem das Landleben auf kindische Folklore reduziert wird und der Landbewohner zum Hampelmann im Evzonenkostüm. Die Griechen geben viel darauf, wie sie auf Ausländer wirken – sie werden Besucher zu den konventionellen, akzeptablen Dingen drängen, fort von allem Altmodischen und Kuriosen. Es ist eine Furcht, die sie sich sparen könnten. Die, die unter den Besuchern die größte Zuneigung zu Griechenland entwickeln, sind nicht die, die sich etwas weismachen lassen; es sind die Einzelgänger, und ihre

Reisen führen sie – per Zufall, aus Armut oder Neugier – in die bescheideneren, verborgeneren Winkel des griechischen Lebens. Zu Recht sorgen die Denkmäler der Vergangenheit für Staunen, aber nicht sie sind es, die später in der Erinnerung den ersten oder liebsten Platz einnehmen – den bekommen die Griechen selbst; nicht die Griechen, die vor zweieinhalbtausend Jahren gelebt haben, auch nicht die Griechen, wie sie sein sollten oder eines Tages sein werden, sondern die Griechen, wie sie sind.

»Also wirklich!« höre ich an dieser Stelle einen Athener rufen. »Sollen wir wegen eines einzelnen exzentrischen Reisenden etwa den Fortschritt anhalten? Das Werk von einhundertfünfzig Jahren vernichten? Piraten und Straßenräuber zurückholen, bewaffnete Auseinandersetzungen, Bürgerkrieg, Attentate, Malaria, Analphabetentum? Was denn sonst noch? Faulheit, Bestechung, Schmutz, Krankheit, Armut; Gesetzlosigkeit, Aberglauben, Steinzeitmethoden in der Landwirtschaft, das ganze erbärmliche Erbe der osmanischen Zeit – all das, um Besuchern aus Westeuropa eine angenehme Abwechslung vom kultivierten Leben zu bieten? Sie vergessen wohl, wie arm das Land ist. Sollen wir Industrie und Tourismus stoppen? Keine Straßen mehr bauen, keine Telefonleitungen legen? Was wird dann aus der Bergbevölkerung, die Ihnen angeblich so ans Herz gewachsen ist? Fragen Sie *die* mal, was sie davon halten …!« Müßte ich Argumente gegen meine eigenen Thesen vorbringen, würde ich es genauso machen; denn er hat recht, und auf seine Fragen gibt es keine Antwort.

»Und«, könnte der hypothetische Athener fortfahren, ein wenig überdrüssig, doch nicht minder berechtigt, »wie ich feststelle, gibt es wenig Sympathie, oder allenfalls ein paar grämliche, kümmerliche Bemerkungen darüber, mit welch entsetzlichen Schwierigkeiten wir hier zu kämpfen hatten; kaum ein lobendes Wort für die Anstrengungen der Neo-Hellenen, der Modernisierer, der Verwestlicher oder was immer wir sind. Sie vergessen wohl, vor was für einer gewaltigen Aufgabe wir standen, als wir die Türken vertrieben hatten. Wir brauchten jede Inspiration, die wir finden konnten: warum nicht das antike Griechenland? Ich glaube« – und ich sehe, wie hier ein nachsichtiges Lächeln um seine Lippen spielt – »wir haben ein ebenso gutes Recht darauf wie der Rest der Welt. Und wir sind nicht ganz so philisterhaft oder pedantisch, wie Sie uns hinstellen. Es stimmt, daß viele wertvolle Dinge geopfert werden. Wir wissen das, und wir bedauern es. Es ist unumgänglich, und es geschieht überall. Aber der Gewinn wiegt die Verluste auf, oder etwa nicht ...?«

Da hat er recht, und noch während die Phantasieworte verfliegen, begreife ich, wie sehr das gegen meine These spricht. Der kultivierte Tonfall dieses imaginären Atheners erinnert mich auch daran, daß immer mehr Griechen sich des Dilemmas schmerzlich bewußt sind: Leute, die das Ungleichgewicht mit einem viel tieferen Schmerz spüren, als ihn ein Fremder je empfinden kann. Ich mußte an Maler wie Ghika denken, Dichter wie Seferis, ein ganzes Universum der Literatur und der Künste, das nicht nur die alte Welt in sich einschließt und große Inspiration aus der Welt von Byzanz und Romiosyne bezieht, sondern auch alles aufgenommen hat, was der Westen zu bieten hat. Sie haben das hellenisch-rhomäische Dilemma beinahe – aber doch nicht ganz, hoffe ich, denn so bleibt das Leben vielfältiger – gelöst.* Doch vor allen Dingen führt der unsichtbare Sprecher noch einmal den unvermeidlichen Untergang der Romiosyne vor Augen; indem er aufzählt, was alles gewonnen ist, indem sie vergeht, versöhnt er mich beinahe mit ihrem Verschwinden.

Und doch ...

Und doch – beharrlich, unbelehrbar, uneinsichtig – bleibt die Vorliebe für die Rhomäer. Man kann das verstockt und selbstsüchtig finden und als rückständig verwerfen; aber es blüht ein Unkraut, gewachsen in Jahren des Vagabundierens und viel zu fest verwurzelt, um es jetzt noch auszureißen. Die fernen Bergzüge, die Inselgruppen gaben mir das Gefühl oder die Illusion, daß ich einen Zugang zu den tiefsten, interessantesten Geheimnissen Griechenlands gefunden hatte. Jeder Landstrich hat dazu seinen Beitrag geleistet: die großen Tempel und Ruinen und die berühmten Ferieninseln, die zum Pro-

---

* Vor ein paar Monaten habe ich das hellenisch-rhomäische Dilemma einem griechischen Freund von genau dieser Sorte erläutert. Die Vorstellung gefiel ihm, und wir überlegten, in welcher Figur sich die widerstreitenden Prinzipien ausdrücken ließen. Ein Ringkampf zwischen Platon und Kolokotronis? Wir verwarfen ihn zugunsten eines ähnlichen Gerangels zwischen Pallas Athene und der Psorokostaina (»Aschenputtel« – siehe *Mani*, Seite 318), der armen, zerlumpten alten Frau, die in den Anfangstagen der griechischen Unabhängigkeit im vergangenen Jahrhundert den satirischen, doch liebevollen Spitznamen für alles, was an dem neuen Staat jämmerlich war, abgab. »Ich hab's!« rief mein Gegenüber schließlich. »Es wäre das Auge des Karagiozis, wie er durch die Schlitze einer Tragödienmaske späht!«

gramm aller Besucher gehören; aber auch Makedonien, der Pindos, die thrakischen Rhodopen, die winterlichen Höhenzüge an der Grenze nach Albanien, die Felsendörfer der Zagoria, das zerklüftete Epirus, die thessalischen Vorgebirge, das Hinterland von Rumeli, die Bergkämme der Peloponnes, die Unzugänglichkeit Tsakoniens, die unglaubliche Wildnis der Mani und ein ganzes Sonnensystem von Inseln. Sie bilden nicht nur den Hintergrund für die Sommer- und Frühlingswanderungen des Reisenden, sondern auch für den Winter, wo das Leben, von Regen und Wind gepeitscht oder stumm unter dem Schnee, sich von der herbstlichen Weite in lampenbeschienene Hütten und Höhlen zurückzieht; in manchen Augenblicken ist es eine Welt des eisigen Chaos, geläutert von Vorstößen und Triumphen, von Niederlagen, Besatzung und Zwietracht gequält.

Diese Gegenden sind keine leeren Landschaften, sondern der steinerne Hintergrund – Bühne, Kulissen und Proszenium – eines Theaters, das für die Griechen selbst errichtet ist: ärmer, wenn die Schauspieler gehen, reicher, wenn sie die Bühne betreten. Piranesi und Lear stellen Figuren in ihre Landschaften, damit der Maßstab sichtbar wird, als Dekor oder Lokalkolorit oder als sprechendes Detail. Hier ist das anders. Jedes Augenpaar, jede Stimme sind geradezu anarchisch unverwechselbar. Einsam stehen sie vor Horizont oder Bergzacken; von einem Lichtfleck hervorgehoben wie in einem Vergrößerungsglas, von der Sonne scharfgezeichnet, halb verdeckt von flammenden Dornbüschen oder von Scheinwerfern verklärt, ist jedes dieser Gesichter der Hauptdarsteller in seinem eigenen Drama.

Kreta gab den Gedanken, denen ich so nostalgisch nach-
hänge, noch ihre letzte Wendung. Denn bei allem Lokalstolz
der Bewohner, aller Distanz, die sie gegenüber dem Festland
wahren, aller Eigenart ihres Dialektes ist diese Insel doch der
Inbegriff von Griechenland. Griechische Tugenden und Untugenden werden hier unter steileren Bergen und heißerer
Sonne zum Äußersten getrieben. Es ist, in dem unvoreinge-
nommenen Sinne, in dem ich das Wort rehabilitieren
möchte, die rhomäischste Region überhaupt – die letzte, die
die Türken hergaben. Andererseits gilt auch genau das
Gegenteil: Kreta fiel erst zwei Jahrhunderte nach dem
übrigen byzantinischen Reich an die Osmanen. Dieser
Aufschub war die zweite Hälfte der vierhundertjährigen,
stürmischen Epoche, in der Kreta in Händen der Venezianer war. 1669 fiel nach langer Belagerung Candia an
die Türken, und von da an war Kreta zweihundertsechs-
undvierzig Jahre lang die am schlechtesten verwaltete
Provinz des Osmanischen Reiches, zugleich diejenige, in
der die Eroberer den größten Bevölkerungsanteil stellten.
Es war die Schuld der Großmächte, nicht der Kreter, daß
die Befreiung sich so lange hinzog. Interregna, in denen
Literatur und Kunst gediehen, hatten den Revolten gegen
die Venezianer Auftrieb gegeben. Doch die Geschichte
der Insel unter den Türken war eine einzige lange Reihe
von Aufständen, Massakern, Überfällen, Verfolgungen
und Kriegen, mit kaum einmal einer Pause. Die Wieder-
vereinigung mit Griechenland kam erst 1915.

Wie manche Gegenden in Epirus und auf der Mani war
auch die kretische Bergwelt nie ganz unterworfen. Nur in

unzugänglicher Berglandschaft konnte es einen solchen Widerstand geben, unter Menschen von außerordentlicher Lebenskraft und Willensstärke. Es gibt kaum ein Dorf, wo die alten Männer nicht mindestens einen Aufstand miterlebt haben und in vorteilhaftem Licht an ihren eigenen Anteil daran zurückdenken. (Bis vor wenigen Jahren lebte im Bezirk Rethymno noch eine alte Frau, die sich an die Belagerung der Abtei Arkadi erinnern konnte. Der Abt hatte das Kloster befestigt und eine Fluchtburg gegen die anstürmenden Türken daraus gemacht, und als die Vorräte schließlich zur Neige gingen, legte er Feuer im Pulvermagazin und jagte sich und die letzten Verteidiger in die Luft.* Nur ein kleines Mädchen in Windeln, gut eine Viertelmeile weit geschleudert, landete in einem Gestrüpp und überlebte ...) 1941, als deutsche Fallschirmjäger auf der Insel landeten, war die Erinnerung daran noch lebendig. Greise, Jungen und Frauen (fast jeder Mann im wehrfähigen Alter saß im Rückzug auf dem Festland fest) griffen, dem Instinkt von Jahrhunderten folgend, zu den Waffen und stürzten sich an der Seite ihrer Verbündeten in den Kampf gegen die Invasoren. Die nächsten drei Jahre waren nicht von demütiger Unterwerfung geprägt, sondern von erbittertem Widerstand.

Was es während der Okkupation an Schand- und Heldentaten gab, ist sattsam bekannt. Aber darum geht es hier nicht. Es geht um folgendes: Als ich mich mit einer Handvoll weiterer versprengter Engländer als Kämpfer

* Swinburne besingt dieses Ereignis aus dem Jahre 1866 in seinem Gedicht über das »zersprengte Arkadion«.

auf Kreta fand, waren die Höhen zwischen Ida und den Weißen Bergen unsere Zuflucht; wir lebten unter Bergbewohnern, Hirten und Dörflern hoch oben über dem Flachland und den Städten, unter exakt den Umständen, unter denen aufständische Klephten jahrhundertelang gelebt hatten. Die moderne Zeit hatte hier noch kaum Fuß gefaßt, und die Gesetzlosigkeit der Berge war allgegenwärtig. Die Anführer vieler Guerillatrupps waren Muster an Mut und Selbstlosigkeit; einige, nicht minder tapfer, waren ehrgeizig und skrupellos wie Tamerlan. Jahrhundertealter Brauch, wie gesagt, forderte Widerstand um jeden Preis. Zum Erbe gehört aber auch ein Hang zur Anarchie, der heute unter den Kretern beträchtlichen Schaden anrichtet. Sie wachsen mit Pulver und Schrot auf, jeder Schäfer hat seine Flinte, und der Kult der Waffen und des Geschicks im Umgang mit ihnen beherrscht die Berge. Viehdiebstahl, wenn auch nicht mehr so häufig, gibt es bis heute. Ehen nehmen bisweilen ihren Anfang damit, daß der Bräutigam und seine Freunde die Braut mit Waffengewalt entführen, Blutfehde – verursacht vielleicht durch eines von beiden oder durch eine Beleidigung, durch Beschimpfungen oder einen Schußwechsel – kann verfeindete Familien über Jahrzehnte dezimieren, und benachbarte Dörfer belauern sich als Feinde. Man tut grausame, entsetzliche Dinge im Namen der Familienehre. Die Wildnis der Landschaft sorgt dafür, daß solche Taten von keinem Gesetz geahndet werden, und selbst in Friedenszeiten treiben sich überall in den Bergen Gesetzlose herum; im Krieg, als jede Spur von Autorität mit Ausnahme der verhaßten, machtlosen Verfügungen der Besatzer getilgt waren, blühte die Anarchie gleich doppelt. Bei aller Entschlossenheit, mit der diese Bergbewohner gegen die Okkupation kämpften, fielen zahlreiche von ihnen (besonders in Sphakia und Selino) auch da noch Privatfehden zum Opfer.

All das betrifft nur einige wenige Gegenden, und all das ist im Verschwinden begriffen. Kein Zweifel, es ist Aufgabe des Staates, solch brutales Brauchtum auszumerzen. Und doch kann ich nie davon hören oder lesen, daß ein kretischer Bergbewohner ergriffen und zur Verantwortung gezogen wurde, weil er an einer solchen Fehde beteiligt war, ohne daß es mir einen Stich versetzt: Der Zusammenprall zwischen moderner Justiz und der Wildheit dieser Adlerhorste kommt einem so abwegig vor wie die Vorstellung von Orest, wie er in der grünen Minna abtransportiert wird. Denn viele dieser Tragödien sind, nach uralten Maßstäben gemessen, unschuldig; es ist eine Frage von Pflicht und Ehre.* Vieles war zu beklagen; aber um vieles mehr waren bewundernswert, gerade der Mut

---

* Nicht zu verwechseln mit den Schrecken des jetzt ausgerotteten Räubertums. Räuber kennen keine Regeln außer den wenigen, die sie selbst praktizieren; einige Dörfer sind verrufen deswegen. Doch ansonsten könnte man die Bräuche in den Bergen eher etwa mit dem gegenseitigen Viehdiebstahl vergleichen, wie er früher an der schottisch-englischen Grenze praktiziert wurde oder in den Highlands vor ihrer Befriedung. (Es gibt mehr als nur diese eine Ähnlichkeit.) Die Fehden haben nichts mit den sinistren Morden von Mafia und Camorra gemein, die ihre Ursache in der Habgier der städtischen Unterwelt haben – bei Leuten, die mittels Schrecken herrschen. Die meisten Mörder der amerikanischen Bandenkriege sind süditalienischer oder sizilianischer Herkunft, wohingegen, soweit ich informiert bin, kein einziger Grieche daran beteiligt ist.

und das Mitgefühl, mit denen sie die versprengte Armee ihrer gestrandeten Verbündeten beherbergten, sie verpflegten und versorgten. Dafür wurden Hunderte von Kretern in Vergeltungsmaßnahmen umgebracht, Dutzende von Dörfern niedergebrannt; und als ihre Schützlinge glücklich nach Afrika entkommen waren, kämpften sie als Widerstandskämpfer mit derselben Härte weiter und unterstützten – was ein Segen für uns war – die Handvoll ausländischer Agenten, die man in ihrer Mitte zurückgelassen hatte, um mit ihnen den Krieg im verborgenen fortzuführen. Für uns einsame Alliierte war das Wissen ein großer Trost, daß wir uns auf die Bewohner von einem Dutzend Bergzügen und von einigen Hundert Dörfern verlassen konnten; ja, wenn die Not es erforderte – und wir waren in Not, mehr als nur einmal –, auf die ganze Insel.

Doch über diese allgemeinen Charakterzüge hinaus, die dem Kampf, den wir zu kämpfen hatten, so sehr zugute kamen, waren es die Kleinigkeiten, die Grundzüge ihres Lebens – in denen wir, in Sprache wie Manieren, so gut wir konnten untertauchten –, die unsere Bewunderung und unseren Respekt verdienten.

In diesen Schluchten und Felsspalten hatte sich seit Jahrhunderten kaum etwas verändert. Bei jedem einzelnen dieser Dörfer hatte man den Eindruck, daß es schon seit minoischen Zeiten existieren mußte. Es gab nicht viel zu sehen, nur eine kleine Kirche, wo die Fresken von den Wänden blätterten, einen steilen Irrgarten aus Treppen und gepflasterten Gassen; aber man fand kleine Unterschiede, im Muster von Decken oder Tornisterstoffen, in der Art, wie Männer ihre fransenverzierten Tücher banden, im Schnitt ihrer Kapuzenumhänge, und einige hatten auch ihren eigenen Akzent, eine Variante des kretischen Dialektes; ja, die Bewohner sahen sogar anders aus. Sooft diese Dörfer auch geplündert und niedergebrannt wurden, sie wurden immer wieder neu aufgebaut, und stets nach dem gleichen, unveränderlichen Plan. Ich weiß noch, wie ich im Haus eines Freundes* auf der Dachterrasse saß, in Anogia an den Hängen des Berges Ida, wie ich im Mondlicht das Zackenmuster der Dächer und Häuser ringsum betrachtete und mir das Ideal des Aristoteles für die Hauptstadt eines griechischen Staates in den Sinn kam: eine Stadt klein genug, daß alle die Stimme eines einzigen Herolds hören können.

Wir hielten uns nur selten länger in Dörfern auf; nicht aus Angst vor Verrat, sondern um zu vermeiden, daß arglose Redseligkeit die Bewohner in Gefahr brachte. Die Einrichtung der Häuser war karg: ein halbrunder Bogen, der den Wohnraum überspannte, ein rußgeschwärzter Kamin, eine mit bunten Wolldecken gepolsterte, niedrige Sitzbank entlang der Wände, ein Webstuhl, ein Holztisch mit Hockern, die Ikonen mit der dazugehörigen Lampe und ein Krug mit Dornenzweigen in der Öffnung, zur Abwehr von fliegenden Insekten. Zwiebeln, Knoblauch und

---

* Meines Taufbruders Stephanoyanni Dramoudanis, 1943 gefallen. Der Feind hatte ihn gefangengenommen, weil er uns geholfen hatte. Er versuchte zu fliehen, die Hände hinter dem Rücken zusammengebunden, doch beim Sprung über eine Mauer schoß man ihn nieder.

Tomaten hingen an den spinnwebenüberzogenen Dek-
kenbalken; von den Wänden blickten verblaßte Venizelos-
Porträts und große sepiafarbene Fotografien von turban-
tragenden, bis an die Zähne bewaffneten Großvätern. Die
Hühner, die sich bei der Futtersuche bisweilen ins Haus
verirrten, wurden immer wieder hinausgescheucht, und
Schwalben kamen und gingen zu ihren Nestern im Dach-
stuhl. Wenn wir da waren, lehnten Gewehre in der Ecke
oder lagen quer über den Tischen; manche von ihnen waren mit Silber beschlagen, und Patronengurte mit blitzenden Schnallen bekränzten sie wie Girlanden. Die dicken
Fenster- und Türlaibungen gaben den Blick frei auf am
Hang angelegte Oliventerrassen und eine enge, gewundene Schlucht zwischen Felsklippen, die genau ineinan-
derpaßten. Oft war der Fluchtpunkt solcher Ausblicke ein
keilförmiger Ausschnitt der Ägäis oder des Libyschen
Meeres; fast immer wurde das Bild beherrscht von den
Gipfeln des Ida oder der Weißen Berge. Manchmal blieben wir nach einem Festmahl mit dem Priester – vollbär-
tig wie die Götter des Olymps –, dem Bürgermeister und
den Dorfältesten unter dem Schutz bewaffneter Posten
über Nacht. Bei diesen Mahlzeiten bedienten uns die hau-
bentragenden, schwarzgekleideten Frauen – die Retterin-
nen unzähliger Briten, Neuseeländer und Australier – und
blieben mit verschränkten Armen in unserer Nähe stehen;
sie beteiligten sich lebhaft an den Gesprächen, aber in dieser patriarchalischen Männergesellschaft war es nicht üblich, daß sie sich zu uns setzten. In solchen Dörfern wurde
ich hin und wieder wegen kleiner Wehwehchen behan-

delt – wegen des Rheumas beispielsweise, das von den Nächten unter freiem Himmel in feuchter Kleidung herrührte, und wegen anhaltender Kopfschmerzen. Auf das Allheilmittel des Schröpfens folgten regelmäßig geheimnisvollere Heilmethoden, angewendet von klugen alten Frauen: Untermalt von Beschwörungsformeln, schlugen sie im Kerzenlicht immer und immer wieder das Kreuz über dem betroffenen Körperteil, während rituelle Mengen Öl in ein Wasserglas tropften. Einmal knotete eine schöne junge Hexe eine Prise Salz in eine Ecke meines Turbans und murmelte eine halbe Stunde lang Zaubersprüche. Der Wortlaut war nicht aus ihr herauszubekommen: *»Mystiká prágmata! Kalá prágmanta! Vaskaníes!«* war die einzige Antwort, und dabei legte sie verschwörerisch den Zeigefinger auf die Lippen; dann folgte schallendes Gelächter von den Frauen und Mädchen, die sich bei solchen Gelegenheiten versammeln. »Geheime Dinge! Gute Dinge! Zaubersprüche …!« Sie taten auf der Stelle ihre Wirkung.

Unser eigentliches Zuhause aber waren in diesen drei Jahren die hohen Berge. Hier war es, wo nach stundenlangem Aufstieg und weit über den höchsten Dörfern meine Liebe zu der griechischen Bergwelt und ihren Bewohnern heranwuchs. Wir hausten in Ziegenpferchen und verlassenen, kegelförmigen Sennhütten, vor allem aber in der Unzahl von Höhlen, die das steinerne Rückgrat der Insel durchlöchern. Einige waren so klein, daß sie nicht einmal den Schnee abhielten, andere geräumig genug für einen Zyklopen und seine sämtlichen Herden. Hier oben, im

Revier der Steinböcke und Adler, schlugen wir mit wenigen Getreuen unser Lager auf. Feindliche Spähtrupps sorgten dafür, daß wir nirgendwo lange verweilten, und in hundert dieser Felsennester lernten wir ein Kreta und ein Griechenland kennen, das älter war als alles, was man sich unten in der Ebene je vorstellen konnte. Unter den tropfenden, vom Feuer beleuchteten Stalaktiten lagen oder saßen wir im Schneidersitz, die Augen vom Rauch gerötet, auf den am Höhlenboden ausgebreiteten Zweigen und löffelten unser Abendessen aus einem gemeinsamen Blechnapf: Bohnen, Linsen, gekochte Schnecken und Kräuter, dazu doppelt gebackenes Hirtenbrot, das man vor dem Essen immer erst in Wasser oder Ziegenmilch tunken muß. Gegrillter Ziegenkäse brutzelte an den Spitzen langer Dolche, und Öl benetzte unsere Schnurrbärte wie Tau.* Oft sorgte bei solchen Gelegenheiten eine Flasche Raki – manchmal aus Maulbeeren gebrannt –, die aus dem Dorf zu unseren Füßen heraufgeschickt wurde, für gute Stimmung. An guten Abenden lösten Kalebassen mit starkem, bernsteinfarbenem Wein die Zungen aller Anwesenden. Jeder der Männer trug einen kratzigen weißen Umhang, so steif wie Baumrinde, dessen Ärmel lose herunterhingen, in der Art von Pinguinflügeln; bärtig und mit zum Schutz gegen den Wind hochgeschlagenen Kapuzen sahen wir wie als Banditen verkleidete Zisterzienser aus. Jemand knackte Wal-

---

* Vor dem Essen schlugen alle das Kreuz, den Daumen und die beiden ersten Finger aneinandergelegt zu Ehren der Dreieinigkeit; der Querbalken führt bei orthodoxen Christen von der rechten Schulter zur linken. Am Ende der Mahlzeit küßten sie übriggebliebene Brotreste, bevor sie sie wegräumten, im Gedenken an das Abendmahl Christi.

nüsse mit dem Pistolenknauf und reichte die Kerne mit schwieliger Hand herum. Ein anderer schnitt Tabak auf seinem Gewehrschaft: Gespräche, Lieder und Geschichten ließen uns den Krieg für einige Stunden vergessen; Gelächter hallte durch die Labyrinthe des Minotauros.

Von den alten Männern konnten nur wenige lesen und schreiben, denen im mittleren Alter fiel das Lesen schwer, und Schreiben war ein mühsames Unterfangen; was die jungen Leute anging, waren sie zwar geübter im Umgang mit der Feder, doch die kurze Schulzeit und die Wirren des Krieges hatten dafür gesorgt, daß ihre literarischen Fähigkeiten, von dem einen oder anderen geflohenen Studenten aus dem städtischen Untergrund einmal abgesehen, nicht gerade ausgeprägt waren. Doch dieser Mangel an Bildung führte andererseits zu einem um so größeren Talent zum schwungvollen, lebhaften Reden; Fluß und Stil ihrer Gespräche wurden nicht gehemmt durch die Befangenheit, die unsereinen lähmt und knebelt. Sie hatten ein erstaunliches Gedächtnis. Ihre Erinnerungen reichten oft zurück bis in die Zeit ihrer Urgroßväter und, vom Hörensagen, noch weit darüber hinaus. Auf dieser Insel der Langlebigkeit schien es gerade so, als sei die gesamte Vergangenheit zum Greifen nah: ein überzeugender Beleg für die Kontinuität der Geschichte. Für sie war der Krieg nichts als ein weiterer Konflikt, der jüngste und schlimmste von vielen, den wir selbstverständlich meistern und, obwohl die Deutschen Griechenland überrollt und die Briten nach El-Alamein zurückgeworfen hatten, gewinnen würden. »Keine Bange, mein Junge«, meinte ein graubärtiger Greis und reckte den knöchernen Zeigefinger

in den Rauch wie ein Prophet, »Christus und die Jungfrau Maria werden uns helfen, sie zu verschlingen.«
Alle stimmten zu, und das Gespräch wanderte zum Ersten Weltkrieg, zu Kleinasien und den Vorzügen von
Lloyd George und Clemenceau, dann weiter zu Bismarck
und dem Mord an Abraham Lincoln, oder zu den Re-
gierungen, Verfassungen und Wahlsystemen anderer
Länder. Bisweilen kam es vor, daß der Höhenflug einer
solchen weit ausholenden Unterhaltung, deren Gegenstände sich weit jenseits dessen bewegten, was vergleichbare Engländer gewußt hätten, unvermittelt durch einen
anderen alten Mann unterbrochen wurde, der, von
schlichterem Gemüt als seine Gefährten, für allgemeine
Heiterkeit sorgte, weil er plötzlich wissen wollte, ob
die Engländer Christen seien oder ob sie, wie die Muslime, mehrere Frauen hätten ... Intelligenz, Humor,
Neugier, die rasche Aneignung neuer Ideen und ihre
ebenso schnelle Anwendung, ein unvergleichliches Talent zum Erzählen, die Lösung von Konflikten durch eine
jähe Kehrtwendung, das Geschick, mit dem Fakten und
Gedanken weitergesponnen wurden – Spielbälle, mit denen man jongliert wie mit Goldklümpchen –, all diese Fähigkeiten erblühten auf unserem steinigen Fleckchen
Erde. Der kretische Dialekt, mit seinen uralten Relik-
ten und Redewendungen, einem Vokabular, das sich von
Tal zu Tal unterschied, und einer Aussprache, die noch
frei war von den Verunreinigungen der Großstadt,
war ein unerschöpflicher Quell der Freude und Faszination.

Ihre Kleidung, so zerlumpt und schäbig sie auch sein mochte, war der Inbegriff von Forschheit und Bravour, die ihnen so wichtig sind: schwarze, knielange Stiefel, weite, dunkelblaue Pluderhosen – enge Kniehosen bei den Jüngeren* –, die schmale Taille betont durch eine gewundene, acht Fuß lange maulbeerfarbene Seidenschärpe, in der nicht selten ein langer Dolch mit gegabeltem Elfenbeingriff und bossierter Silberscheide steckte; darüber ein schwarzes Hemd und gelegentlich eine blaue Weste, so eng anliegend wie bei einem Stierkämpfer und über und über mit Kordelstickerei verziert. Das ganze gekrönt von einem schwarzen Seidenturban mit schweren Fransen, der in einem verwegenen Winkel über der Stirn saß. Hinzu kamen Patronengurte und ein umgehängtes Gewehr – Accessoires, die oft auch den Habit von Äbten, Mönchen und Priestern vervollständigten – und darüber im Winter der weiße, mit einer Kapuze versehene Umhang. Ein gewellter Stock, niemals ein Hirtenstab wie auf dem Festland, mit so vielen Windungen wie nur irgend möglich, rundete das Bild ab. Alles, selbst wenn es durch das Leben in den Bergen noch so zerschlissen und in Fetzen ist, ist makellos gepflegt; ein Aufzug, der, wie ich sehr wohl weiß, den Träger unweigerlich zum Stolzieren einlädt. Dieses bravouröse Auftreten wurde bei den alten Männern noch unterstrichen durch ihre seltsam archaische Barttracht; direkt unterhalb der Kieferpartie kurzge-

---

* Kreter in den Städten und im Flachland, die diese Tracht abgelegt hatten, wurden, nicht ohne Verachtung, vor allem aber voller Mitleid als *makrypantalonádes* bezeichnet, als »Langhosenträger«.

schoren standen die Haare weit vom Kinn ab wie die Bärte alter Krieger auf Vasenbildern. Diesen Eindruck verstärkten noch die finster wirkenden Brauen und die ausgeprägten Adlernasen. Die Wildheit der buschigen Augenbrauen stand im Gegensatz zu den Augen darunter, Augen, die nur selten argwöhnisch und zurückhaltend blicken, wie man es von der Mani kennt: Sie strahlen hellwach, vertrauensselig, offen, humorvoll und ohne jeden Vorbehalt.* Alles an diesen Männern zeugt von Leidenschaft und Tatkraft. Sie sind schlank, bisweilen fast hager, stark und zäh; die Alten sind so hart wie der Kalkstein ihrer Umgebung, die Jungen bewegen sich so schnell durch das Bergland wie ein Hurone, sie sind wild und ungezähmt wie ein Steinbock. Nirgendwo sonst in Griechenland ist der Wesenszug der *leventeiá* so deutlich sichtbar. Dieses Wort bezeichnet ein ganzes Spektrum von Eigenschaften: Jugend, Gesundheit, Mut, Lebensfreude, Humor, schnelle Auffassungsgabe und Entschlossenheit, Geschick im Umgang mit den Waffen, die Fähigkeit, Mädchen den Kopf zu verdrehen, die Liebe zum Gesang und zum Trinken, Großzügigkeit, das Talent, *mantinades* – die komplizierten Zweizeiler mit einer satirischen Spitze in der zweiten Zeile – zu improvisieren und bei den

---

* Die Insel wurde den Byzantinern im achten Jahrhundert durch die spanischen Sarazenen entrissen, die daraus ein Seeräubernest machten. Gut hundert Jahre später wurden die Spanier von dort wieder vertrieben und die Insel durch Nikephoros Phokas und sieben halblegendären Fürsten erneut dem byzantinischen Herrschaftsgebiet eingegliedert. Vor allem im Süden glaubt man gelegentlich eine Nasenform oder eine Brauenwölbung zu erkennen, die auf dieses Piratenintermezzo zurückgehen könnte.

schnellen und ungestümen Tänzen »wie ein Vogel zu fliegen«. Zur *leventeiá* gehört oft auch die virtuose Beherr-
schung der Lyra: Es ist eine Art allumfassender Lebens-
hunger, die Freude am gefährlichen Leben und eine
Offenheit für alles.

Erstaunlicherweise geht dieses Übermaß an Energie und
Extravertiertheit mit einem fein ausgewogenen Maß an Sen-
sibilität, manchmal sogar einer gewissen Überempfindlich-
keit einher, was dazu führen kann, daß ein Mißgeschick oder
eine Kränkung, selbst eine unbeabsichtigte, die Welt verdü-
stert und das Opfer in Melancholie und Stumpfheit verfallen
läßt, bis es vor Gram geradezu vergeht. Dann ist es an seinen
Freunden, den Grund für den Kummer herauszufinden und
ihn zu vertreiben; nicht immer ein leichtes Unterfangen.
Dieser lauernde Dämon, der an die *tribulatio et angustia* der
Psalmen erinnert, heißt bei den Griechen *stenachoria*. Aber
es funktioniert auch in die Gegenrichtung: Wird man selbst
von Sorgen geplagt, erkennen sie die Symptome mit beinahe
weiblichem Einfühlungsvermögen und versuchen, sie mit
Taktgefühl und Fürsorglichkeit zu vertreiben; und selbst
wenn sie die Ursache verkennen, kann diese liebevolle Zu-
wendung die Symptome lindern. Ihr Bedürfnis nach Freundschaft und ihre Fähigkeit, Freundschaft zu empfinden, ist die
Kehrseite des unversöhnlichen Hasses gegenüber ihren
Feinden.

Der *stenachoria* sind sie hilflos ausgeliefert; aber mit den
größeren Katastrophen, die über sie hereinbrechen, verstehen sie besser umzugehen; hier kommen ihnen überlie-
ferte Verhaltensmuster zu Hilfe. Der Verlust eines Ange-

hörigen bei einem Gefecht in den Bergen oder ein vernichtender Vergeltungsschlag kann, anfangs unkontrollierte Trauer und Zorn auslösen, die der Wunsch nach Rache schließlich in geregeltere Bahnen lenkt und die das Schmerzmittel des Fatalismus langsam lindert. Für die Kreter ist das Leben voller Tragik, der man mit Heldenmut begegnen muß. Zum Glück besitzen sie auch einen ausgeprägten Sinn für Komik. Sie sind unglaublich gewitzt, wenn es darum geht, die lächerlichen Seiten einer Sache aufzuspüren; sie greifen den Gesichtspunkt auf und schleudern ihn in veränderter Form zurück. (Das Talent der Griechen zum Lachen wirkt noch erstaunlicher, wenn wir ihre Nachbarn betrachten. Die Türkei, die slawischen Länder, Albanien und Süditalien umringen sie wie eine düstere Girlande trockener Wortwörtlich- und Humorlosigkeit ...) Diese Gabe half uns über so manche Unbill hinweg. Sie verlieh den langen Höhlenaufenthalten, die uns, vor allem im Winter, an einen Ort fesselten, eine wunderbare Frische.

Das waren die Zeiten, in denen man lernte, wie Träume die Zukunft offenbaren oder wie man sie an den Kratzern auf blankgeschabten Schafs-Schulterblättern ablesen kann, Zeiten, in denen man von dem Aberglauben und den alten Vorstellungen hörte, die dort noch lebendig sind; von Gorgonen und Nereiden und Vampiren; von »den Lichtbeschatteten«, die mehr sehen als gewöhnliche Sterbliche; davon, wie ein Ahnherr der Familie Manouras vor seinem Dorf mit einem Drachen kämpfte und wie an jedem Jahrestag der Schlacht von Frangokastello die ge-

spenstischen Schattenheere der Griechen und Türken –
»die Taumenschen« – mit Gewehren, Kanonen und Bannern von neuem gegeneinanderziehen. Oft vertrieben wir
uns die Zeit mit dem Singen von *mantinades*. Einige von
uns lernten sogar, sie selbst zu improvisieren, was als
große Leistung für Ausländer galt und mit Beifall belohnt
wurde. Es gab viele Lieder. Aber *ta rizitika*, »die von den
Hügeln«, waren für uns unerreichbar, so kompliziert sind
sie, so wenig greifbar, was Tonart und Rhythmus und den
Wechsel der Tempi angeht. Ein Lied mit dem Titel *Chelidonáki mou gorgó*, »meine flinke kleine Schwalbe«, ist mir
besonders im Gedächtnis geblieben … Oft begleitete die
Lyra diese Gesänge, ein anderthalb Fuß langes Instrument
mit drei Saiten, das senkrecht auf die Knie des Musikers
gestützt und mit einem Bogen gespielt wird. Mit seinem
wunderschön bauchigen, aus Walnußholz gefertigten
Korpus ist dieses blankpolierte Instrument so leicht wie
eine Feder und paßt sich jeder Stimmung an. Erregend,
wie bei einer Violine, stürzt die Melodie hinab, schwingt
sich auf, wirbelt, klagt und jubiliert mit manisch-depressiver Geschmeidigkeit. Es war Glück, wenn man einen Lyraspieler in seiner Gruppe hatte, nicht nur wegen der Musik; Lyraspieler sprühen vor Humor und sind meist
schnelle Läufer und großartige Schützen; der Inbegriff der
leventeiá eben.*

---

* Das Instrument findet sich nur auf Kreta, aber die Griechen des lasischen Sprachkreises von der Schwarzmeerküste, Siedler bei Trapezunt
in den Ausläufern des Kaukasus, spielten etwas Ähnliches. Hie und da
hört man es noch in den Dörfern, in denen Flüchtlinge vom Schwarzen
Meer angesiedelt wurden, überwiegend in Thrakien und Makedonien.

Das brillante Gedächtnis der alten Männer ließ ein Jahrhundert oder zwei so erscheinen, als sei alles erst gestern geschehen. Man denke nur an den *Erotókritos*! Der Verfasser dieses Gedichts war eine schemenhafte Gestalt namens Vincentios Cornaros aus dem Osten der Insel. Trotz seines hochtrabenden venezianischen Namens (der höchstens, und auch das nicht mit Sicherheit, entfernt venezianischen Ursprungs ist) war er Kreter und lebte im frühen siebzehnten Jahrhundert, in den letzten Tagen der venezianischen Besatzung. Die beinahe zwölftausend Zeilen, fünfzehnsilbige, gereimte Hexameter, sind in wunderbar urtümlichem Kretisch abgefaßt. Romantisch und episch zugleich, erinnert das Gedicht mit seiner arkadisch-mittelalterlichen Szenerie an Orlando Furioso und die Traumgefilde von Shakespeares Wald bei Athen. Berge ragen hoch in den Himmel, Meere tosen, Zinnen blicken grimmig von Felsklippen herab, Hörner erklingen, in Schluchten hallt das Echo von Hundegebell, Falken schweben, Thronsäle funkeln, in Gemächern und Kammern tönt sanfter Lautenklang, Schwerter klirren, Lanze um Lanze zersplittert in formvollendeten, todbringenden Turnieren. Das ist die Kulisse für die unselige, vom Schicksal vereitelte Liebe des Helden Erotókritos zu Aretousa, der Tochter des Königs von Athen; wohlgemerkt nimmt es doch noch ein glückliches Ende, aber bis dahin müssen Fabelwesen, böse Zauberinnen und schreckliche, in Stahl gekleidete Rivalen besiegt, tausend Gefahren in Schlössern, Schluchten und Wäldern überwunden werden. Diese Märchenwelt der Ritter und Fabelwesen war von der Gegenwart des Verfassers ebensoweit entfernt wie Cervantes von den Romanzen, die seinen Don Quijote in den Bann schlugen. Das Gedicht, das wegen des schwer verständlichen Dialekts und der für einen Übersetzer einschüchternden Länge außerhalb von Griechenland unbekannt ist – obwohl viele, ich selbst inbegriffen, liebevoll mit dem Gedanken einer Übersetzung gespielt haben –, ist eines der großartigsten Epen Europas.

Auf Kreta spielt diese imposante Versdichtung die gleiche Rolle wie der homerische Zyklus in dorischer Zeit. Jeder kennt sie, alle können lange Passagen zitieren, und erstaunlicherweise waren manche der alten Männer in den Bergen, obwohl Analphabeten, in der Lage – und sind es bis heute –, das gesamte Epos auswendig vorzutragen; wenn man bedenkt, daß es um beinahe tausend Zeilen länger ist als die Odyssee, kann man sich angesichts einer solchen Leistung nur staunend oder ungläubig am Kopf kratzen. Der Vortrag gleicht mehr einem Sprechgesang als einer Rezitation; die Stimme hebt sich an der Zäsur, ebenso am Ende der ersten Zeile eines Reimpaars, und senkt sich am Ende des zweiten; um der Monotonie vorzubeugen, wechselt hin und wieder die Tonart. Während unserer durchwachten Winternächte füllte es so manche Stunde; von Zeit zu Zeit lösten die alten Männer sich beim Vortragen ab. Manchmal schlummerte ich beim Zuhören für ein oder zwei Stunden ein, nur um beim Erwachen festzustellen, daß Erotókritos in einen weiteren Kampf mit dem Schwarzen Ritter von Karamania verwickelt war. (In der Entstehungszeit des Gedichts symbolisierte dieser die

Bedrohung durch das Osmanische Reich; das übrige Griechenland hatten die Türken bereits erobert, und auch Kreta sollten sie sich wenig später einverleiben.) Der rhythmische Vortrag konnte sich bis zum Tagesanbruch hinziehen; einige Zuhörer lauschten gebannt, andere nickten ein und schnarchten. Manchmal fand er auch ein jähes Ende, wenn ein Meldeläufer wie ein stiebender Schneemann aus der Dunkelheit hereinstürzte und uns mit der Nachricht von Verhaftungen in Heraklion, Rethymno oder Chania oder mit der Warnung vor einem im Tal anrückenden Gebirgsjägerbataillon aufstörte.

Nicht immer spielte sich das Leben in dunklen Räumen ab. Nach der Schneeschmelze lagerten wir zeitweise auf Felssimsen, inmitten von windzerzausten Zedern, oder in einsamen, hochgelegenen Bergmulden, wo uns nur die Augen eingeweihter Hirten zu erspähen vermochten. Wir tauschten Hüttendächer und Höhlendecken gegen eine, wie es schien, nur knapp über uns herziehende gewaltige Prozession von Sternen oder einen so strahlend hellen Mond, daß er, wenn er voll war, wie gedämpftes Tageslicht ein dunkleres Abbild des Meeres, der Berge, der Bäume, des Dorngestrüpps und der Gesichter unserer Kameraden zeigte. Die Täler, die Ausläufer der Berge und die parallelen Bergketten in der Ferne schimmerten wie kantig gehämmertes Blech. Ein Blinzeln und neuerliches Schärfen des Blicks holte sie nah heran und verschmolz und verflüssigte sie zu einem schwimmenden, unwirklichen Universum, in dem nur die Schatten klare Konturen hatten: Schatten, die wie gewaltige Turmspitzen an den Bergflanken aufschossen, im Zickzack in Schluchten stürzten und wie erstarrte, verästelte Blitze die Bachbetten füllten; Verwerfungen im Gestein, bei Tag nicht zu sehen, warfen ein schräges Streifenmuster; zwischen den überhängenden Rändern von Felsspalten erhoben sich düstere Obelisken; sich verengende Ritzen im Stein ließen gespenstische Pyramiden erstehen: Was konvex war, wurde konkav, was konkav war, konvex. Die Schatten, die die Felsspalten, Grotten, Äste, Augenbrauen, Gewehrläufe und Messerscheiden in unserer Umgebung warfen, waren bedrohlich wirkende geometrische Gebilde im gespenstisch hellen Licht. Es gab Rechtecke, Parallelogramme, Dreiecke, Rauten und Polygone, allesamt geformt aus Dunkelheit; eine kubistische Szenerie, in der sich jedes Grüppchen von Aloe oder Kakteen in einen lautlosen Strudel verwandelte.

Diese nächtlichen Szenen sind mir um so lebhafter in Erinnerung, weil wir uns lange Zeit nur nachts auf der Insel fortbewegen konnten. Wir machten die Nacht zum Tag. »Sieh nur«, sagte ein Kreter, als der Strahlenkranz des Mondes hinter einer Hügelkette auftauchte, »unsere Sonne geht auf. Zeit zum Aufbruch!«; und wieder begann eine Reise durch die Nacht. Manchmal war es eine Mauleselkarawane, beladen mit Waffen und Sprengstoff, die von Flugzeugen abgeworfen oder in einer einsamen Bucht an Land geschafft worden waren; bisweilen zogen wir auf Hochflächen, wo nach tagelanger Verzögerung fünf hastig entzündete Feuer dafür sorgten, daß rings um uns her neue Vorräte auf den Boden polterten, es sei denn, sie landeten wegen einer falschen Berechnung, einer unvorhergesehenen Windböe oder einem Orientierungsfehler des Piloten in den feindlichen Reihen. In der Regel aber unternahm man solche Streifzüge allein mit nur einem Begleiter. Befreite Höhlenbewohner, endlich in der Lage, die Berge zu verlassen und zu einem weit entfernten Treffen oder einer Versammlung von Untergrundkämpfern zu gehen, stiegen wir hinab in die Ausläufer des Gebirges, hinab über schimmernde Treppenfluchten aus Oliven- und Rebterrassen. Die Dörfer, die wir mit entsicherter Waffe durchquerten, waren still und unwirklich wie Phantasiegebilde aus Schnee und Elfenbein. Wir schlichen auf Zehenspitzen durch Torbögen und enge Gassen, die sich über fächerförmige Treppenstufen um Hausecken wanden. Manchmal pochten wir vorsichtig an den Fensterladen eines Freundes und machten uns nach kurzem Aufenthalt im Haus und einem geflüsterten Wortwechsel erneut auf den Weg. Kastanienwälder schimmerten metallisch; das Silber der Oleanderbüsche und Pappeln leuchtete noch heller, wenn die Flußbetten fast ausgetrocknet waren. Das Wasser war geschrumpft zu einem Netz von Quecksilber in einer Steinwüste, die venezianische oder türkische Brückenbauer einst mit bleichen Bögen aus Mauerwerk überspannt hatten. An einer Flußschleife in einem Tal übertönten Hunderte von Fröschen die Nachtigallen das Grillengezirp und den zögernden Schrei des Kauzes. Wir hörten Hunde in den Dörfern und kurzes Gebimmel, wenn in schwindelerregend hoch gelegenen Pferchen Schafherden erwachten und wieder einschliefen. Diese Geräusche zogen sich wie ein Faden der Eile und Heimlichkeit durch das Gewebe des nächtlichen Friedens. Manchmal lagen wir hinter Kakteen oder Felsbrocken mit angehaltenem Atem auf dem Boden, oder wir drückten uns unter einem Torbogen flach an eine Mauer, bis die Schritte einer feindlichen Patrouille verhallt waren, und spürten dabei, daß die Felsen, der Staub und der weiße Putz noch warm waren von der hochsommerlichen Hitze des Tages. Die Luft war erfüllt vom Duft zahlloser Kräuter. (Ein so intensiver Geruch, daß er die Insel umgibt wie eine süß duftende Aura mit einem Radius von mehreren Meilen; wenn wir uns in mondlosen Nächten klammheimlich vom Meer her aus der stickigen Wüste näherten, verriet er uns, lange bevor wir die imposante Silhouette sehen konnten, daß unser Ziel nicht mehr weit war.) Auf Streifzügen durch die laue Nacht hatten wir die schlafende Insel ganz für uns, und die Luft war voller Zauber. Wir erreichten den verabredeten Treffpunkt vor Tagesanbruch; eine zerfallene Wassermühle, ein kleines Kloster, bewohnt von einem spärlichen Häuflein kriegerischer Mönche, eine einsame Kapelle, ein kreisrunder Dreschboden oder ein einsamer Ziegenpferch hoch oben in den Felsen. Auf Anruf nannte man die Losung, man hörte das Scharren von Nagelschuhen auf dem Fels und Waffengeklirr, wenn dunkle Gestalten aus dem Schatten ins schimmernde Mondlicht traten; dann folgten Begrüßungen und fünfzig schnurrbärtige Umarmungen. Wenn der Mond unterging, hob der Himmel am anderen Ende des Firmaments einen leuchtenden Flügel. Aus vielen Kerben im östlichen Rückgrat der Insel fluteten Sonnenstrahlen schräg himmelwärts. Wenn die Strahlen die Waagerechte erreichten, ankerte unser Versteck wie ein fliegender Teppich in ihrer Bahn. Wir bekämpften den Bazillus der Nacht mit einem Schluck Raki und sahen zu, wie die Armeen aus leuchtenden Prismen im Eiltempo über uns hinwegzogen, bis sie das weiße Revier des Steinbocks im Westen erreichten und in Flammen setzten. Die Berggipfel rings um uns her feuerten dunkle Schattensalven auf sie ab, wie sie nun sämtlich nach Westen schwenkten und sich in die Schluchten stürzten, bis das ganze Labyrinth dazwischen durchflutet von Morgenlicht war.

Kreta, eine Bühne, immer wieder ein anderer Prospekt. Bilder, in fast tausend Nächten und Tagen angesammelt, leuchten in der Erinnerung auf, eins auf das andere wie Diapositive, die man an die Wand wirft: Männer, wie sie durch einen Olivenhain huschen; wie sie aus der Deckung hinter Felsen und Mauern feuern und wieder vorwärtsstürmen; Flüche bei Verwundungen, stoisch ertragener Tod; Männer, wie sie aus brennenden, zerplatzenden Dörfern gelaufen kommen und mit zusammengebissenen Zähnen Rache schwören; wie sie auf einer einsamen Hochfläche überführte Verräter hinrichten; wie sie in einem friedlichen Augenblick entspannt unter einer riesigen Dorfplatane sitzen; wie sie Trauben lesen und in riesigen Körben sammeln; wie sie die Weintrauben mit nackten Füßen zerstampfen; wie sie den Frauen zusehen, die bei der Olivenernte mit Schilfstangen gegen die Äste schlagen, bis die Früchte auf die darunter gebreiteten hellen Decken prasseln; wie sie Maultiere mit mühlsteingroßen Käselaiben beladen; wie sie in wirbelnden Staubwolken zum wilden Spiel der Lyra tanzen; wie sie sich zu mitternächtlicher Stunde in einer von Wachposten umstellten Kirche versammeln, wo ein für vogelfrei erklärter Ausländer die Patenschaft für das Kind eines Freundes übernimmt, und hinterher feiern sie auf einem Dach und feuern mit ihren Pistolen in die Luft, damit das Schicksal dem frischgetauften Mädchen* wohlgesonnen ist. Das Spektrum reicht von Schlachtszenen über Dramen, Genrebilder, heitere Gruppenporträts zu Volksfesten und bukolischen Szenen, alles in unzähligen Nahaufnahmen, die diese Welt in allen Einzelheiten festhalten, Bild auf Bild, bis sich ein Gesamtbild daraus ergibt.

Erwuchsen meine Gefühle für die Insel unzulänglichen, subjektiven Wurzeln? Die Umstände des Krieges und jugendlicher Überschwang spielten sicher eine große Rolle dabei; vielleicht auch gewisse rein zufällige Wahlverwandtschaften mit der kretischen Wesensart, verstärkt noch durch mein Interesse an isoliert lebenden Volksgruppen und an Sprachen schlechthin. Dankbarkeit, Waffenbrüderschaft und der Kampf für eine gemeinsame Sache gehören dazu; ebenso wie die griechische Gastfreundschaft mit ihrem steten Streben, dem Gast gefällig zu sein.

---

* Zum Beispiel meiner hübschen Patentochter Anglia, dem Kind von Chariclea und Stephanoyanni Dramoudanis aus Anogia. Siehe die Anmerkung auf Seite 200.

Vielleicht wurden meine Gefühle auch beeinflußt durch die Stellung, die wir unter ihnen hatten. Schließlich waren wir die wenigen Mittler zu dem Oberkommando, von dem unser gesamtes militärisches Schicksal abhing, einsame Schwalben, die von der Ankunft des Sommers kündeten; fast so eine Art Magier, die Waffen und Gold aus dem Meer und vom Himmel zaubern konnten. Aber sie hießen jeden versprengten alliierten Soldaten ebenso herzlich willkommen, auch wenn sie von ihm nichts zu erwarten hatten außer Tod und Zerstörung als Strafe dafür, daß sie ihm Unterschlupf gewährten; und alle Opfer, die sie brachten, waren Ausdruck eines unerschütterlichen Pflichtgefühls: einige von ihnen waren im wahrsten Sinne des Wortes Heilige. Sie setzten nicht nur alles aufs Spiel, um ihren versprengten Verbündeten zu helfen, sondern sie nahmen sie auf in die kretische Familie. Und was am allerbesten war: Sie verziehen uns unsere Fehler.

An einem Ort, wo es zu allen Zeiten gewaltsam und extrem zugeht, sind Verwerfungen unvermeidlich. Waffenleidenschaft, draufgängerische Kleidung und der unbändige, ausgeprägte Lokalpatriotismus haben ihre üble Seite. Es gibt, zum Schaden für alle, eine Minderheit von sogenannten *pallikarádes* – bewaffneten Prahlhänsen oder Aufschneidern, im Gegensatz zu den *pallikária*, den Kämpfern – und von *pseudokapetanaioï* – »falschen Anführern«. Manche davon, so überraschend das war, hielten tatsächlich ihre prahlerischen Versprechen. Andere streiften für sich allein durch die Ausläufer des Gebirges oder schlossen sich locker einer Gruppe von Untergrundkämpfern an, bis man sie dort wieder loswerden konnte: unnütze Esser und eine Bürde für die Anführer. (Das ist der Typ Kreter, der die Insel in Athen und auf dem Festland in Verruf bringt, bei Menschen, die Kreta selbst gar nicht kennen.) Mißtrauen sorgte dann und wann auch einmal für böse Stimmung, und in den Schluchten verbreiteten sich Gerüchte in Windeseile, trügerisch raunend wie das Meeresrauschen in den Windungen einer Muschel. Gegenseitige Verdächtigungen und Eifersucht brachten manchen zu Fall. Kollaboration mit dem Feind kam, ein Wunder, nur sporadisch vor, Verrat war sogar noch seltener. Hie und da prallten halsstarrige Gemüter unversöhnlich aufeinander, Zorn flammte auf, und die Schluchten hallten wider von wütenden Drohungen. »Ach, *Michali mou*«, sagte ein alter Kreter in einem solchen Augenblick zu mir. »Wir müssen nur ein Glasdach über dieser Insel bauen, und schon haben wir ein erstklassiges Irrenhaus …« Aber trotz alledem muß es unterschwellig eine tiefe Weisheit geben, die in schwierigen Zeiten die Geschicke der Insel lenkt: Bei aller Brutalität der Besatzer zählte der kretische Widerstand zu dem am besten organisierten in Europa. Er kämpfte mit großer Entschlossenheit und wurde bedingungslos unterstützt; und nach der Befreiung war diese Insel, die als Hort von Zwietracht und Aufruhr galt, eines der wenigen Gebiete im besetzten Europa, die nicht von inneren Zwistigkeiten zerrissen wurden. Politische Differenzen wurden begraben. Die Widerstandsbewegung entstand wie von selbst, als die Kreter bei der Invasion zu den Waffen griffen; sie sog alles auf, was gut war an Kreta. Alles, was tapfer, weise, be-harrlich, tollkühn, mutig, gefährlich oder amüsant war, tat sich zusammen; jeder Odysseus und jeder Pheidippi-des, jeder Hektor, Ajax, Nestor, Lanzelot, Merlin, Ro-land, Hereward, Robin Hood, jede Maid Marian, jeder Bruder Tuck, jeder Dick Turpin, Hiawatha, Kim und Mowgli kämpfte an unserer Seite. Auf dem Festland rich-teten die Kommunisten ein Chaos an, doch als sie es mit denselben Mitteln auf Kreta versuchten, blieb für sie nur der Bodensatz. Wenige, die sie waren, elende Gestalten, waren sie schon bald in alle Winde zerstreut.

Die Insel ist seit jeher reich an Wundern und düsteren Ge-heimnissen, und die Großartigkeit der Berglandschaft zieht unweigerlich jeden in ihren Bann. Die Luft pulsiert von Genie und Wahnsinn. Kein Wunder, daß der Geist des frühen Griechenlands, der sich in der minoischen Welt offenbarte, hier so merkwürdige Blüten trieb und daß hier sowohl der Geburtsort des Zeus als auch der Schauplatz der Mythen um Pasiphae, den Minotaurus und um Dädalus zu finden sind. Wer je die Silhouette und die Atmosphäre dieser Berge erlebt hat, wird nicht überrascht sein, daß sie die bedeutendste Schule der griechischen Ikonenmalerei hervorgebracht haben; angesichts dieser Felsen wird sogar El Greco zu einem beinahe erklärbaren Phänomen.

Die leidenschaftliche Heimatliebe der Kreter macht die Insel zur Heldin der meisten ihrer Lieder: »Kreta, du schöne Insel, du Krone der Levante« heißt es in einem häufig gesungenen Zweizeiler, »deine Erde ist Silber, und diamanten sind deine Felsen.« Das ist mehr als eine blumige Wendung: Vor allem oberhalb der Baumgrenze, in dieser kargen Landschaft, wo nichts mehr wächst, schimmert der metamorphe Kalkstein tatsächlich wie Silber, und die imposanten Gipfel wirken selbst im August wie von ewigem Schnee bedeckt; und die scharfkantigen, facettenreichen Felsen reflektieren das Licht mit blendend hellem, diamantenem Glitzern. Um die Mittagszeit, wenn die Sonne das letzte bißchen Schatten aufgesogen hat, spürt man in Schluchten und Mulden einen Hauch von Beklommenheit. Es gibt keine Bäume für die Zikaden, kein Bimmeln von Ziegenglocken dringt durch die reglose Luft; die weit entfernten Schüsse eines unsichtbaren Hirten, der an einem Felsen seine Treffsicherheit erprobt, verhallen. In der Hitze erstickt jedes Geräusch; das einzige Zeichen von Leben ist ein gehörntes Skelett zwischen den Felsen, als hause ganz in der Nähe ein Ungeheuer. Die Welt wird zu einer stummen, von gleißendem Licht erfüllten Wildnis. Der Himmel erbleicht; das heiße Gestein erschaudert; alles ist verstört und starr vor Entsetzen. Das ist die Stunde der mittäglichen Angst, und ein unsichtbarer Finger streift den Nacken des einsamen Wanderers, bis ihm die Haare zu Berge stehen. In solchen Augenblicken liegt die Insel im Meer wie ein Amboß, auf den die lautlosen Hammerschläge der Sonne niedergehen.

Dann werden die Nadelspitzenschatten wieder länger. Man hört ein Klirren, den Huf eines erwachenden Tieres, dem ein kleiner Erdrutsch und ein Echo folgt, und die Erstarrung geht zu Ende. Der Nachmittag zerschneidet die bergauf führenden Schluchten mit schräg einfallendem Licht, läßt Felsüberhänge wie kanneliert erscheinen. Schatten sammeln sich in dicht mit Diptam bewachsenen Korridoren. So schmal, daß ein Spinnennetz sie zu überspannen vermag, winden sie sich meilenweit zwischen steilen Klippen, die an der Oberkante fast aneinanderstoßen. Wenn der tiefe Schlund sich am Ende weitet, sieht man über sich kreisende Falken, und der Weg führt geradewegs in den Abendhimmel.

Unten reiht sich in pudrig-goldenem Schein Dorf an Dorf an den Flanken kanaanitischer Täler. Ihre Westhänge sind wie Kaskaden aus Licht. Im Frühling reicht ein Nebel von grünen, mohnblumengesprenkelten Kornfeldern fast bis an die Zweige der Olivenbäume. Später sind die Wege rot vom Saft herabgefallener Maulbeeren; eingehüllt in ein Dutzend klimpernder Staubwolken ziehen Herden ihre Schatten durch das schräg einfallende Licht. Doch in den Jahren, von denen ich hier berichte, mußten wir dieser bukolischen Welt den Rücken kehren und aufsteigen in eine Landschaft, die sich von ihr so sehr unterschied, als liege sie auf einem anderen Stern. In diesen gewaltigen, apokalyptischen Gefilden verweilte die Sonne noch lange, nachdem die Dämmerung das Tiefland erobert hatte. Angestrahlt vom letzten Tageslicht, flammten die Felsen orange, ockern und aprikosenfarben inmitten von leuchtend grünen, eisblauen und lapislazulifarbenen Schatten. Felsgrate und schräg geneigte Steinflächen färbten sich safrangelb und violett, wenn das letzte Licht diese kahlen Höhen überflutete und sich nach oben zurückzog. In der Dämmerung, im Wolfslicht, wie man in Griechenland sagt, wurden die Farben weicher und tiefer und vermischten sich, und jeder sterbende Stein widersetzte sich dem Vormarsch der Dunkelheit mit einem eigenen, ganz privaten Glimmen. Die Welt verwandelte sich in einen Ort der Legenden. Orakelhöhlen taten sich auf, gähnende Abgründe der Täuschung, jede Schlucht war das Tal der Schatten. Sinai und die Ewigen Felsen, wie man sie vom Hintergrund kretischer Ikonen kennt, ragten hoch in den Himmel. Alles war erfüllt von einer feierlichen Weihe. Wir waren in der Landschaft des heiligen Hieronymus und seiner Klause, der Welt, in der die Maler des Trecento die Versuchung Christi oder die Nacht im Garten Gethsemane angesiedelt hatten. Hoch oben, auf der äußersten Spitze, hielt sich das Tageslicht wie auf einem Bild der Verklärung, dann entschwand es, löste sich auf in dem verblassenden, dunkler werdenden Himmel. Es war Nacht. Die rote Glut unserer Zigaretten leuchtete auf, wenn wir erschöpft vor dem letzten Teil des Aufstiegs auf den Felsen rasteten und Pfiffe in der Dunkelheit uns zu verstehen gaben, daß wir zu Hause angekommen waren.

Nachtrag

Ein letztes Wort zum Thema Rhomäertum! Im Jahr 1901 veröffentlichte der Schriftsteller Argyris Ephtaliotis ein Buch mit dem Titel *Geschichte der Romiosyne.* Der Titel erregte sofort Anstoß, und das Hellenentum fand einen brillanten Fürsprecher in dem Akademiker, Archäologen und Schriftsteller George Sotiriadis.* In seiner Rezension des Buches forderte er, das Wort *romios* solle fortan nur noch in einem sehr engen, negativen Sinn verwendet werden, nämlich für »einen vulgären, ordinären und verkommenen Menschen« – einen Griechen, wohlgemerkt. Seine Forderung weckte Widerspruch von höchster Stelle; ein Gigant meldete sich zu Wort: kein Geringerer als Kostis Palamas. (Die Stellung, die Palamas** unter den griechischen Dichtern innehat, entspricht exakt derjenigen von Victor Hugo und von Tennyson in Frankreich und England, und wenn seine Verdienste gewürdigt werden, geschieht dies oft mit einem Anflug von Gides berühmter Skepsis gegenüber Hugo.) Auf sieben bestechend einleuchtenden Seiten widerspricht der Dichter Sotiriadis vehement. Das Wort *romios*, so seine These (bei der er sich auf Krumbacher beruft), sei von der Zeit des Justinian bis hin zu der Zeit, in der er, Palamas, schreibe, in der einen oder anderen Form die übliche Bezeichnung für einen Griechen gewesen. Die Identifizierung der Osthälfte des römischen Reiches mit dem Christentum sei dafür verantwortlich, daß das Wort »Hellene« niemandem mehr über die Lippen gekommen sei. Unter christlichen Griechen habe jenes Wort fortan nur noch einen Landsmann bezeichnet, der am heidnischen Glauben festhielt, einen

* Der Vater und Schwiegervater meiner alten Freunde Roxani und Shan Sedgwick.
** 1859–1943.

Götzenanbeter, und als die Götter im Untergrund der Folklore verschwanden, sei auch der Name ihrer Anhänger in Vergessenheit geraten. Außerhalb der Welt der Gelehrten führe das Wort nur noch ein Schattendasein in Sagen und Märchen, wo die Bezeichnung »Hellene« immer noch mit großen Helden und Riesen assoziiert werde.[*] Vielleicht seien es Relikte der Legenden über die Titanen, die noch vage im Gedächtnis der Landbevölkerung fortdauerten, Gespenster von Gespenstern. Mit der Wiederbelebung des Wortes »Hellene«, sagt Palamas, wolle man Ausländern Sand in die Augen streuen; (aber da übertreibt er?); die Wirklichkeit heiße *romios*.

»Romios«, versichert uns Palamas, sei beileibe kein Schimpfwort. Es sei zwar vielleicht nicht, wie »Hellene«, mit dem Ölzweig der Sieger bei den Olympischen Spielen bekränzt, aber es trage die Dornenkrone des Martyriums und dufte nach Thymian und Pulverdampf. Es beschwöre den Glanz von Byzanz, aber auch dessen Untergang und die leidvolle Zeit danach. Und das Martyrium des Rhomäers, so Palamas, dauere immer noch an: Ihm würden sämtliche neuen Sünden der befreiten, in einem Verfassungsstaat lebenden Hellenen angelastet. Er werde abgedrängt in die Rolle des vulgären Pseudopolitikers, der in den Kaffeehäusern von Athen seine Stammtischparolen grölt, die Rolle des dickbäuchigen Schwätzers und Besserwissers – des »Durchschnittsgriechen« der Athener Karikaturisten –, der allzeit damit prahlt, wie er in dem neuen Kö-

* Siehe S. 68.

nigreich alles richten würde, wenn er nur das Sagen hätte. Mit großem stilistischen Geschick schreibt Palamas die verkümmerte, ins Negative gekehrte Bedeutung des Wortes *romios* nun gerade den Untugenden und der Arroganz der auferstandenen Hellenen zu.

Für ihre Vorfahren, fährt er fort, hatte es eine andere Bedeutung. Er wurde als Auszeichnung empfunden, als Sinnbild für einen einsamen, aristokratischen Stolz, etwas, das man um keinen Preis gegen all die Fürstentitel des Orients und des Westens eingetauscht hätte. Er zitiert das klephtische Heldenlied über Vlachavas, den letzten großen Armatolen des Chasia-Gebirges zwischen Olymp und Meteoraklöstern: *»Romios ego genníthikà, Romios the na petháno«*, sagt dieser in dem Lied, bevor er, ohne auch nur einen Seufzer auszustoßen, von den Henkersknechten des Ali Pascha langsam in kleine Stücke geschnitten wird: »Als Rhomäer ward ich geboren, und als Rhomäer sterbe ich.« Im Anschluß daran führt Palamas eine eindrucksvolle Reihe von Zitaten ins Feld, in denen *romios* durchweg gleichbedeutend mit Ehre und Kampfesmut ist. Er beginnt mit einem mittelalterlichen Lied, in dem die griechischen Soldaten ausrufen: »Drachen und Drachenkinder sind die rhomäischen Krieger.« »Bulgaren und Albaner und Serben und Romioi gürten ihre Schwerter«, schrieb der Dichter Rigas Pheraios, als er die Völker des Balkans zum Bündnis gegen das Osmanische Reich drängte. »Seht her, die Romioi, die wackeren Palikaren«, ruft ein Kreter in der Beschreibung einer lang zurückliegenden Belagerung, »sie scheren sich wenig um die Pfeile und Kugeln, die Feldschlangen und die Lanzen!« Der kretische Freiheitsheld Daskalogiannis »sehnt sich in der Tiefe seines Herzens nach dem Tag, an dem das versklavte Kreta endlich der Romiosyne angehört, und drängt alle Romioi, sich zu erheben und die Türken zu verschlingen«. Im Jahr 1792 spricht Lambros Katsonis, der große Admiral, der die türkische Flotte in der gesamten Ägäis bedrängte, von der »ruhmvollen Gemeinschaft rhomäischer Kämpfer, die das hellenische Volk repräsentieren« – und auf diesen Unterschied kommt es an! Wenn kein Geringerer als der große Kolokotronis in seiner *Chronik des hellenischen Volkes* den Türken »die Römer« gegenüberstellt, tut er genau das gleiche. Der Tod des Helden von Souli, Markos Botsaris, in der Schlacht von Karpenisi wurde sogleich zum Gegenstand eines klephtischen Klagelieds:

> *»Und als die Romioi davon erfuhren,*
> *und als sie die Nachricht erhielten«*

(seltsam, wie sehr diese doppelte Formulierung des gleichen Sachverhalts an die Lieder des Alten Testaments, insbesondere an die Psalmen erinnert!),

> *»hüllten sie sich in schwarze Kleider,*
> *legten sie Trauerkleidung an.«*

Das sind schwere Geschütze. Hier gibt es nichts, was vulgär, ordinär oder verkommen wäre. Nachdem er das Wort, dem man in seinen Augen so bitteres Unrecht zugefügt hatte, verteidigt und rehabilitiert hat, geht er zum Gegenangriff über: Wie es mit der Bezeichnung »Hellene« stehe? Ob sie nicht veraltet und künstlich und wegen ihrer nach wie vor bestehenden Gedankenverbindung mit der heidnischen Welt ungenau sei? Ob sie nicht etwas Gespreiztes und Schwerfälliges – ja geradezu Schwülstiges habe? Der von Ephtaliotis gewählte Titel sei vollkommen richtig: Er sei »ein Gebot der historischen Korrektheit«. »Und zweifellos«, schreibt Palamas in seinem Resümee, »hat das Wort Romiosyne einen reineren und tieferen Klang, ihm wohnt eine Musikalität und poetische Qualität inne, eine Beherztheit, Leichtigkeit und Beschwingtheit, die dem ›Hellenentum‹ mit seiner ganzen schwerfälligen und unbeweglichen Großartigkeit meiner Meinung nach fehlt.«

In den sechs Jahrzehnten, die seither vergangen sind, hat der Begriff der Romiosyne zusehends an Boden verloren.* Ich kann Palamas bei seinem Angriff auf das Hellenentum nicht in allen Punkten folgen; dazu ist mir beides zu lieb. Aber die Auseinandersetzung spiegelt den Kampf, von dem ich in diesem Kapitel geschrieben habe. Sie ist ein sichtbares Zeichen des ganz persönlichen Ringens, das – so kommt es mir vor – in acht Millionen Arenen aus-

---

* Heute dient er nur noch dem internen Gebrauch; er ist nichts für Ausländer, selbst wenn sie sich in Griechenland noch so gut auskennen. Vor einigen Tagen unterbrach ein befreundeter Hufschmied das wirre Salbadern eines Kunden mit den Worten: *»Pes to romeïka re adelphé, dia na se katalávoume«* (»Sag es auf Rhomäisch, Bruder, damit wir dich verstehen können« – und meinte damit »drück dich einfacher aus«). Später fragte ich ihn, ob ein Passant Grieche sei, und nahm dabei das Wort »Romios«; dafür erntete ich einen finsteren Blick. In heutiger Zeit ist es verdächtig, wenn ein Fremder den Ausdruck benutzt; genauer gesagt: das Wort ist zu bedeutungsschwanger, zu wertvoll und zu privat, um von einem Ausländer verwendet zu werden. Ich war ein Außenseiter, der sich unrechtmäßig ein geheimes Losungswort der Familie angeeignet hatte.

getragen wird. Kein Ausländer kann sagen, welche Seite recht hat. In dem Konflikt geht es nicht nur um Vernunft und Geschichte, sondern auch um uralte, unbewußte und primitive Instinkte, die außerhalb der Reichweite jedes Fremden liegen. So wie die Dinge stehen, siegt der hellenische Löwe an allen Fronten über das Einhorn der Romiosyne; Verwirrung raubt dem geheimnisvollen Geschöpf langsam die Kraft; Vergessen umringt es drohend wie ein Wald, und je dichter die Zweige werden, desto verschwommener seine Gestalt. Aber selbst wenn der wunderbare Name in ein paar Jahrzehnten nicht mehr zu hören sein wird, hoffe ich doch, daß die Romiosyne selbst nicht für immer verschwindet. Der Hellene und der Rhomäer brauchen und ergänzen einander. Mögen sie beide noch lange leben; oder vielleicht sollte man, da diese letzten Seiten den Rhomäer in zwei widersprüchliche Hälften gespalten haben, sagen: Möge allen dreien ein langes Leben beschert sein.

4
Nördlich vom Golf

»Haben Sie Hummer?«

Ohne von der Titelseite der *Akropolis* aufzublicken, gereizt nach den hektischen Fliegen wedelnd, schnalzte der Tavernenwirt mit der Zunge, legte den Kopf matt in den Nacken und schlug die Augen nieder, jene sparsame Geste absoluter Verneinung, die man vom Drin und dem südlichen Donauknie ostwärts bis an die Chinesische Mauer findet.

»Wieso nicht?«

»Es gibt keine.«

»Keine Hummer?«

»Keinen einzigen.« Nach einer Weile sagte er: »Im Meer, da gibt es ein paar.«

»Das weiß ich. Ich meinte zu essen.«

»Nur im Meer.«

»Werden denn nie welche gefangen?«

»Nie. Sehr selten. Das ist nicht üblich. *Den to synithízoune.* Nur alle paar Jahre mal einer.«

»Wieso heißt die Stadt dann Hummer?«*

»Das ist einfach nur ein Name, wie Athen oder Preveza.«

»Ein merkwürdiger Name für eine Stadt ohne Hummer.«

»Das ist einfach nur der Name für die Stadt.«

---

* *Astakos*, der Name der Stadt, bedeutet auf griechisch soviel wie »Hummer«.

Dann mußte er sich wieder der *Akropolis* widmen, und in einem leisen, stockenden Monolog buchstabierte er die Schlagzeilen vor sich hin. Eine Alte in Holzpantinen, die mit einer Schöpfkelle schmutzige Teller abstreifte, kam uns zu Hilfe. »Ich habe hier noch keinen einzigen gesehen«, sagte sie. »Nur einmal auf einer Fotografie in einem Buch, und ich bin schon weit über siebzig.«

»Wieso heißt die Stadt denn dann Astakos?«

»Den Namen trägt sie nach einem Königssohn. Das ist lange, lange her. Noch vor den Türken war das.« Sie machte eine ausholende Geste mit der Kelle. »Hundert Jahre vielleicht.«

Fisch gebe es auch nicht, erklärte sie uns dann. Nicht einmal eine Rotbarbe? Nein. Nur im Meer. Das Meer schimmerte spöttisch am Ende der Straße. Wir bestellten Spiegeleier mit Bratkartoffeln und ließen uns unter einer Akazie zwischen Katzen nieder. Selbst jetzt um neun Uhr abends war es in der Stadt noch kaum kühler als am Mittag, und Taverne und Straße waren menschenleer. Da die Weingärten der Gegend anscheinend genauso wenig hergaben wie das Meer, tranken wir warmes Bier.

Es war ein heißer Tag gewesen, die Sonne unerbittlich, wir waren von Pannen und Übelkeit verfolgt gewesen. Nur ein großartiges Abendessen, mit Fluten von Wein heruntergespült, hätte die Erinnerung vertreiben können. Vom Namen unseres Zielortes in die Irre geführt, hatten wir uns von der Aussicht auf Hummer trösten lassen; nun lag diese Stütze zerschmettert. Die Katzen, die den Tisch wie Midianiter umstrichen hatten, setzten sich und warteten, und genau das machten wir auch. Eine halbe Stunde später kam die Frau aus den Schatten gepoltert, einen Teller in jeder Hand.

»Tut mir leid, daß es so lange gedauert hat«, sagte sie gutmütig. »Es ist ja nicht das Braten«, seufzte sie, »es ist das Abkühlen, was soviel Zeit braucht.«

»Das Abkühlen?«

»Heißes Essen ist nicht gut. Man wird krank davon.« Mir fiel wieder ein, daß es in manchen abgelegenen Gegenden einen solchen Aberglauben gibt. Gebratene Eier gelten als besonders gefährlich, und eine umsichtige Köchin läßt sie stehen, bis sie fest geworden sind. Das Eigelb erstarrt zu gelben Pappscheiben, eingebettet in Kalbsleder, und umgeben ist es von Öl, das wohl aus der heiligen Lampe eines wenig besuchten Schreins stammt; seitlich bilden die bleichen Keile der Bratkartoffeln ein zähes und kaltes Magma. Genauso war es hier: Durch Abwarten hatten sich unsere beiden Teller mit Abendessen, das einzig Kalte in ganz Astakos, in ein Lehrmodell für Geologen verwandelt. Wir ließen uns Ziegenkäse und Brot bringen; dann hebelten wir die Eier von ihrem Untergrund, schnitten sie in kleine Stücke und warfen sie heimlich den Katzen hin. Fünfzehn kamen angestürzt; nach einer kurzen Probe wichen sie allesamt zurück. Sie sahen uns mit großen enttäuschten Augen an. Ein mächtiger schwarzer Kater, ehrfurchtgebietender als die anderen, blieb zurück, und eine bittende Pfote legte sich auf mein Knie, dazu betrachtete er uns mit vorwurfsvollem Blick. Ein unerträgliches, herzzerreißenes Miau folgte, und als wir gingen, erhob sich ein vielstimmiges Klagen. Von meinem Zimmer hörte ich noch, wie sie sich gegenseitig Vorwürfe machten, als ob jede dem Nachbarn vorhielte, daß, wenn er nur seine Karten besser ausgespielt hätte, alles noch gut hätte werden können. Auch sie wollten Hummer.

Die kleine Hafenstadt Astakos liegt an einer weiten Bucht in Akarnanien, der südwestlichsten Provinz von Rumeli. Ithaka, Kefalonia, Lefkas und Zakynthos schweben dunstig am Horizont im Westen, und im Süden ragt die westliche Einfahrt zum Golf von Korinth mit der Nordwestecke der Peloponnes ins Ionische Meer hinaus. Eine qualvolle Reise hatte uns hierhin verschlagen. Die Minarette von Ioannina, die Storchennester und der See, in dem sich die Berge spiegelten, lagen lange hinter uns. In kurzen Etappen waren wir weitergezogen, hatten uns die Ruinen von Dodona angesehen, hatten wie Byron und Hobhouse am Kloster Zitsa haltgemacht und waren bis Metsovo ins Pindosgebirge vorgedrungen; durch die thesprotische Ebene ging es an die Mündung des Acheron in Parga. Von dort waren wir wieder in die Berge hinauf nach Souli gestiegen, zu den Ruinen der Festung, in der die epirotischen Klephten den Armeen des Ali Pascha getrotzt hatten. Eine zweitägige Wanderung über die Berge von Epirus hatte uns zu dem mächtigen Abgrund von Zalongo gebracht. (Hier hatten sich die Frauen von Souli, aus ihren brennenden Häusern geflüchtet, aus Furcht vor Alis Muslimen in den Tod gestürzt, eine der denkwürdigsten Hetakomben aller Zeiten.) Das Tal des Louros, wo Forellen unter mächtigen Platanen glitzerten, führte uns hinab nach Preveza und den Gewässern rund um Actium, wo Mark Anton wie ein liebestoller Erpel die Schlacht gegen Augustus geschlagen gegeben hatte, der Galeere der fliehenden Kleopatra nachgeeilt war und damit dem Lauf der Weltgeschichte eine neue Wendung gegeben hatte. Von dort war unsere Route dem schilf- und vogelreichen Ufer des ambrakischen Golfes zur legendären Brücke von Arta gefolgt. Hier, zwischen den mächtigen fränkischen Ruinen, den byzantinischen Kirchen der Despoten von Epirus und den quakenden Fröschen, machten wir ein oder zwei Tage Rast und brachten sie mit Erkundungen und Lektüre zu.

In den Bergzügen, die wir durchquert, den Dörfern, in denen wir genächtigt hatten, hatte sich seit Childe Harolds Pilgerfahrt nichts verändert, ja kaum etwas seit Pyrrhus' Zeiten. Freude und gute Laune waren auf jeder gemächlichen Meile des Weges unsere Gefährten gewesen. Doch mit der Ankunft in Akarnanien wendete sich unser Geschick. Khakifarben flirrte die Landschaft im Licht der Sommersonnenwende, die Dörfer waren rar, öde, stauerüberzogen, nur wenige, träge Bewohner zeigten sich; trübselige Hunde trotteten über die Straße, und die schäbigen Esel schienen dem Ende nah. Karge Mais- und Sonnenblumenfelder erstreckten sich beiderseits des Weges, armselige Tabakpflanzen ließen ihre Köpfe hängen. Die Sonne brannte unerbittlich, nirgendwo Schatten; Farben verflüchtigten sich, und wir konnten es beinahe knistern hören, wie alles verdorrte, alles Grüne verging. Die Griechen nennen diesen Landstrich Xeromeros, »trockene Gegend« ... Es war ein Wunder, dachte ich, als wir unter dem Brennglas des Himmels voranzockelten, daß die trockenen Tabakblätter nicht Feuer fingen und sich einfach selbst rauchten, gleich dort an Ort und Stelle; warum sollten sie warten, bis sie geerntet wurden, grundlos zum Trocknen aufgehängt, gebündelt und in der sündhaften Stadt Agrinio zu Zigarren gerollt? Wovon die Zikaden sich wohl ernährten? Immer wenn wir in einem Dorf auf ein Glas trüben Wassers hielten oder um einen Reifen zu flicken und der Motor ihnen keine Konkurrenz mehr machte, war ihr metallisches Zirpen ohrenbetäubend. Schon merkwürdig, daß aus den ersten Tönen des Tages – jenem zögernden Schaben bei Sonnenaufgang, in das bald von Baum zu Baum die Bewohner einstimmen – ein dermaßen durchdringender Lärm werden kann! In den Olivenhainen ist dies der Klang des Mittelmeersommers; man vermißt sie, wenn sie im Herbst verschwinden, und nichts bleibt außer ihren gespenstischen Panzern in den Bäumen wie Geigenkästen aus Zelluloid; aber hier und jetzt waren sie ein Fluch. Konnte es das sein, was der Prediger Salomo meinte, als er schrieb, die Welt werde »von der Heuschrecke beladen« sein?

Weiter wand sich die Straße durch diese Einöde, und der Punkt zur Umkehr war längst überschritten. Doch während die Nachmittagsstunden vergingen, glomm ein Funke der Hoffnung auf. Ein Traumbild von Astakos, der Stadt mit dem verlockenden Namen, dem Ziel unserer Reise, nahm vor unserem geistigen Auge Gestalt an, so wie bei Pilgern auf dem Weg durchs Leere Viertel das Bild Mekkas. Wir beschrieben einander die kühle Stadt, wie wir sie uns vorstellten: die Tische entlang der erleuchteten Hafenfront, der gemütliche Priester, der joviale Bürgermeister, der Schulmeister voller gelehrter Geschichten, der freundliche Tavernenwirt, der zwischen einer verlockenden Batterie von Fässern hervorkommt, einen scherenschwingenden Hummer in jeder Hand ... Die Bewohner heißen uns willkommen, vielleicht klimpert eine Gitarre, geschickte Fischer tanzen einen Chasapiko ... Doch als die Sonne sich senkte, beschien sie eine Stadt ganz anderer Art. Wir mußten einen Bogen um einen toten Hund fahren, der offenbar schon seit Tagen dort lag, und tauchten in eine Fliegenwolke ein. Neu erbaute Häuser aus glutheißem Beton zerfielen bereits wieder; andere hatte man halbfertig stehenlassen. Am Ufer lagen kreuz und quer große Betonblöcke, die einmal zu einer Mole zusammengesetzt werden sollten; jetzt verbargen sie das Meer, und man hätte denken können, es sei eine Kloake. Eine schnurrbärtige Schlampe, mürrischer als jede Gefängniswärterin, zeigte uns die finsteren Kammern, in die man das traurige kleine Hotel unterteilt hatte, und allmählich dämmerte uns, wie weit entfernt wir mit unserem Bild von der Wirklichkeit waren.

Jetzt war der Alptraum von einem Abendessen vorüber, ich lag auf meiner Pritsche und versuchte ein Kapitel von *Edwin Drood* zu lesen, im Licht einer Birne, die wie ein Glühwürmchen von der Decke hing. Schon ein oder zwei Minuten später ging sie aus. Kein Ton kam aus der mitternächtlichen Stadt, mit Ausnahme des Nachtlebens der Katzen ... Sirrend näherte sich die erste Mücke aus dem stickigen Dunkel, unüberhörbare Vorbotin dessen, was die Nacht noch bereithalten sollte.

Es ist ein griesgrämiges Vergnügen, über gräßliche Geschehnisse zu berichten, wenn sie erst einmal überstanden sind; einen Augenblick lang kommt man sich wie Gissing in Kalabrien vor. Ich kann der Versuchung, länger bei unserem Aufenthalt in Astakos zu verweilen, kaum widerstehen: der Fliegendreck auf dem Bettzeug, das träge Schwappen der See, der Schirokko, die mörderische Hitze, die Qualen der schlaflosen Nächte. Manche Städte kennen, wenn moderne Zeiten anbrechen, den Unterschied zwischen Hübsch und Häßlich nicht mehr.

Ich wünschte, ich hätte damals gewußt, daß Byron ebenfalls dort gewesen war. Zu spät! Ich werde wohl nie wieder dorthin kommen. Zu seiner Zeit trug Astakos noch seinen mittelalterlichen Namen Dragomestri; den einer nahe gelegenen antiken Siedlung hat es erst vor kurzem wieder angenommen. (Wegen solcher Veränderungen führen alte Land- und Seekarten oft in die Irre.) Es war seine letzte Station vor Messolonghi. Das Boot, das ihn von Kefalonia herüberbrachte, hatte auf der Flucht vor einer türkischen Fregatte Zuflucht hinter einer Reihe von Eilanden im Golf gesucht, und Byron blieb drei Tage in Astakos. Als die Gefahr vorüber war, geleiteten die Gesandten von Mavrokordatos ihn die Küste entlang zu seinem triumphalen Einzug in die letzte Stadt, die er je sehen sollte. Wo er wohl genächtigt hatte? Wahrscheinlich hätte ich mehr Glück gehabt, wenn ich danach gefragt hätte statt nach dem hypothetischen Hummerprinzen – denn auf alles, was mit Byron zu tun hat, sind die Griechen immer stolz. Erst in der Woche zuvor hatte unser Führer im Kloster Zitsa uns von den zwei Besuchen des Dichters dort erzählt, Geschichten, die er von seinem eigenen Urgroßvater hatte.

Das einzige Antlitz in Astakos, an das ich mit Milde zurückdenke, ist das der alten Frau in der Taverne. Später forschte ich in vielen Büchern nach, um den Königssohn zu finden, von dem sie gesprochen hatte: Ein Sohn des Poseidon und der Nymphe Olbia hatte eine Stadt namens Astakas in Bithynien gegründet; und ein Kommentator der Ilias erwähnt einen Boötier mit Namen Astakos, von dem ein ganzes Heldengeschlecht im Krieg der Sieben gegen Theben abstammte. Von Akarnanien nirgends ein Wort. Wo hatte diese freundliche alte Frau von dem mysteriösen Prinzen gehört? Sie selbst hatte es nicht gewußt, kein anderer Astakiote hatte die Geschichte je gehört, und so bleibt das Rätsel bestehen. Aber ich glaube, ich kann ihn sehen, weit draußen im Golf; viele Faden tief sitzt er auf seinem Thron in einer Apsis aus Anemonen. Der Herrscher über ein blaugrünes Reich, mit wachen jungen Augen, immer in Bewegung, damit er jede Gefahr, jede Kränkung sofort erkennt. Fühler krönen sein Haupt. In der rechten Schere hält er ein Korallenszepter, mit der linken umfaßt er einen Seeigelpanzer als Reichsapfel, und die mit Arm- und Beinschienen gerüsteten Gliedmaßen breitet er weit wie die Arme des Krischna. Er ist ein jugendlicher, gutmütiger Despot in Samurairüstung, der unsterbliche Tyrann aus Panzer und Schere und Schwanz. Schuppige Ratgeber, Feldherrn in Rüstung, Hofschranzenmuscheln umgeben seinen Thron; ganze Schwärme von Bürgern schimmern in den Arkaden, gleiten elegant zwischen triumphalen Rokokobögen, verweilen zwischen Säulen und Obelisken im schräg einfallenden Sonnenlicht der Plätze. Niemand bedrängt ihn in seiner Milde. Jeder im Reich weiß, daß kein Zweifüßler vom Ufer ihm etwas anhaben kann, solange seine Herrschaft besteht.

Am dritten Morgen lief unser Rettungsschiff ein. Wir machten uns auf den Weg Richtung Osten, und unsere Stimmung stieg. Die mit Ziegen beladene Kaik zog ihre Spur zwischen den Schwemmlandinseln der Echinaden, zwischen Untiefen, die der Acheloos dort hinterließ – Schlick, den er auf seinem langen Serpentinenweg herab vom Pindus sammelt und vor seiner breiten, unsteten Mündung absetzt. Lefkas, Ithaka, Kefalonia, Zakynthos und das Nordwestufer der Morea zogen vorüber und verschwanden allmählich steuerbords hinter uns. Meilenweit vor uns, kaum zu erkennen in der flirrenden Hitze, erhoben sich nord- und südwärts die Bergmassen, aufeinander zulaufend hinab zum Golf. Die Meerenge von Lepanto macht aus dem Golf von Korinth ein griechisches Binnengewässer, ein Mittelmeer innerhalb des Mittelmeers.

Wir blieben nahe am Nordufer. Akarnanien endete mit

der Acheloosmündung, und jenseits der Sandbänke und bewachsenen Untiefen erhoben sich die ätolischen Hänge. Der Spätnachmittag breitete seine Schatten in den Bergtälern, und wir fuhren an einer langgestreckten Lagune vorüber, an deren Mündung, auf einer durch elegante Steinbrücken mit beiden Ufern verbundenen Insel, sich das Städtchen Etoliko rund um die Kuppel seiner Kirche drängte. Die Art, wie diese über dem Dunst schwebte, hatte ein wenig vom Zauber von San Giorgio Maggiore, gesehen von der Piazzetta in Venedig. Auch Messolonghi, das uns nun wie auf einem Floß auf seinen übelriechenden Lagunen entgegengeschwebt kam, erinnert entfernt an Venedig von See her. Eine Landspitze erschien, ein Leuchtturm, und wir tauschten Grüße mit einer rotbraunen Kaik aus Zakynthos, deren Bugspriet aus einer Galionsfigur des Poseidon erwuchs. Auf der Backbordseite lagen Salinen und ein Labyrinth aus Reusen, in denen Fische gezüchtet wurden. Eine Fahrrinne schlängelte sich zwischen zwei Miniaturleuchttürmen, ein Fischer flickte auf einer stinkenden Düne seine Netze. Am schlammigen Ufer standen Binsenhütten, aus Schilf und Bambus waren Gehege improvisiert; der Wind wehte die Miasmen herüber. Halbnackte Männer mit großen Hüten, bis zu den Oberschenkeln im stehenden Wasser, waren mit Fischeraufgaben beschäftigt. Die Illusion von Venedig verflog, als die sonnengebleichte Stadt näher kam. Eine Kuppel, ein paar Straßen, ein Lagerhaus und eine Fabrik bildeten zusammen eine Ansiedlung mittlerer Größe ohne besondere Eigenart. Zur Linken sah man das armselige Grundstück, wo einmal Byrons Sterbehaus gestanden hatte. Dahinter erstreckte sich die Stadtmauer, durch die seinerzeit die griechische Bevölkerung ihren heroischen Ausfall durch die Reihen der belagernden Türken unternommen hatte. Der Gedanke an die vier merkwürdigen Wintermonate, die Byron hier verbrachte, an seine Krankheit, seinen Tod verstärkten die melancholische Stimmung nur noch. Ein trauriger Ort zum Sterben.

Ich hatte einen besonderen Grund für diesen Besuch in Messolonghi; einen, zu dessen Erklärung wir ein paar Monate zurückgehen müssen, zu einem Regentag in Sussex, wo ich bei meinem alten Freund Antony Holland zu Gast war; zu einem Morgen, an dem wir durch die stürzenden Fluten zum Lunch bei einer Nachbarin fuhren.

Die Aussichten waren verlockend. Lady Wentworth, zu deren Haus wir unterwegs waren, war Byrons Urenkelin, und ich wußte, daß sie einen wahren Schatz an Erinnerungsstücken hütete.* Ihr Vater war der Dichter Wilfred Scawen Blunt. Ich kannte die Legenden gut, die sich um seine Person rankten: Als arabischer Scheich und Rebell gegen die britische Kolonialherrschaft hatte er in der Wüste nicht weit von Kairo gelebt und dort das Arabergestüt begründet, das jetzt seiner Tochter gehörte. Seine Bezie-

---

* Byrons Tochter Ada heiratete Lord Lovelace, und die gemeinsame Tochter war Lady Anne King; diese heiratete Wilfred Scawen Blunt, und ihre Tochter wiederum war Judith (von der wir hier reden), die Frau des Malers Neville Lytton und Mutter des gegenwärtigen Lord Lytton und seiner Schwestern. Zu Judith Blunts mütterlichem Erbe gehörte die alte Baronswürde von Wentworth, und sie war 14. Baronin Wentworth.

hung zu »Skittles«* stellt die literarische Verbindung zu Merediths *Ordeal of Richard Feveral* her, vielleicht auch zu Lucy Glitters in *Mr. Sponge's Sporting Tour*. In meinen jugendlichen Ohren hatten die Geschichten von seinen literarischen und sportlichen Heldentaten auf Crabbet und Newbuildings immer, und vielleicht zu Unrecht, etwas vom Glanz des verruchten und legendären Medmenham und des Hellfire Club gehabt. Durch die Ehe seiner Tochter kam nun noch ein Hauch der *Letzten Tagen von Pompeji* hinzu.

Vor allem aber war Lady Wentworth ihr eigener Mythos. Ihr Porträt – eine hinreißende, glutäugige päraphaelitische Schönheit in verschwenderischer arabischer Tracht – kannte ich schon seit langem. Für ihr Geschick und ihren Wagemut zu Pferde war sie in jungen Jahren nicht minder berühmt wie später für ihr monumentales Werk über die Araberzucht. Ich wußte, daß sie ihr Leben nach eigenen Regeln lebte; ein schwermütiger und streitsüchtiger Geist hatten dafür gesorgt, daß sie sich mit ihrer gesamten Familie und großen Teilen der Außenwelt befehdete – Feindseligkeiten, die selbst jetzt, wo sie über achtzig war, nichts an Schärfe verloren hatten. Die Einsamkeit umgab sie mit einer schwarzen Aura aus Legenden. Da war es ein Wunder und ein Glück, daß gerade Antony Hollands Vater und seine Familie nun beinahe die einzigen alten Freunde oder Nachbarn waren, mit denen Lady Wentworth nicht auf die eine oder andere Weise im Streit lag.

* [Catherine Walters, der viktorianischen Kurtisane]

Es goß noch immer in Strömen, als wir am Parktor anlangten. Schilder, die den Zutritt untersagten, waren so
zahlreich und drohend, daß man sich Fallgruben und
Selbstschußanlagen ausmalte, ein Unterholz voller imagi-
närer Bluthunde. Araberpferde grasten zwischen Grüppchen von Kastanienbäumen. Wir mußten halten, als ein
Trupp wunderschöner Tiere die Auffahrt querte; mit wehenden Mähnen und Schweifen galoppierten sie hinunter
zum See, in dem sich die Bäume spiegelten. Das Haus
kam in Sicht, und gleich darauf sprinteten wir durch die
Sintflut ins Haus.

Nichts hatte sich hier seit dem Regency und der viktorianischen Zeit verändert. Der traurige Charme von Her-
renhäusern, in denen außer dem Eigentümer nur noch die
Dienstboten leben, war allgegenwärtig. Und dieselbe Beharrlichkeit gegenüber sämtlichen Moden und allem
Wandel der Zeiten wie das Haus legte auch Lady Wentworth an den Tag – ein Eigensinn, der sich etwa in dem
bodenlangen Rock äußerte, wie Frauen ihn um die Jahr-
hundertwende zum Badminton getragen hatten, oder in
den vielen Ketten und Medaillons und der bänderbewehr-
ten Spitzenhaube, seit Jahrzehnten aus der Mode. Die
rostrote Haarpracht schien so kräftig, als wäre sie aus dem
Mähnenhaar ihrer Hengste geflochten, aufgelesen von
Kletten und Dornsträuchern im Park. Beim Gang zu Tisch
sagte sie: »Die müssen Sie mir verzeihen« und wies dabei
auf ihre weißen Turnschuhe. »Eben noch Squash gespielt.« Bei weitem das bemerkenswerteste an ihrer Erscheinung waren jedoch die Schönheit und Kraft ihrer

Gesichtszüge, eine wunderbare Kombination aus hoher Stirn, klaren Linien und zarter Haut, an denen die Jahre spurlos vorbeigegangen schienen – Bilder von Byron und Wilfred Blunt kamen mir in den Sinn. Ihre Augen waren noch ebenso klar und feurig wie auf dem berühmten Porträt in arabischer Tracht, das an der Wand über dem Eßtisch hing; auch jetzt noch, das sah man sofort, konnten sie vor Streitlust funkeln. Wie Aristokraten früherer Zeiten verschluckte sie das *g* am Wortende und bisweilen das *h* am Anfang, was ihren kristallklaren Ton mit den bis zum äußersten zurückgenommenen Vokalen noch um so unverwechselbarer machte. Der Tonfall war tragisch, bisweilen sprach sie mit Grabesstimme, gleichsam gebeugt unter der Last ihrer Leiden. Wenn sie fragte »Noch etwas Karamelpudding?«, klang es wie eine Totenglocke.

Für Antony Holland hatte sie eine Schwäche, und sie schien ehrlich erfreut, daß wir sie besuchen kamen. Voll schwarzen Humors sprach sie vom Leben in der Wüste, vom Einreiten und Trainieren der Araberpferde; längst verstorbene Berühmtheiten wurden wie Kegel aufgestellt und fielen wie diese. Auf die Frage nach einem berühmten edwardianischen Staatsmann, einem der Großen seiner Zeit: »Oh, bezaubernd, bezaubernd, aber so ein Weichling ...« Sie war stolz auf ihren Urgroßvater; »aber Lady Byron hatte schon verflucht Pech mit ihm«, sagte sie. »Sie müssen das Buch meines Onkels Lovelace lesen!« Es klang, als läge das ganze Drama erst wenige Jahre zurück. Später suchten wir in einem gewaltigen, nicht mehr genutzten und arg heruntergekommenen Salon nach einem

En-face-Porträt von Byron als jungem Mann, doch wir fanden es nicht.* »Alles ein bißchen durcheinander«, murmelte sie und sprang leichtfüßig über verschnürte Truhen und Blechdosen in Japanlack. Mein Herz schlug schneller, als ich an deren Seite in Kreide oder weißer Farbe die Aufschrift »Ld. Byrons Briefe« und »Ly. Byrons Briefe« sah.** »Ja, die sind alle da drin«, bestätigte Lady Wentworth finster, »und es ist besser, wenn sie auch dort bleiben.« Wir bewunderten in einer Vitrine Byrons griechisch-albanische Samtjacke mit der Goldlitze und den überlangen Ärmeln. Auch das Krummschwert mit der samtenen Scheide und die dicht bestickten Beinschienen waren da – genau die Kleider, wenn ich mich nicht irre, die er auf dem berühmten Phillips-Porträt trägt. Mit den versammelten Reliquien brachten wir eine gute Stunde zu. Einer plötzlichen Eingebung folgend, führte Lady Wentworth uns in ihr Arbeitszimmer. Es quoll über von Porträts, Miniaturen, gerahmten Silhouetten aus dem achtzehnten Jahrhundert – ein Dschungel aus Büchern, Andenken und Trophäen; sie wühlte in den Schreibtischschubladen, wo Rechnungsbücher des Gestüts, Fachliteratur zur Pferdezucht, Briefe von Advokaten, ein altes Meßbuch, Kataloge von Saatguthändlern, ein Rosenkranz, Hufschmiedrechnungen und Angebote für Preßkuchen wild durcheinanderlagen, bis sie schließlich fand, wonach sie suchte.

---

* Ich habe es im Jahr darauf gesehen.
** Dies waren die berühmten Lovelace-Papiere, die erst 1957 ans Licht der Öffentlichkeit kamen und aus denen Mrs. Doris Langley Moore in ihrem *The Late Lord Byron* (John Murray, 1961) so trefflichen Nutzen zog.

Es waren einige Briefe, schon ein paar Jahre alt, von einem australischen Sergeanten in Messolonghi. Der Grieche, bei dem er einquartiert sei, schrieb er, besitze ein Paar Schuhe, das Lord Byron gehört habe; und dieser Mann wolle sie einem Nachfahren des Dichters zurückgeben. »Aber da ich kein Griechisch spreche, konnte ich natürlich nichts unternehmen«, sagte Lady Wentworth. »Wenn sie wirklich meinem Urgroßvater gehörten, dann hätte ich sie gern.« Sie drehte den Brief um. »Muß ein netter Bursche gewesen sein, wenn er sich die ganze Mühe macht. Ich hoffe nur, ich habe mich bei ihm bedankt ...« So kam es, daß sie mir die Briefe des Sergeanten lieh, und ich versprach, an den Besitzer der Schuhe zu schreiben. Außerdem bekam ich von ihr ein Exemplar von Lord Lovelaces *Astarte* und einige Bögen ihrer eigenen Gedichte, gedruckt, glaube ich, in Horsham. Es waren derbe, sehr umgangssprachliche gereimte Diatriben gegen die Deutschen, geschrieben im Krieg, nachdem eine verirrte Bombe den Tennisplatz des Hauses zerstört hatte. (Crabbet lag direkt auf der Luftwaffenroute nach London.) Ihr Talent zur Polemik hatte endlich einmal ein öffentliches Ziel gefunden und kein privates. »Sie lächeln«, sagte sie. »Nichts Weltbewegendes, fürchte ich. Nicht immer vererbt sich ein Talent ...« Es entstand eine Pause. Dann sagte Lady Wentworth: »Sie haben es doch nicht eilig, oder? Spielen wir eine Partie.«

Sie führte uns einen langen Gang entlang und dann drei Treppen hinauf zu einem düsteren, verstaubten Billardzimmer. Ein Feuer loderte im Kamin; Brandy und Whisky und Sodawasser hießen uns willkommen. Lady Wentworth blickte hinaus in den trüben Nachmittag. Durch die Regenfluten betrachteten wir den klatschnassen Park, die Bäume, von denen das Wasser wie Tränen rann, ein paar Araberponys, die unvermittelt vorüberpreschten. »Was für ein gräßlicher Nachmittag«, sagte sie. »Lassen Sie uns die Gardinen schließen.« Wir zogen die Vorhänge schwungvoll zu, sperrten Tageslicht und Wasserfluten aus und schalteten die Hängelampe über dem mächtigen Billardtisch ein. Lady Wentworth streifte ihre vielen Ringe ab und legte sie, ein glitzerndes Häuflein, neben das Tablett mit den Getränken; dann, nachdem sie wie eine Konzertpianistin ein paarmal die Finger verschränkt und gestreckt hatte, wählte sie ein Queue aus und fragte seufzend: »Welche Seite nehmen Sie?«

Wir spielten schweigend, ganz Konzentration. Alles wirkte wie außerhalb von Raum und Zeit, ein halb wohliger, halb melancholischer Zauber, mit dem uns Haus und Gastgeberin umspannen. Sie trat gegen uns beide an, und bald war klar, daß sie eine hervorragende Billardspielerin war: Die Pausen zwischen unseren Einsätzen wurden länger und länger. Alles war still, nur dann und wann war das Quietschen der Kreide, das Krachen eines Holzscheits oder das Plätschern der Regentropfen im Kamin zu hören, gelegentlich das Zischen der Sodaflasche. Von heftigen Windstößen geschüttelt, knarrten die Bäume draußen bedrohlich. »Würde mich gar nicht wundern, wenn noch einer von denen dran glauben muß«, sagte Lady Wentworth, als sie vor einem schwierigen Stoß innehielt. »Ein gräßlicher Winter war das.« Sie führte den Stoß vom Tisch abgewandt hinter dem Rücken und bog sich dabei gelenkig wie ein junges Mädchen. Unfehlbar strebten die Kugeln ihrem Ziel zu, und dem sanften Klicken, dem dumpfen Aufprall auf der Bande folgte ein zweifaches Plopp. »Seien Sie so nett und legen Sie die rote wieder auf, Antony.« Auf lautlosen Turnschuhsohlen ging sie auf die andere Seite des Tisches ... Ihr Vorsprung wuchs Spiel um verlorenes Spiel. Die ganze Welt schien geschrumpft zu diesem schattenerfüllten Raum mit dem schimmernden grünen Rechteck; zu dem gemächlich sich kräuselnden Rauch unserer Zigarren unter den Lampen, dem flakkernden Kaminfeuer und den rollenden Kugeln. Bisweilen glomm eine Brosche hier und ein Medaillon dort im Lichtschein auf, bei den mühelosen Vorbereitungen unserer Gastgeberin zum nächsten vernichtenden Stoß. Der Tee, den eine Haushälterin und zwei irische Dienerinnen brachten (Zwillinge offensichtlich), konnte das Spiel nicht aufhalten. Lady Wentworth hob eine silberne Servierhaube. »Oh, gut«, murmelte sie finster. »Muffins.« Wir aßen sie mit dem Queue in der Hand, und das Massaker nahm weiter seinen Lauf. Lady Wentworth schien enttäuscht, als, lange nach Einbruch der Dunkelheit, die Zeit gekommen war, sich zu verabschieden. Warum blieben wir nicht noch und ließen uns überraschen, was zum Abendessen im Haus war ...? Ihre schlanke Silhouette mit der Haartracht nach längst vergangener Mode stand in der Tür, und sie hielt noch ihr Queue in der Hand, als sie uns zum Abschied winkte. Wir fuhren zurück durch

Wald- und Hügelland, wo noch immer der Sturm tobte. Draußen am Parktor erwarteten uns wieder die fünfziger Jahre. Schatten von Araberpferden huschten zwischen den triefenden Bäumen. Das Weiße von einem Dutzend Augen blitzte einen Moment lang, erschrocken oder auch forschend, im Licht der Scheinwerfer auf. Dann wandten sie sich um und verschwanden eilig im Dunkel wie Gespenster des Regens.

Die Silhouette von Messolonghi in der Ferne hatte, während wir noch im Gedanken an Astakos schmollten und uns wegen des Unrechts grämten, all dies wieder an die Oberfläche gebracht.

Ich hatte von England aus an den Besitzer geschrieben, und er hatte freundlich geantwortet. Gern wolle er die Schuhe des berühmten Lord Byron seiner Nachfahrin schicken, aber er fürchte, daß die unersetzliche Reliquie in der Post verlorengehen könne; besser, man warte, bis sich ein zuverlässiger Kurier einstelle. Seitdem hatte ich nichts mehr gehört. Nun, hatte ich in Astakos gedacht, das wird sich in ein, zwei Tagen, wenn das Boot kommt, schon klären. Ich frage einfach, wie ich zum Haus von Kyrios –

Und das war das Problem! Kyrios wer? Ich hatte den Namen vergessen. In einer Kleinstadt wie Messolonghi würde es nicht schwer sein, ihn herauszufinden. Aber um nichts dem Zufall zu überlassen, war ich zum Postamt gegangen und hatte Lady Wentworth ein Telegramm geschickt.

Ihre Antwort wartete postlagernd in Messolonghi auf

mich. *Bedaure äußerst ärgerlich*, schrieb sie, *Korrespondenz unauffindbar viel Glück Wentworth*. Ich fragte den Mann am Schalter, ob er von einem Mitbürger wisse, der ein Paar Schuhe von Lord Byron besitze. Nein, davon hatte er noch nie gehört, auch seine Kollegen nicht, nicht einmal der Postvorsteher. Sie alle und sämtliche Besucher des Postamts waren voller Bedauern. »*Tà papóutsia toú Lórdu Vyrónu*«, summte es durch das ganze Gebäude. »Fragen Sie auf der Bürgermeisterei. Die haben ein paar Sachen von Byron. Der Bürgermeister weiß vielleicht etwas …« Der Bürgermeister, ein bebrillter vornehmer Herr, wußte ebenfalls nichts. Zum Trost sahen wir uns die wenigen Byron-Reliquien in den Schaukästen an. Geboten wurden ein Querschnitt aus dem letzten überlebenden Ast der Ulme, in deren Schatten der Dichter in Harrow gesessen hatte; ein Briefumschlag, brüchig vom Alter, in der vertrauten Handschrift adressiert an »die ehrenwerte Mrs. Leigh, Six Mile Bottom, Newmarket«; ein Brief, der mit »Meine liebste Caroline« begann; die Urkunde, mit der Byron zum Ehrenbürger der Stadt erklärt wurde; ein Bild von seiner Tochter Augusta Ada als kleinem Mädchen; Solomos' Ode auf den Dichter und die Flugblätter, die seinen Tod verkündeten; ein Druck von Newstead Abbey und einer, betitelt »Der Schatten Byrons betrachtet die Ruinen von Messolonghi«. Eine dritte Radierung aus dem Jahr 1827 zeigte Erzbischof Germanos, wie er in Kalavryta die Fahne des Aufstands hißt. Bart und Kluft paßten einigermaßen zu einem orthodoxen Geistlichen; doch der Hintergrund zeigte einen hoch aufragenden, Beckfordschen Komplex aus Spitzbögen, Triforien, Lichtgaden und krabbenbesetzten Fialen: ein schlagender Beweis dafür, wie wenig man in Westeuropa in den letzten Jahren der Osmanenherrschaft über Griechenland wußte.

Aber keine Spur von den Schuhen.

Nirgends kamen wir weiter; nicht bei den Geistlichen, der Polizei, den diversen Banken. Es gab kaum eine Bar, in der wir nicht einen Schluck bestellten, als Auftakt zu Erkundigungen. In unserer Verzweiflung sprachen wir sogar Fremde auf der Straße an, die aussahen, als könnten sie vielleicht etwas wissen.

Zermürbt von der Enttäuschung saßen wir an einem Restauranttisch bei der Statue des Präsidenten Trikoupis unter ein paar Palmen und rührten den Tintenfisch, den wir als Mittagessen bestellt hatten, kaum an; Glas um Glas gossen wir das kalte Fix-Bier herunter, um aufzufüllen, was die Hitze an salzigen Strömen aus allen Poren quellen ließ. Zur Siesta fanden wir keine Ruhe und zogen von neuem durch die Straßen, lange bevor die Stadt wieder erwacht war, und binnen kurzem fanden wir uns am *Kypos tôn Eroôn*. Allmählich fragte ich mich, ob die Gespräche auf Crabbet und der Briefwechsel womöglich nur ein Traum gewesen waren.

Dieser Heldenpark war ein anrührender Ort. Zwischen den schlaffen, staubigen Bäumen des Mittsommers standen die Marmorbüsten und Denkmäler der Helden von Messolonghi. Es zeugt von der Achtung, die man in Griechenland Lord Byron entgegenbringt, daß seine Statue, die einzige Ganzfigur dort, im Mittelpunkt dieses Walhalls ihren Platz hat. Überall verstreut sind Denkmäler der anderen Philhellenen, die für die Freiheit Griechenlands gekämpft haben oder gestorben sind: die vielen Deutschen, die Franzosen, Amerikaner, Engländer und, symbolisch vertreten durch einen großen, von Felsbrocken umgebenen Granitpfahl, die Schweden; und überall zwischen diesen Kämpfern, die von ferne kamen, stehen die großen griechischen Helden der Belagerung von Messolonghi.

Wir saßen recht niedergeschlagen auf der kleinen Einfassungsmauer und überlegten, wie wir unsere Suche wiederaufnehmen sollten, da kündeten ein Wirbel aus bunten Rüschen und ein Schwall schwermütiger Worte vom Angriff einer Zigeunerin. Aber wir waren nicht in der Stimmung, uns die Zukunft vorhersagen zu lassen, und als uns die Beharrlichkeit ihrer Litanei, die sich auch mit Almosen nicht stillen ließ, schließlich zum Aufbruch zwang und wir uns müde zum Rückweg in die Stadt anschickten, blickte sie uns finster ins Gesicht und verkündete, sie sehe Unglück und Mißerfolg dort geschrieben. Solcherart noch weiter entmutigt machten wir uns auf den Rückweg zu unserem Quartier.

Aber sie hatte unrecht. Eine sogleich sympathische junge Frau wartete auf uns. Sie strahlte, als sie uns kommen sah: Ob wir diejenigen seien, die nach Lord Byrons Schuhen suchten? Sie habe gehört, daß wir überall danach fragten. Die Schuhe gehörten ihrem Onkel – sie nannte uns seinen Namen, und sofort erkannte ich den des Mannes, mit dem ich Briefe gewechselt hatte. Ob wir in einer Stunde bei ihnen vorbeischauen könnten?

Und ob wir das konnten!

Wir erklommen die Stufen zum Gastzimmer eines stattlichen Hauses aus gelbem Stein unweit der Stelle, wo Byrons Sterbehaus gestanden hatte. Die Fensterläden waren noch geschlossen, zum Schutz vor der Nachmittagshitze. In den Schatten rings um die Gestalt unseres Gastgebers, der uns in der Tür willkommen hieß, konnten wir solides viktorianisches Mobiliar mit Deckchen auf den Polstern ausmachen. Er selbst war ein großer, kräftig gebauter Mann zwischen sechzig und siebzig, mit buschigen schwarzen Augenbrauen und einem üppigen grauen Haarschopf; mit seinem schlichten und freundlichen Auftreten erinnerte er an einen alten Schiffskapitän, und genau das war er auch. Seine Nichte war ebenfalls zugegen, in Begleitung ihres Verlobten, eines Artillerieoffiziers von niederem Rang. Im Vergleich zur vornehmen Erscheinung dieser drei sah unsere schäbige Reisekleidung um so armseliger aus. Die Nichte widmete sich geschäftig dem Begrüßungszeremoniell, reichte Löffelchen mit Kirschmarmelade, anschließend ein Glas Wasser, einen Fingerhut voll Kaffee und einen winzigen Schluck Mastika. Weniger vergeßlich als ich, hatte unser Gastgeber mich sofort höflich mit Namen begrüßt und meine Briefe hervorgeholt; auf den Tisch legte er, neben andere Kostbarkeiten, ein säuberlich vernähtes Stoffbündel von etwa einem Fuß Länge, das unsere Blicke magisch anzog; darauf hatte jemand, der nicht an lateinische Buchstaben gewöhnt war, mit waschfester Tinte in verschnörkelter Schrift die folgenden Worte geschrieben: *Baroness Wentworth, Crabbet Park, Three Bridges, Sussex …*

Ich beglückwünschte ihn, daß er Byrons Nachfahrin ausfindig gemacht hatte, und erkundigte mich behutsam, wie er an Byrons Schuhe gekommen sei. Ob er sie geerbt habe?

»Nein‹, antwortete er. »Aber meine Großeltern stammten beide aus Messolonghi und müssen Byron oft gesehen haben. Also, mein Großvater war zur Zeit der Belagerung zweiundvierzig, und meine Großmutter war dreißig. Er wurde 1784 geboren und starb im Alter von einhundertundvier, damals war ich drei Jahre alt! Einhundertundvier Jahre! Er hatte noch Vorkriegsknochen! *Propolémika kókkala!* Nicht so dünne, wie wir sie heute haben … Ich kann mich natürlich nicht mehr an ihn erinnern, ich bin erst achtundsiebzig, aber man hat mir immer erzählt, daß er ein stattlicher alter Herr war. Er und meine Großmutter waren bei dem großen Exodus dabei; sie kämpften sich durch die Reihen der türkischen Belagerer, und gottlob« – er hielt inne, um sich zu bekreuzigen – »gelang ihnen die Flucht. Das hier ist sein Jatagan.« Er reichte mir die geschwungene Waffe mit der bossierten silbernen Scheide und dem gegabelten Elfenbeingriff. Ich zog sie heraus, fuhr mit dem Finger über die schartige Klinge und fragte mich, ob die Kerben wohl entstanden waren, als er sich an jenem schrecklichen Tag einen Weg in die Freiheit bahnte. »Und das sind seine Schießeisen« – wir nahmen ein Paar schwere, fast gerade Pistolen mit filigranen Ornamenten in die Hand, mit Kolben, die in einem birnenförmigen Silberknauf endeten, wie sie in Ioannina gemacht wurden –, »und das hier ist seine *balaska*, der Metallbeutel,

in dem man die Kugeln aufbewahrte; hier sein Pulver-
horn. Und da haben wir seinen Federkasten mit dem kleinen Tintenfaß; der Deckel hat einen Schnappverschluß –
ganz aus Silber! –; obwohl er kein großer Schreiber war.
Aber jeder hatte so etwas, selbst die, die nicht schreiben
konnten; sie trugen es in ihrem Gürtel«, erzählte er lächelnd und wies mit einer weit ausholenden Geste auf
seine Taille, »weil es schneidig war, *dia leventeiá*. Je mehr
man im Gürtel trug, desto besser. Nun, meinen von ihren
Sünden erlösten* Großeltern gelang die Flucht, und nach
der Schlacht von Navarino, als der Sturm sich gelegt
hatte, kehrten sie zurück und widmeten sich von da an der
Schiffahrt. Anfangs war es nur ein kleines Unternehmen;
dann baute mein Großvater immer weitere Kaiken, trans-
portierte Waren und trieb Handel, zunächst nur im Golf
und auf den Ionischen Inseln, vor allem auf Zakynthos –
unsere Stadt hat seit jeher enge Verbindungen dorthin –,
später auch in der Ägäis und schließlich überall auf den
Inseln und im ganzen Mittelmeer. Das waren gute Zeiten.
Mein Vater übernahm das Geschäft und danach ich. Sehen Sie dieses Haus? Das wurde zu Lebzeiten meines Vaters erbaut, und jeder Stein, *jeder einzelne Stein*, wurde von
unseren eigenen Schiffen herangeschafft – raten Sie mal,
woher. Aus Savona in Italien, nicht weit von Genua! Jeder
einzelne Stein.« Er klopfte mit dem Knöchel an die Wand
hinter seinem Stuhl. »Sehen Sie! Fest und solide wie am
ersten Tag!«

* Dieses Wort – *synchoriménos* – ist, genau wie *makarítes* (»selig«), ein etwas frömmerer Ausdruck für »verstorben«.

Während er redete, versuchten wir, nicht gar zu auffällig auf das Leinenbündel zu starren. Es wurde dunkler; seine Tochter kam und öffnete die Fensterläden. Das weinrankengrüne Abendlicht flutete durch die Fliegengitter. »Heute ist alles anders«, fuhr er fort. »Wir sind nicht mehr das, was wir früher einmal waren, auch wenn wir immer noch ein Dach über dem Kopf haben. Ach, das waren Zeiten. Sie hatten alles! Sie konnten ihre Hunde mit Wurstketten anbinden.«

Er verstummte, als sei alles gesagt. Im einfallenden Abendlicht sahen wir, daß seinem rechten Augenlid, gewiß auf See, ein Mißgeschick widerfahren sein mußte, und nun sah es aus, als zwinkere er. Nach langem Schweigen strich ich gedankenverloren mit dem Zeigefinger über das Leinenpäckchen.

»Ach ja«, seufzte unser Gastgeber. »Lord Byrons Schuhe ... Also das war so. Als *O Vyron* in Messolonghi war, ging er immer mit einem *monóxylo* – einem von diesen Einbäumen, die es auch heute noch gibt – auf Entenjagd in der Lagune; das Boot gehörte einem jungen Schiffer namens Yanni Kazis. Kazis hatte drei Töchter. Zwei von ihnen heirateten und zogen weg aus der Stadt, die dritte ging nach Jerusalem« – er zeigte aus dem Fenster – »und trat als Nonne in ein orthodoxes Kloster ein. Viele Jahre später kehrte sie zurück. Sie war eine gebrechliche alte Frau, nichts als Haut und Knochen in einer Nonnenkutte. Ihre Familie war längst in alle Winde verstreut, und sie hatte keine Bleibe, also ließ ich die arme alte Frau bei uns wohnen. Das war im Jahr 1920 – oder war es 1921? Jedenfalls verbrachte sie ihre letzten Lebensjahre unter unserem Dach. Kurz vor ihrem Tod gab sie mir diese Truhe« – er zog ein zerkratztes altes Holzkästchen unter dem Tisch hervor –, »und darin waren die Papiere und Bücher hier und die Schuhe des *Lordos*. Außerdem eine Ikone des heiligen Spiridion, die ich in der Kathedrale aufgehängt habe.« Die vergilbten, insektenzerfressenen Papiere erwiesen sich als von der Provisorischen Regierung von Westgriechenland herausgegebene und von Mavrokordatos unterzeichnete schwarzgeränderte Flugblätter mit der Nachricht vom Tod Byrons, auf denen ein Salut von siebenunddreißig Kanonenschüssen angeordnet wurde – für jedes Lebensjahr des Dichters einer –, dazu drei Tage tiefer Trauer, und das trotz des bevorstehenden Osterfests. Bei den Büchern handelte es sich um ein eselsohriges orthodoxes Meßbuch und zwei Andachtsbücher, alle drei voller Stockflecken.

»Die Schuhe«, fuhr er fort, »waren ein Geschenk von Lord Byron an ihren Vater. Byron trug sie immer im Haus, wenn ihr Vater ihn von der Lagune zurückgerudert hatte. Kazis hat sie nie selbst getragen, aber er hat sie wie eine Reliquie bewahrt, und als er starb, gab er sie seiner Tochter; und als ihre Tage sich dem Ende zuneigten, schenkte sie sie mir, zum Dank, daß ich sie aufgenommen hatte. Wir haben sie begraben, und hier sind die Schuhe nun. Sie war eine gute Frau; möge die Erde ihr leicht sein.«

Er schien wenig geneigt, das sorgsam vernähte Bündel zu öffnen, doch schließlich trennte er die Stiche mit der Spitze des großväterlichen Jatagans auf und schlug die Bögen aus Seidenpapier auseinander. Wir reckten alle die Hälse.

Vielleicht im Gedenken an Byrons griechische Tracht auf Crabbet hatte ich ein Paar *tsarouchia* erwartet, die schweren Schnabelschuhe der griechischen Bergbewohner mit eisenbeschlagenen Holzsohlen, bisweilen mit Samtquasten über dem Rist, die traditionell zur Fustanella getragen werden. Doch als mein Gastgeber die innerste Lage des Seidenpapiers beiseite schlug und mir die Schuhe behutsam reichte, hielt ich ein Paar leichte, schmale, verblaßte Pantoffeln in Händen, die Sohlen aus Saffianleder, die Oberseite mit zarter gelber Seidenstickerei und die Spitzen nach orientalischer Mode aufgebogen. Sie erinnerten eher an Marokko und Algier, an halbdunkle Räume mit Teppichen und Fenstergittern als an die felsigen Ausläufer der ätolischen Berge; mehr noch an die Art von orientalisch inspirierten Pantoffeln, die ein Dandy der Regencyzeit in der Londoner Burlington Arcade oder bei einem modischen Schuhmacher oder Kurzwarenhändler in den Arkaden von Genua oder Venedig erstanden haben könnte ... Schweigend ließen wir die zwei zarten Trophäen von Hand zu Hand wandern. Etwas an ihnen überzeugte uns sofort. Als wir sie umdrehten und die dünnen Sohlen begutachteten, wuchs diese Gewißheit: die Sohlen waren unterschiedlich abgenutzt. Die linke zeigte normale Gebrauchsspuren; auf der rechten sahen wir einen anderen Abdruck, kräftiger unter dem Spann. Wir wiesen den Besitzer darauf hin, doch da er nie gehört hatte, daß Byron zwei ungleiche Füße hatte, weckte unsere Bemerkung allenfalls höfliches Interesse. Auf uns aber – sei es, weil wir dem Schauplatz der qualvollen letzten Augenblicke im Leben des Dichters so nah waren, sei es wegen unserer frustrierenden Suche und der plötzlich so einfachen Lösung – wirkten diese schlichten Reliquien im höchsten Maße ergreifend und bewegend. Es war, als sei dieser seltsame junge Mann, wie Hobhouse ihn nannte, hinkend in den halbdunklen Raum getreten ...

Die Lampen wurden angezündet, und nachdem wir die Pantoffeln fotografiert und gemessen und gezeichnet hatten, wickelte unser Gastgeber sie mit einem Anflug von Verlegenheit wieder ein. Schließlich gestand er, er könne sie, nun da es hart auf hart gehe, doch nicht aus dem Familienbesitz weggeben; seine Nichte stehe kurz vor der Hochzeit – »sie heiratet diesen jungen *pallikari* hier«, sagte er und wies mit den Schuhen auf den Unteroffizier, »und ich will sie ihr als Mitgift geben. Die beiden können sie an ihre Kinder vererben, und diese an die ihren und immer so weiter ...« Er fühlte sich schuldig, weil er es sich anders überlegt hatte. Wir versicherten ihm, daß ihm niemand einen Vorwurf machen werde, schon gar nicht Byrons Urenkelin. Genau wie wir würde sie dem jungen Paar Glück und Wohlstand und ein Dutzend Kinder wünschen. Seine Verlegenheit legte sich rasch. Wir tranken ein letztes Glas Mastika und erhoben uns dabei, um auf das junge Paar anzustoßen. Nach einem letzten Blick auf die Schuhe und einem schmerzhaft kräftigen Händedruck zum Abschied verließen wir unseren Gastgeber, der uns, immer noch die Schuhe in Händen haltend, alles Gute wünschte. Auf den Straßen der Stadt herrschte abendliche Geschäftigkeit, und wir fühlten uns so beschwingt, als hätten wir die so flüchtigen Trophäen tatsächlich im Gepäck.

Der erfolgreiche Abschluß unserer Suche versetzte uns in Hochstimmung. Als wir uns unter den welken Palmen niederließen, nahm Messolonghi eine ganz ungewohnt charmante und hoffnungsvolle Stimmung an; es war eine funkelnde Lichterwelt unter einem verblassenden Tiepolohimmel. Ich setzte mich sofort hin und berichtete meinem Verleger John Murray (dem Namensvetter und Urenkel von Byrons Freund und Verleger) in einem Brief von unserem Fund. Ich legte die Skizzen und die Umrißzeichnung bei und versprach, die Fotos zu schicken, sobald sie entwickelt waren. Ich bat ihn auch, die Pantoffeln mit anderen Schuhen von Byron zu vergleichen, die sich in seinem Besitz befanden – sein Haus ist eine wahre Schatzkammer, vollgestopft mit Reliquien des Dichters – und auch noch andere Freunde und Experten hinzuzuziehen, besonders Sir Harold Nicolson und Peter Quennell. Dann übermittelte ich die schlechte und die gute Nachricht nach Crabbet.*

Ich wünschte, ich hätte damals, so wie jetzt kurz vor der Niederschrift dieser Seiten, noch einmal gründlich in

---

* Als ich nach geraumer Zeit die Antworten auf beide Briefe erhielt, fielen sie genau so aus, wie ich es mir erhofft hatte. Die Größe bot keinerlei Anlaß zum Zweifel an der Echtheit der Schuhe, und der verkrüppelte Fuß des Dichters war tatsächlich, wie ich es im Gedächtnis gehabt hatte, der rechte gewesen. Lady Wentworth hatte vollstes Verständnis und übermittelte ihre besten Wünsche.

Harold Nicolsons *Byron: The Last Journey** geschaut. Ich hätte dort viel Nützliches entdeckt. Auf einer Forschungsreise zu seinem Buch hatte der Autor nämlich in den frühen zwanziger Jahren Freundschaft mit einem gewissen Aramandios Soustas geschlossen, Leiter der städtischen Schule in Messolonghi und ein wandelndes Lexikon, wenn es um Informationen über die letzten Tage des Dichters ging. Wie hatte ich es versäumen können, die örtliche Lehrerschaft zu befragen – selbst wenn es mittlerweile nicht mehr dieselben Personen waren? Lehrer sind sonst meine erste Anlaufstelle in solchen Fällen, und ich habe mich nur selten vergebens an sie gewandt. »Mr. Soustas«, so Sir Harold, »war befreundet mit Costa Ghazis, dem mittlerweile neunzigjährigen Schiffer, der Byron in jungen Jahren fast täglich über die Lagune gebracht hatte, zu der Stelle, wo die Pferde bei dem Olivenhain warteten; und vor seinem Tod hatte Ghazis Mr. Soustas mehrfach und ausdrücklich erzählt …, daß Byron abends bei der Rückkehr stets eigentümliche westliche Lieder zu singen pflegte** und wie der General auf seiner letzten Überfahrt schweigend und fröstelnd im Heck gesessen hatte …« Ich hätte dort lesen können, daß Byron und Graf Gamba bei ihrem letzten Ritt von einem Gewitter überrascht wurden und völlig erhitzt und vom Regen durchnäßt zu Ghazis' Boot zurückkamen; als sie im strömenden Regen langsam

---

* Erschienen bei Constable & Co. Ltd. 1924 [dt. *Byrons letzte Reise. April 1823 – April 1824*, Bremen 1947].
** *The Meeting of the Waters?; Those Endearing Young Charms?; Oft in the Stilly Night?*

über die Lagune nach Hause stakten, setzte der ominöse Schüttelfrost ein ... der Rest ist bekannt. Dem Anhang hätte ich entnehmen können, daß Costa Ghazis 1890 gestorben war.

Unser Gastgeber hatte zwar gesagt, der Empfänger der Pantoffeln habe Yanni Kazis geheißen, und Lord Byron sei der Entenjagd wegen mit dem Boot auf die Lagune hinausgefahren; in Wirklichkeit waren Byrons einzige sportliche Betätigungen damals Schwimmen und Flaschenschießen gewesen – aber das waren unbedeutende Fehler. Ioannis und Konstantinos sind die gängigsten Vornamen in Griechenland; abgekürzt zu Yanni und Costa sind sie die griechische Variante von Hinz und Kunz, und ebenso leicht zu verwechseln. Und was Kazis und Ghazis anbelangt: bei manchen Griechen klingen K und G nahezu identisch. Costa Ghazis und Yanni Kazis sind ein und dieselbe Person. Der Schiffer unseres Gastgebers und seine weitgereiste Tochter treten aus dem Dunkel ins Licht, und die Schuhe werden leichten Fußes zu bezeugten Reliquien.

Wieso, fragten wir uns beim Meerbarbenessen unter struppigen Palmen, bereitete uns das Aufspüren dieser unbedeutenden Erinnerungsstücke so großes Vergnügen und erfüllte uns mit einer derartigen Erregung? Die Antwort ist, daß nichts, was mit Lord Byron zu tun hat, nicht einmal ein Paar Schuhe, gänzlich uninteressant ist.

Er beherrschte unsere Gedanken und Gespräche während des zweiten Krugs Retsina, den eine Gruppe von

Einheimischen am Nebentisch uns spendiert hatte. Am Rand dieses Archipels von Tischen hatten drei alte Männer aus den Bergen ein Weilchen zuvor ein klephtisches Lied angestimmt, das ich schon immer sehr geliebt habe: einen Gesang zu Ehren von Markos Botsaris, dem großen Anführer der Westgriechen im Unabhängigkeitskrieg. Byron wäre ihm beinahe begegnet: Wenige Stunden nachdem er dem Dichter einen Brief geschrieben hatte, wurde er bei einem Angriff auf die Türken in Karpenisi durch einen Kopfschuß getötet. (Byron stellte viele seiner kilttragenden Soulioten in Dienst und hatte es nicht immer leicht mit ihnen.) Es war genau die Art von langgezogenem Klagegesang in Molltönen, deren Hin und Her aus den Mündern seines souliotischen Gefolges Byrons westliche Bekannte so sehr bestürzte und beunruhigte. Für ihre verwöhnten Ohren, nicht für die von Byron selbst, waren diese Lieder der Inbegriff der Barbarei ... Aber es war kein Wunder, daß wir von ihm sprachen; schließlich hatten byronische Marksteine unseren Weg durch Nordwestgriechenland gesäumt wie die Papierschnipsel einer Schnitzeljagd: Ioannina, Dodona, die Schluchten des Pindus, das Kloster Zitsa, der Acheron, Souli, Parga, die acherusische Ebene, Kefalonia, Preveza, der Ambrakische Golf, Akarnanien und schließlich Ätolien, wo seine Reise nur fünfzehn Jahre nach jener ersten für immer zu Ende gegangen war. Die Ortsnamen aus *Childe Harolds Pilgerfahrt* waren die Stationen dieser unbekümmerten Griechenlandreise, die er einundzwanzigjährig zusammen mit Hobhouse unternommen hatte, Orte, die damals so abseits jeder üblichen Route für die Grand Tour lagen und so exotisch und abenteuerlich klangen (die Adria schien ein gewaltiger Ozean, das Ceraunische Gebirge ein unüberwindliches Hindernis) wie heute eine Reise von Athen in den Hindukusch. Ihre kleine Kavalkade durchquerte Regionen von sagenhafter Schönheit und unbeschreiblicher Wildheit; hohe Bergketten, tosende Wasserfälle und dicht bewachsene Schluchten galt es zu überwinden. Damals waren Epirus und der gesamte Nordwesten von Griechenland fest in Ali Paschas Hand: Seine grausamen Albaner wüteten im Flachland, Klephten und Armatolen machten die Berge unsicher; die Festungen von Souli befanden sich im ständigen Aufstand. Es war eine Welt der Zwietracht und Rache, der brennenden Dörfer und Massaker, des Pfählens und der abgeschlagenen Köpfe. In diesem Teil von Griechenland hatten sich einige der dramatischsten Ereignisse in Geschichte und Mythologie zugetragen; Namen und Erinnerungen an die großen Tage der griechischen Antike waren allgegenwärtig; vor allem aber lebten nach wie vor Griechen hier. Inmitten von Ruinen erkannte der Dichter in der scheinbaren Gefügigkeit der Menschen des Flachlands und in der Wildheit der Bergbewohner überzeugende Verkörperungen von Tapferkeit und Unterwerfung und zugleich erste Anzeichen künftiger Wiedergeburt; einer Wiedergeburt, die früher eintreten und ihn nachhaltiger beeinflussen sollte, als er es selbst je für möglich gehalten haben kann. Reichlich Stoff für einsame Grübeleien, hymnische Beschreibungen, für beißenden Spott und aufwieglerische Reden. Und als

Childe Harold drei Jahre später erschien, traf all dies, dieses Eindringen in eine unbekannte Welt, die kontrollierte Wut, mit der das geschah, die Angriffslust und Streitsucht und die Beschwörungskraft und der Eindruck von nur mit Mühe gezügelter Kraft majestätisch donnernd in Spenserstrophen (bei denen der letzte Versfuß jeder davon je nach Stimmung klingt wie ein Doppelschlag oder ein fernes Echo) zuerst London und später die Welt wie ein Paukenschlag. Niemand hatte je dergleichen gesehen oder gehört, und Byron wurde über Nacht zum Mythos. Auch heute noch, wo wir sie längst kennen, treffen uns die Rhythmen und Bilder dieser Dichtung mit der Wucht einer in Verse geschmiedeten Verschmelzung von Delacroix und Berlioz und vermitteln uns mehr als eine bloße Ahnung von ihrer Wirkung auf die Zeitgenossen.

Wie überrascht, wie unglaublich überrascht und beschämt wären Byrons Verächter in England gewesen, hätten sie in die Zukunft blicken können! Seit der Zeit des Unabhängigkeitskriegs hält England einen Ehrenplatz in den Herzen der Griechen; ein einmaliges Phänomen in der steinharten Welt internationaler Beziehungen. Für dieses schmeichelhafte Bild gibt es handfeste Gründe –* der gewaltige von Privatleuten freiwillig gewährte Kredit zur Unterstützung des griechischen Kampfs gegen die Türken; die

---

* Ein Bild, das durch den jüngsten Konflikt in Zypern leider Schaden genommen hat. Die Verbitterung der Griechen in der Zeit dieses üblen Zwischenspiels wurde nur noch schlimmer durch den Überschwang der alten Zuneigung. Noch ist nicht abzusehen, ob die Beziehungen im Laufe der Zeit wieder so harmonisch werden wie zuvor. Man kann es hoffen. Doch Lilien, die verrotten, riechen übler als Unkraut.

Beteiligung englischer Philhellenen an den Kämpfen selbst – obwohl man dem europäischen Kontinent und Amerika anrechnen muß, daß die Engländer nicht die einzigen waren; der unter dem Kommando von Codrington errungene Sieg über die türkisch-ägyptische Flotte bei Navarino, mit dem der lange Krieg sein Ende fand; die Politik von Canning und Gladstone; die Rückgabe der Ionischen Inseln und das Festhalten an einer konsequent progriechischen Politik. In jüngster Zeit wurden diese Bindungen verstärkt und nach außen hin sichtbar durch das Bündnis zwischen Griechen und Briten in zwei Weltkriegen. Die Bilanz ist eindrucksvoll und gereicht beiden zur Ehre.

Aber wenn man im Laufe der letzten zweihundert Jahre einen x-beliebigen Griechen gefragt hätte, woher diese Gefühle kämen, hätte dieser, erstaunt über die einfältige Frage, unweigerlich geantwortet: von Lord Byron. Sein Ruf in England hat viele Wandlungen erfahren. Hier war es anders: Als sich an jenem regnerischen, gewittrigen Abend die Nachricht von seinem Tode in den schäbigen Gassen von Missolonghi verbreitete, weckte sie allgemeine Bestürzung; sein Name, längst schon in aller Munde, stieg wie eine Leuchtrakete auf zum griechischen Firmament und wurde zum Fixstern dort, der von Jahr zu Jahr heller strahlt. »*O Vyron*«, »*Lordos Vyronos*«, oder, vornehmer, »*O Mpaïron*« ist mittlerweile griechisches Gemeingut. Tausende von Kindern tragen seinen Namen, und sein Gesicht ist so vertraut wie das jedes anderen Helden des antiken oder des modernen Griechenlands. Jeder englische Reisende, wie einfach oder unscheinbar er auch immer sein mag und egal, ob es weiß oder verdient oder will, profitiert vom Abglanz seines Ruhms. Ich frage mich, ob es wohl überhaupt eine andere historische Gestalt gibt, die in einem Land, das nicht das eigene ist, eine so herausragende Stellung einnimmt?

Kritische Stimmen stellen Byrons Gefühle gegenüber Griechenland bisweilen in Frage. Er war ein gnadenloser Kritiker aller Länder, über die er geschrieben hat, mit England an vorderster Stelle, und wie die Griechen selbst war er nicht blind gegenüber den Fehlern Griechenlands. Aber sein Zorn über allzu oberflächliche Kritik an dem Land war die Reaktion eines Mannes, der eine tiefe emotionale Verbundenheit damit spürte. Sein Leben hatte einen Punkt erreicht, an dem ihm der Tod vielleicht als einzig sinnvolle Lösung erschien. Aber auch ohne das hätte er für die Sache der Griechen Partei ergriffen. Sie waren die einzigen Menschen, bei denen er sich je glücklich gefühlt hatte. Er wollte für Griechenland sterben; aber er war entschlossen, ihm vorher nach Kräften zu helfen. Die instinktive Würdigung seines Einsatzes in ganz Griechenland ist ein gerechtes Urteil.

Byrons letztes Gedicht, geschrieben an seinem siebenunddreißigsten Geburtstag und somit kurz vor seinem Tod, ist mit Sicherheit ein ehrliches Abbild seiner Gefühle.

Das Schwert, das Kreuz-Panier, das Feld der Siege,
Und Hellas' Stern strahlt um uns her! –
Nur Sparta's Sohn, dess Schild sein Grab und seine Wiege,
Ist frei nicht mehr! –

Erwach! – Nicht Grieche du, du hast dich schon erhoben!
Erwach mein Geist! gedenkt durch welchen Keim
Mein Lebensblut mit dem verwandten Strom durchwoben,
Und dann kehr heim!

Unwürd'ge Mannheit! – Tritt sie nieder
Der Leidenschaft erwachte Pein!
Der Liebe Zorn, der Liebe süße Lieder,
Müss' fern dir seyn! –

Reut deine Jugend dich, – warum noch leben? –
Für Ehren-Tod ist hier das Feld, –
Auf in den Kampf! den Odem aufzugeben, –
Hier stirb als Held! –

Such dir, – was ungesucht weit öfter wird gefunden, –
Ein Krieger Grab, – dem walle zu! –
Dann blick umher, – wähl festen Grund für deine Wunden,
Und geh' zur Ruh! –

Die Tische an der Trikoupis-Statue leerten sich, und der
Rauch unserer Zigaretten stieg schnurgerade in die wind-
stille Nacht. Die Tischnachbarn, die uns den Wein spendiert hatten, und die drei struppigen Sänger aus den Bergen waren die letzten außer uns. Einer aus der ersten
Gruppe sprach uns an.

»Haben Sie sie gefunden?« fragte er.

Wir waren einen Augenblick lang verblüfft. Über all den
Gedanken an Byron hatten wir unsere Suche ganz aus den
Augen verloren.

»Die Schuhe? Haben Sie sie am Ende bekommen?«

Wir erzählten ihnen die ganze Geschichte. Die Männer
aus den Bergen lauschten interessiert.

»Ah!« sagte einer von den Spendeuren. »Er war ein wunderbarer Mann. Ein wahrer Held.«

»*O Vyronos?*« fragte ein Bergbewohner. »*Dikòs mas einai.* Der ist einer von uns.«

»Natürlich ist er einer von uns«, sagte ein anderer und hob feierlich sein Retsinaglas. »Möge er niemals in Vergessenheit geraten. *Aionia i mnémi tou.*«

»Amen«, stimmten die anderen ein. »Amen, amen.«

Postskriptum

Dichter haben ein seltsames Leben nach dem Tod. Mein (mittlerweile leider verstorbener) alter Freund Tanty Rodocanaki erzählte einmal folgende Geschichte. Als Rupert Brooke 1915 vor Moudros starb, wurde sein Leichnam im Westen von Skyros beigesetzt, einer Insel, die er zu Lebzeiten nie betreten hatte. Die Bewohner von Skyros sind stolz darauf, daß er unter ihnen ruht, und obwohl sie nur wenig über ihn wissen, wird sein Name fast so sehr in Ehren gehalten wie der des Schutzpatrons der Insel, des heiligen Georg. Er wird sogar in Liedern erwähnt. Als er der Insel vor einigen Jahren einen Besuch abstattete, bewunderte Rodocanaki den einsamen Olivenhain, in dem das Grab des Dichters liegt. Als er die Inschrift inspizierte, sprach ein alter Schäfer, dessen Herden in den umliegenden Wäldern weideten, ihn an. »Wie ich sehe, bewundern Sie das Grab von *O Broukis*«, sagte er. »Er war ein großer Dichter. Wir sind froh, daß wir ihn bei uns haben. Er war ein guter Mensch.«

Fasziniert von seinem überzeugten Tonfall und neugierig darauf, wieviel er wohl wußte, fragte ihn Rodocanaki, was er von seinen Gedichten halte.

»Ich muß leider zugeben, daß ich nie eins davon gelesen habe«, antwortete der Schäfer. »Ich bin nicht besonders gut im Lesen und mit fremden Sprachen. Aber man sah es ihm an, daß er ein großer Mann war. Sehen Sie den alten Olivenbaum da drüben? Das war sein Baum.«

»Wie meinen Sie das?«

»Da hat er gesessen, jeden Tag, und Gedichte geschrieben.«

Rodocanaki wollte ihm nicht widersprechen und fragte, ob er sicher sei, daß sie von derselben Person sprächen.

»Natürlich bin ich mir sicher! Immer ist *O Broukis* schweigend durch die Wälder gewandert, der Inbegriff von einem altmodischen englischen Gentleman.«

»Wie sah er aus?«

»Wunderbar, Sir«, antwortete der Schäfer. »Groß, würdevoll, mit wallendem Haar, mit funkelnden Augen und einem langen weißen Bart.«

5

Im Reich des Autolykos

»Du sollst Gott den Herrn nicht lästern!« Diese Worte prang-
ten in fetten, geschnörkelten Buchstaben an der Windschutzscheibe oberhalb des Fahrersitzes; *»Gotteslästerung
bedeutet Mangel an Respekt und Nächstenliebe. Sie ist eine
Schande für jeden zivilisierten Menschen. Selbst Barbaren, ja Dämonen lästern niemals Gott.«*
Wer waren diese Gott nicht lästernden Barbaren – von
den Dämonen ganz zu schweigen? Ich saß direkt neben
dem Fahrer, also fragte ich ihn. Er war ein hochgewach-
sener, glattrasierter Mann mit Stoffkappe, Hornbrille und
dem langen, nachdenklichen Gesicht eines Intellektuellen. Er wandte sich lächelnd um und nahm zu einer weg-
werfenden Handbewegung beide Hände vom Steuer. *»As
ta daimónia!«* sagte er. »Lassen wir die Dämonen!« Die
Hände kehrten gerade noch rechtzeitig zum Bremsen
wieder an das Lenkrad zurück. Wild wie eine Horde af-
ghanischer Stammeskrieger kam ein Trupp Ziegen den
Berghang heruntergestürmt, donnerte quer über die
Straße und verschwand auf der gegenüberliegenden Seite
in einer Kaskade aus Gemecker und Glockengeklimper in
der nächsten Schlucht, gefolgt von einer kleinen Lawine.
»Es gibt sie nicht. Nicht mehr. Es sei denn, die meinen
diese Gehörnten da.« Er zeigte auf die letzten Ziegenhin-
tern und stieß die linke Hand mit weit abgespreizten Fin-

gern und nach außen gekehrter Handfläche energisch in ihre Richtung – die panhellenische Drohgebärde. »*Na!* Die blockieren die Straßen, die fressen die Bäume kahl und verwüsten das Land – sehen Sie sich doch nur um! –, und stinken tun sie auch noch. Denen entjungfere ich ihre Allheilige.« Unsere Straße wand sich bergauf durch die steinige Schlucht.

»Und was ist mit den Barbaren? Sind das alle, die keine Griechen sind? Ich zum Beispiel?«

Das war eher scherzhaft gesagt, doch nun machte er eine gequälte Miene; wieder nahm er die rechte Hand gefährlich vom Steuer und klopfte mir beschwichtigend auf die Schulter.

»Wie kommen Sie denn *da*drauf? Keine Ahnung, wen die damit meinen. Die Popen haben diese Zettel überall aufgehängt. Vielleicht meinen sie die Bulgaren (denen wünsche ich ein schlechtes Jahr!), oder die Türken womöglich.«

Ich erzählte ihm, daß ich vor geraumer Zeit in Bulgarien gewesen sei und daß dort häufig und gotteslästerlich geflucht werde; genau wie in England, nur daß die Flüche dort weniger derb seien als bei den Griechen. (Griechische Beschimpfungen haben ausnahmslos die Form, wie ich sie gerade gehört hatte: »Ich vergehe mich sexuell an deinem ...!«, gefolgt von einem heiligen Wesen oder Gegenstand. Die Sprache ist knapp und grob. Das Opfer der Mißhandlung ist häufig die Panagia – die Allheilige –, der Name Gottes, das Kreuz oder, abstrakter, Ostern.)

Der Fahrer war erleichtert, als er hörte, daß die Griechen mit ihren Flüchen nicht allein dastanden. »Wir sind schrecklich«, beteuerte er. »Sie sollten mal hören, wie es auf Kefalonia zugeht!« Er stieß einen tadelnden, vielleicht auch anerkennenden Pfiff aus. »Gott schütze uns! Aber wissen Sie, ich habe so eine Theorie über unsere Flüche. Wenn wir gotteslästerliche Reden schwingen, dann gilt die Beleidigung gar nicht Gott und den Heiligen, nur dem, um den es gerade geht.«

Wie das?

»Also wenn ich auf jemanden wütend bin«, erklärte er, »auf diese Ziegen zum Beispiel, dann rufe ich ›Ich ... deine Allheilige, deinen Jesus, dein Kreuz, deinen Glauben.‹ Ich sage nicht ›Ich schände *das* Kreuz‹, oder was immer es ist, sondern *deins. Wieso* ich das tue? Weil ich sagen will, daß die Leute, die ich verfluche, keine Ahnung haben; daß die *osioi kai agioi* – die Seligen und Heiligen – von solchen Leuten nicht echt sein können. Nicht wenn sie zu *so jemand* gehören! Verstehen Sie? Keine Spur von Gotteslästerung; im Grunde genau das Gegenteil.« Er lächelte und tippte sich triumphierend mit dem Zeigefinger an die Schläfe, um seiner Beweisführung Nachdruck zu verleihen. »*Bikis?* (kurz für *bikis sto thema?* – ›haben sie Zugang zu dem Thema bekommen?‹, also ›verstehen Sie, was ich meine?‹)«

»Bika.«

»Gut! Das ist nur meine persönliche Theorie, wohlgemerkt, und ich will Ihnen auch gleich sagen, was dagegen spricht. Haben Sie schon mal von den Leuten gehört, die man *mánges* nennt?«

Ich erzählte ihm alles, was ich über die *mánges* wußte. Sie sind eine Art proletarische Bruderschaft in den Städten, vor allem in Athen und Piräus. (»Und in Patras!« ergänzte Andreas – seiner eigenen Heimatstadt. »Wir sind berühmt dafür.«) Sie sind ungestüm und reizbar und sprechen, mit argwöhnischem, leicht verächtlichem Tonfall, ihren eigenen Jargon. Bouzouki-Musik und die rhythmischen Tänze dazu sind ihre Leidenschaft. Sie haben ihren eigenen Verhaltenskodex, der sie nicht selten in Schwierigkeiten bringt. Ihr ungebundenes Leben und ein grundsätzliches Mißtrauen gegenüber jeder Obrigkeit machen sie anfällig für Gesetzesverstöße – Schmuggelei, Haschischkonsum und dergleichen, nichts allzu Gravierendes. Ihr Auftreten und ihre Haltung haben einen Hang zur Melancholie; ihre Kleider sind schäbig, doch durchaus dandyhaft. Ob das so weit richtig sei?

»Goldrichtig«, bestätige Andreas. Er senkte die Stimme zu einem schleppenden Schnarren, um die Sprechweise der Manges nachzuahmen. *»Ekonomizeís mavro, ré aderphaki?«* (»Hast du etwas schwarzen Stoff beiseite geschafft, Brüderchen?«, was soviel heißt wie: Hast du etwas Haschisch?) Wir lachten beide. »Sie hätten sie sehen sollen, als ich jung war. Damals trugen sie Hosen, die an der Hüfte weit waren und nach unten eng zuliefen, dazu lange, spitze Stiefel mit elastischem Schaft; rote Schärpen, schwarze *republikas*« – Filzhüte – »mit schmaler Krempe, oder weit auf den Hinterkopf geschobene Kappen; pomadisierte Haartollen über der Stirn und dicke Schnurrbärte; und die Jacke legten sie locker um die Schultern, mit herunterhängenden Ärmeln. Sie hatten einen wiegenden Gang, eine Hand lag auf dem Rücken und spielte mit einer quastengeschmückten Kette aus Bernsteinperlen, *winzigen* Perlen, nicht so wie meine hier.« Dabei zeigte Andreas auf seine eigene Komboloi, die vom Knopf des Starterzugs am Armaturenbrett baumelte. »Sie trugen auch Messer in ihren Schärpen, ›Nasen‹ nannten sie sie, und damit waren sie schnell bei der Hand. Ungeheuer empfindlich waren die! Zerfressen von Stolz. Schon bei der kleinsten Beleidigung – selbst wenn jemand nur auf das Ende ihrer Schärpe trat oder in ihre Spucke auf der Straße – zückten sie ihre Nasen! Ihr wichtigster Treffpunkt in Athen war die Plateia Psirí, hinter Monastiraki. Anständige Bürger mieden diesen Ort, sogar Polizisten gingen nur zu zweit dorthin. Die hatten was! Was für ein Anblick, wenn man zwei oder drei von ihnen durch die Straßen stolzieren sah, mit baumelnden Ärmeln und Perlenschnüren und einer Rose zwischen den Zähnen, wenn ihnen danach zumute war.

Aber ihre große Zeit war vorbei, bevor ich geboren wurde. Die ganz schlimmen Kerle hießen *koutzavákides**. Sie trugen knorrige Stöcke, die sie mit der Hand durch die Luft wirbelten. Skrupellose Politiker heuerten sie an, wenn eine Wahl bevorstand – Sie wissen schon, damit sie ihre Stimme mehrmals abgaben und die Gegenseite daran hinderten, zur Wahl zu gehen; sie störten die Versammlungen,

---

* Mánges, Koutzavákides, Tramboúkos, Rebétís, Mortis, Dervísis – ein Derwisch! – und Daïs, obwohl das mehr ein harter Bursche im allgemeinen Sinn ist – es gibt viele Bezeichnungen mit mehr oder weniger gleicher Bedeutung, aber jede hat ihre Feinheiten.

zertrümmerten die Wahlurnen und so weiter. Das reine Chaos! Dann wurde ein neuer Polizeichef ernannt, ein wirklich hartgesottener Bursche namens Baïraktáris. Und jetzt raten Sie mal, was der gemacht hat? Nach einem schweren Zwischenfall trommelte er die ganze Polizeitruppe zusammen, umstellte das Psirí-Viertel, nahm jeden einzelnen Koutsavákis, dessen er habhaft werden konnte, in Gewahrsam und ließ sie alle zur Polizeiwache schaffen. Es waren Hunderte. Dort mußten sie ihre Stiefel ausziehen, ein Polizist mit einem Beil hackte die langen Spitzen ab und gab die Schuhe anschließend zurück. Ein anderer schnitt die herunterhängenden Jackenärmel ab. Dann ließ er sie wieder frei – ich glaube, er hat sie nicht mal entwaffnet. Seither lautet der Lieblingsfluch der Koutsavákides: *Gamó to Mpaïraktári sou!* – ›Ich … deinen Baïraktáris!‹ Und diesmal meinten sie es wörtlich! Sie blieben nur aus alter Gewohnheit bei dem *sou* (dem ›deinen‹). Einige von den Alten murmeln es immer noch, wenn sie einem Polizisten begegnen. Natürlich nur ganz leise.«

Er war ein faszinierender Weggefährte. Mit seiner hageren Gestalt, den langen Händen und den großen Augen hinter den Brillengläsern hatte er Ähnlichkeit mit Aldous Huxley. Ob ich Angst hätte, wollte er wissen, wenn er die Hände von Lenkrad nehme? Anfangs war ich wirklich erschrocken, doch mittlerweile hatte ich mich daran gewöhnt. Mit einer Serie von weit ausholenden Gesten dirigierte er seinen Redefluß.

»Nur keine Sorge«, sagte er. »Ich bin diese Straße schon tausendmal gefahren. Sie wissen ja, wie die Griechen sind;

wir können beim Reden die Hände einfach nicht stillhalten. Als ich 1920 beim Kleinasienfeldzug Kanonier war, ergriffen wir in den Bergen vor Eskishehir einen türkischen *bimbashi*. Unser Gefreiter stammte aus einem Dorf bei Serres in Makedonien. ›Das ist Galip Bey!‹ rief er, und der Türke rief ›Petro!‹ Beinahe wären sie sich in die Arme gefallen! Der Türke war der Sohn des Bauern auf einem *tchiflik* – einem Hof – gleich bei Petros Dorf!« (Makedonien hatte noch bis zum Ersten Balkankrieg von 1912 unter türkischer Herrschaft gestanden.) »Sie kannten sich noch aus Kindertagen. Der Türke war sehr elegant: Astrachan-Fes, khakifarbener Waffenrock, Beinlinge, Schwert, Pistole, Fernglas – das haben wir ihm alles abgenommen – und ein kleiner, gewichster Schnurrbart.« Andreas zeichnete mit den Fingerspitzen zwei Kommas in die Luft. »Er und Petro saßen die ganze Nacht zusammen und tranken Kaffee, wie drüben daheim in Makedonien. Der Bimbashi hatte die Aufgabe gehabt, Gefangene zu verhören. Manchmal waren sie mit Handschellen hereingeführt worden. Er verhörte sie stundenlang. Keiner sagte ein Wort! Sie waren stumm! Dann kam er darauf, was los war, und wies die Wachen an, ihnen die Fesseln zu lösen – und schon redeten sie wie ein Wasserfall! Nichts als Lügen natürlich.« Andreas lachte. »Als er das zum erstenmal probierte, schlugen die Griechen die Wachen nieder und machten sich aus dem Staub.« Die Finger von Andreas' linker Hand beschrieben eine Wellenbewegung durch das Tal außerhalb des Seitenfensters. »Sie verschwanden spurlos wie der Tau! Sehen Sie! Aber es war ein furchtbarer

Krieg. Entsetzliche Dinge sind passiert. Niemand kämpfte mit Glacéhandschuhen, das können Sie mir glauben.«

An der Windschutzscheibe, unterhalb des Zettels mit dem Gebot, Gott nicht zu lästern, klebte das aus einer Illustrierten ausgeschnittene Bild einer halbnackten Blondine auf Rollschuhen. Neben ihr baumelte, an einem blauen Band, eine kleine Ikone des Apostels Andreas mit dem Kreuz mit schrägen Balken, an dem die Römer ihn in Patras gekreuzigt hatten. Andreas zeigte auf den Heiligen und das Mädchen. »Heilig«, sagte er, »und profan: vielleicht heben sie sich gegenseitig auf ... Früher hatten wir seinen Kopf in der Kathedrale von Patras, aber als die Türken die Peloponnes einnahmen, ist ein byzantinischer Fürst damit nach Rom geflohen und hat ihn an den Papst verkauft. Einer von den Palaiologen, glaube ich. Der Kopf war so eine Art Passierschein.«* An dem Ikonenband hing überdies eine kleine Schnur mit den blauen Perlen, die das Vieh vor dem bösen Blick schützen; die Blütenkelche violetter Plastikwinden schaukelten an der grün ummantelten Drahtspirale rund um die Windschutzscheibe, und

---

* Das Haupt des heiligen Andreas, zu Zeiten des Claudius von dem gekreuzigten Rumpf des Apostels abgeschlagen, ist nach fünfhundertjährigem Aufenthalt in der berühmten römischen Kathedrale seines Bruders vor kurzem nach Patras zurückgekehrt; es wurde von Papst Paul V. als Zeichen des guten Willens gegenüber der griechisch-orthodoxen Kirche zurückgegeben. Im Jahr 1461, acht Jahre nach dem Fall von Byzanz, hatte Thomas Palaiologos, der Despot der Peloponnes und Bruder des letzten Kaisers, die berühmte Reliquie nach Rom geschafft, um sie vor der anrückenden Armee Mohammeds II. in Sicherheit zu bringen; dort übergab er sie an Pius II. Piccolomini – niemand anderen als Äneas Sylvius. Die Beschreibung der prunkvollen Renaissancezeremonie auf den Feldern zwischen Rom und Tivoli gehört zu den faszinierendsten Passagen in den Memoiren des großen humanistischen Papstes.

in einer am Armaturenbrett festgeschraubten Blechvase steckten drei Rosen aus Papier: gelb, purpurn und rosa. Ein Zelluloid-Kuckuck auf einer Feder, der mit einem Saugnapf an der Scheibe befestigt war, wippte bei jedem Holpern. Ein Dutzend ausgeschnittene und ohne erkennbare Ordnung auf das Glas geklebte Blaumeisen vervollständigte das Dekor, das wie ein üppiger Dschungel vor unseren Augen waberte und flirrte, während wir uns immer höher in das karge Felsland emporschraubten. Wohlmoduliert und untermalt von Gesten, wanderte Andreas' Stimme mit einer Geschmeidigkeit von Thema zu Thema, die sein Geschick im Umgang mit dem heiseren Getriebe seines Fahrzeugs weit in den Schatten stellte.

Wir waren kurz nach Tagesanbruch von Nafpaktos aus losgefahren und befanden uns auf dem Weg in die Tiefen des ätolischen Hinterlands. Aber wenn ich mich umdrehte, konnte ich hinter uns den Evinos glitzern sehen, wie er sich, aus den Bergen kommend, durch ein Gewirr von Felsbrokken in Richtung Messolonghi wand, um schließlich in den Golf von Korinth zu münden, dessen Ufer wir gerade verlassen hatten. Als wir an Höhe gewannen, weitete sich der Golf zu einem Binnenmeer, das sich nach Westen zur Meerenge hin verengte, wo die von Burgen gekrönten Spitzen der Halbinseln von Morea und Rumeli einander fast berührten: Rion und Antirion verschwommen im Morgendunst. Jenseits der Meerenge weitete sich der Golf erneut und bildete ein Vorzimmer zum Ionischen Meer, wo der Schauplatz der Seeschlacht von Lepanto in der Sonne glitzerte. Im Süden, überragt von dem weißen Riesen des Panachaikon, tauchten, je mehr wir an Höhe gewannen, die Bergketten der Peloponnes eine nach der anderen auf, bis die ganze Halbinsel mir vorkam, als wolle sie sich in die Lüfte erheben. Je länger die Schlucht sich zog und verengte und steinerne Bollwerke zwischen uns und allem außer den höchsten Gipfeln der Morea auftürmte, ließen die Felsmassen um uns her die Welt in der Tiefe und den Golf aus dem Blickfeld verschwinden. Nach einer Wegbiegung war die Schlucht hinter uns vollends verriegelt, und wir sahen nichts mehr von alldem. Wir waren gefangen im Herzen finsterer Gebirgszüge und rauchgrauer Schatten schräg in der Schlucht.

Wir waren an einigen kümmerlichen Dörfern vorbeigekommen, und der Bus hatte sich geleert bis auf Andreas und mich und, auf dem Sitz hinter uns, ein hübsches Mädchen aus den Bergen, dessen Gesicht strahlte vor Offenheit und guter Laune. Sie hatte ein bauschiges schwarzes Kopftuch um den Kopf geschlungen, dicke kastanienbraune Zöpfe fielen ihr über den Rücken, und sie trug einen Mantel aus handgesponnenem Ziegenhaar – *segouni* nennt man sie –, unterhalb der Taille weit ausgestellt und am Saum und entlang der senkrechten Taschen mit dunkelroter Borte besetzt. Runde Silberschnallen, groß wie Untertassen, hielten den gewebten Gürtel. Ein Wickelkind in einer grob geschnitzten Wiege, die aussah wie ein kleiner Futtertrog, ruhte auf ihrem Schoß; beim Einsteigen hatte sie es auf dem Rücken getragen wie eine Indianerin. Sie sah aus wie fünfzehn. Während sie Andreas lauschte, wurden ihre Augen noch größer, und beim Lachen bedeckte sie das Gesicht mit den gespreizten Fingern einer braunen Hand.

Es gab genug Grund zum Staunen. Andreas erzählte von einem Freund, der einen englischen Botaniker als Führer begleitet hatte. Sie erkundeten die Berge von Ätolien und Akarnanien und drangen von dort weiter nordwärts ins Pindosgebirge vor. Eine ihrer Kletterpartien führte sie an die obere Kante einer Schlucht, die auf beiden Seiten senkrecht zu einem reißenden Fluß hin abfiel. (Das klang sehr nach der Schlucht des Aoos in der Zagoria.) Da eine seltene Pflanze nur an der steilen Felswand wuchs, bestand der Engländer darauf, ein Seil um einen Baum zu schlingen und hinabzusteigen. Bäuchlings am Klippenrand liegend, beobachtete sein Führer ihn besorgt. Plötzlich ein Tumult, ein Schrei und ein lautes Geräusch! *»Kraa-Kraa!«* Unten (»Jesus und die Heilige Jungfrau steh uns bei!«) hing der Botaniker am Ende des Seils und wehrte sich mit seiner Botanisiertrommel gegen ein Adlerweibchen, das unter großem Geflatter auf ihn einpickte! Es hatte, verborgen durch einen Felsvorsprung, auf einem Sims in seinem Horst gesessen. Doch damit nicht genug: Sogleich tauchte mit einem Lärm wie ein Flugzeug auch noch der Ehemann auf! Der Führer hatte eine Flinte dabei, für den Fall, daß sie einem Wolf oder einem wilden Eber über den Weg liefen – womöglich sogar einem Bären. Aber wie konnte er es vermeiden, den Mann zu treffen? Der schwang hin und her wie ein Pendel, zappelte und schlug um sich und versuchte in Bewegung zu bleiben, indem er sich immer wieder von den Seiten der Schlucht abstieß. Mit einem Gebet auf den Lippen feuerte Yanni *(»N'tang!«)*, und der weibliche Vogel sank tödlich getroffen flügelflatternd in den Abgrund. Das Adlermännchen schwang sich empor und schwebte einen Augenblick lang reglos in der Luft, bereit, auf den Eindringling herabzustoßen. (Mit weit ausgebreiteten Armen demonstrierte Andreas die gewaltige Spannbreite seiner Schwingen.) Er zielte, drückte ab (»N'tang!«) und schoß ihn mausetot! Mit stiebenden Federn stürzte der Vogel, von Sekunde zu Sekunde schneller kreisend, wie ein Stein in die Tiefe, bis er schließlich gegen die Felswand prallte und von dem reißenden Wasserlauf fortgerissen wurde. »Als der Botaniker die Oberkante der Klippe erreichte – unversehrt –, sagte er leise: ›Ich habe sie.‹ ›*Was* haben Sie?‹ fragte Yanni und wischte sich den Schweiß von der Stirn. ›Die Pflanze.‹ Er hielt sie hoch, ein kleines grünes Etwas. Dann sagte er: ›Nun, Yanni, wie wär's mit Mittagessen?‹ *Psychraimos anthropos!* Durch nichts zu erschüttern!« (Ich nähre stets nach Kräften den Mythos von der englischen *psychraimia.* In Griechenland kursieren viele komische Geschichten darüber, und nicht alle sind schmeichelhaft.) »Nach dem Mittagessen kletterte er noch einmal hinunter und holte die Eier. ›Wir können die Waisen doch nicht hier zurücklassen‹, sagte er. Monate später schickte er Yanni aus Schottland ein Foto des einzigen Vogels, der geschlüpft war. Er hatte böse Augen! Der Botaniker hat ihn gefüttert, und zwar mit ...« In diesem Augenblick stieß das Mädchen einen Schrei aus; die Geschichte hatte sie so sehr gefesselt, daß sie an ihrem Ziel vorbeigefahren war. Nachdem sie sich das Baby wieder auf den Rücken gehängt hatte, halfen wir ihr, sich einen kleinen Sack Getreide auf den Kopf zu laden. Dann schob sie sich einen Spinnrocken in den Gürtel, zupfte ein paar Fasern aus dem grauen Wollbüschel in der Gabel des Rockens, zog sie lang und verdrehte sie zu einem Faden; den hakte sie in die Spindel, die sich am Ende des länger werdenden Fadens bald von alleine drehte. So machte sie sich auf den Weg bergaufwärts, den Rücken aufrecht wie eine Karyatide, um die Last auf ihrem Kopf zu stabilisieren. »Ein Glück, daß sie Schuhe hat«, meinte Andreas. »Die Berge sind schlimm hier; ein ständiges Auf und Ab, Berg und Tal, und überall Steine und Dornen. Der Aufstieg bis zu ihrem Dorf dauert fünf Stunden. Ein elender Ort; arme Teufel.« Als wir am Straßenrand eine Zigarettenpause machten, hörten wir sie schon ein gutes Stück über uns singen.

Andreas setzte mich an einer Ansammlung von Hütten ab, wo die Straße endete und sich zu einem Maultierpfad verengte, nicht weit von dem Sattel, der in die Region Kravara führt. Dorthin wolle ich, erklärte ich ihm, und er lachte laut ...

Ich hatte schon Jahre zuvor von der Kravara gehört. Damals lieh mir George Katsimbalis das Buch von Karkavitsas, *O Zitiános* (»Der Bettler«); es handelt von den Abenteuern eines umherziehenden Kravariten in der Zeit kurz vor den Balkankriegen. In den folgenden Jahren war ich immer wieder auf Hinweise gestoßen, die mich schließlich bewogen hatten, nun, wo ich schon einmal in Ätolien war, diesen zerbeulten blauen Bus zu besteigen. Das Kafenion samt Gemischtwarenladen war die Endstation, zugleich der Ausgangspunkt für den gesamten Maultierverkehr der straßenlosen Gegend, die jetzt vor mir lag. Der *kaphedzi* stimmte in Andreas' Lachen ein, als er hörte, wohin ich unterwegs war; sie grinsten beide, als ich mich auf den Weg machte. Ich war schon ein paar Schritte gegangen, da rief Andreas mir noch nach: »Passen Sie auf, daß die Sie nicht boliarisieren!« Boliarisieren? Das Wort hatte ich noch nie gehört. Er wiederholte seine Warnung mit noch breiterem Grinsen: »*Prosoché na mi se boliarépsoun!*«*

»Was bedeutet *boliarépsoun?*«

»Das werden Sie noch früh genug herausfinden! *Kalo taxidi!*«** Als ich meinen Weg fortsetzte, war meine Stirn gerunzelt von Vermutungen.

Überall im Land haben sich Dörfer, Städte, Regionen und Inseln auf bestimmte Tätigkeiten und Produkte spezialisiert. Die Menschen an den Ufern des Evros schneiden Schilf und fertigen daraus Besen. In Attika und Süd-Euröa macht die unmittelbare Nachbarschaft von Weinbergen und Pinienwäldern die Bewohner zu den besten Retsinaproduzenten. Die Olivenhaine von Amfissa und Kalamata sind berühmt für ihr Öl. Sultaninen und Korinthen kommen aus dem kretischen Malevizi und aus Korinth. Dank der Härte des leicht zu bearbeitenden örtlichen Steins versorgt die Dodekanes-Insel Leros fast ganz Griechenland mit Mühlsteinen. Der Ton aus Koroni ist der

---

* Dieses merkwürdige Wort ist die dritte Person Plural des Konjunktivs eines unbekannten Verbs, dessen erste Person Präsens im Indikativ *boliarevo* lauten würde. (»Boliarisieren« ist ein Versuch, daraus einen übersetzten Infinitiv zu bilden.)
** »Glückliche Reise!«

schier unerschöpfliche Rohstoff für riesige Ölgefäße, und auf Sifnos werden überall in Griechenland anzutreffende Wasserkrüge hergestellt, deren Form sich seit der Antike kaum verändert hat. (Aber wieso hat Sifnos auch so viele Köche? Tselementes, das griechische Pendant zu Mrs. Beeton, stammte von Sifnos. Und Hausmeister? Diese bescheidene Tätigkeit ist der Traum vieler einfältiger Inselbewohner. Die übrige Bevölkerung besteht aus Dichtern.) Auf Paros wird seit ewigen Zeiten Marmor gebrochen. In vielen Athener Häusern arbeiten Dienstmädchen von Tinos und den kleineren Kykladeninseln: die katholischen Gemeinden dort, die aus der Zeit der Franken übriggeblieben sind, unterhalten Klosterschulen, in denen die Mädchen Hauswirtschaft lernen. Das Dorf Ambelakia am Fuße des Ossa-Gebirges verdankte seinen Wohlstand einer dort vorkommenden Wurzel, die eine Farbe lieferte, mit der sämtliche Uniformen der österreichisch-ungarischen Armee gefärbt wurden: Schiffe stachen von Triest und Fiume aus in See und entluden die weißen Stoffe in Ragusa; Kamelkarawanen durchquerten Dalmatien, Albanien und das nördliche Griechenland, um einen Monat später beladen mit himmelblauen Tuchballen wieder zurückzukehren. (Die Entdeckung der Anilinfarben brachte den Niedergang des Dorfes.) Es gibt interessante Gründe, warum Chios eine so bedeutende Rolle im internationalen Bankwesen spielte; gute Gründe auch für die uralte Tradition der Blutrache auf Kreta, in Epirus und auf der Mani. Aber wieso wurden die großen Baumwollvermögen am Nil ausgerechnet von Dorfbewohnern aus dem Pilion-Gebirge und walachischen Emigranten aus Thessalien angehäuft? Wieso stammen die Schnapsbrenner von Konstantinopel überwiegend aus Tsakonien, einer dorischsprechenden Enklave auf der östlichen Peloponnes? Der Waldreichtum der Zagoria unweit der albanischen Grenze erklärt, warum ihre Bewohner so großes Geschick im Tischlerhandwerk und im Herstellen von Lattenwerk entwickelt haben. Die kunstvollen Holzschnitzereien und die reich verzierten Altarschranken des Pindosgebirges sind Teil eines weit verbreiteten geographischen Phänomens: ab einer bestimmte Höhe sorgt in ganz Europa das Zusammenspiel von langen Wintern, frühem Einbruch der Dunkelheit, weichem Holz und scharfen Messern dafür, daß die Bergbewohner zwischen Sägemehl und Holzspänen hocken. Historische Faktoren sind dafür verantwortlich, daß auf Hydra und Spetses fast ausschließlich Admirale wohnen; aber warum war Hydra einst und warum ist Kalymnos heute die Heimat der meisten Schwammtaucher an den libyschen Riffen und in Florida? War es die Zähigkeit der Menschen dort, die Rumeli zum traditionellen Rekrutierungsgebiet für die Evzonenregimenter machte? Wieso waren die lydischen Bewohner von Ayvalik so berühmte Schmuggler? Wann wurde Saloniki erstmals berühmt für seine *koulouri*, und warum sind Jungen aus Ioannina die gewieftesten Verkäufer für dieses Gebäck?* Ioannina ist

---

* Koulouria sind ringförmige, mit Sesamsamen bestreute Brotkringel mit einer harten Kruste. Die Bewohner von Ioannina und die Epiroten ganz allgemein tragen den Spitznamen *plakoképhaloi*, Flachschädel; angeblich schlagen dort die Mütter ihre Babys auf den Kopf, damit es ihnen später leichter fällt, ein Tablett mit Koulouria darauf zu balancieren. Traditionell wird dieser Klaps begleitet von den Worten *»Kai tzimitzís stin Póli!«* »Auf daß du Kringelverkäufer in der Stadt wirst!« Die Stadt – Konstan-

überdies berühmt für seine Silberschmiede und Filigranarbeiten, und weiter südlich, in Paramythia in den Bergen
von Souli, hört man allenthalben das ohrenbetäubende
Gehämmer aus den Kupferwerkstätten. Das thessalische
Städtchen Tyrnavos ist das Mekka des Ouzo; aber woher
mag der Brauch kommen, daß die jungen Männer von
Tyrnavos am Reinen Montag das Ende der Faschingszeit
mit der obszönen Zurschaustellung tönerner Phalli begehen? Wann und warum wurde Farsala zur Metropole der
halva, jener köstlichen, zartblättrigen Süßspeise aus Sesam
und Honig; oder Levadeia zur Hochburg der kleinen, mit
Puderzucker bestäubten Kekse namens *kourabiédes*? Was
veranlaßte Syros dazu, sich auf Nougat und Lokum zu
spezialisieren? Vor einer Generation kamen alle Schuhputzer Athens aus Megalopolis in Arkadien; (die einfache
und amüsante Gemeinschaft stellt noch immer die Elite in
diesem Gewerbe, aber mittlerweile machen ihnen Eindringlinge aus ganz Griechenland die einstige Vorherr-
schaft streitig). Die Einwohner von Volos gelten als knau-
serig, und die Bewohner der Insel Mykonos haben
angeblich einen Hang zum Übertreiben und glauben an
Gespenster. Den Korfioten wird nachgesagt, sie seien geschickte Kuppler – ein nicht ganz ernst gemeinter Vorwurf, der seine Wurzeln in der langen venezianischen Besetzung der Ionischen Inseln hat. (Von Italienern sagt
man, sie seien allesamt Zuhälter. Warum Kalamata sich
diesen zweifelhaften Ruf, und genauso grundlos, mit ih-

tinopel – übte auf junge Leute aus Ioannina jahrhundertelang eine magische Anziehungskraft aus.

nen teilen soll, ist gar noch schwerer zu verstehen. Es gibt nirgendwo rechtschaffenere Leute.) Die Assoziation von Patras mit Päderasten ist nichts als eine scherzhafte Alliteration; das umgangssprachliche wie auch das klassische Wort beginnt mit einem P. Die Bewohner der Insel Naxos lächeln nachsichtig, wenn Nachbarn sie scherzhaft als Diebe bezeichnen: Diesen Ruf verdanken sie dem Kunststück eines Mannes aus Naxos, der König Otto noch im selben Augenblick, in dem er nach seinem prunkvollen Einzug vom Pferd stieg, das silberne Zaumzeug, den goldbestickten Sattel und die Ehrenpistolen stibitzt haben soll. Was nun die Zakynther angeht …

So könnte es noch über viele Seiten weitergehen; aber ich wollte ja von der Kravara schreiben. Sie verdankt ihren Ruf der tatsächlichen oder angeblichen Vielzahl von gewerbsmäßigen Bettlern.

Das Merkwürdige daran ist, daß es in Griechenland ansonsten so gut wie gar keine Bettler gibt. Straßenhändler, die Jasmin, Veilchen, Kämme oder Pistazien feilbieten, drängen sich unablässig in Kaffeehausgespräche, und Lotterielosverkäufer wandern mit ihren wimpelbesetzten Lanzen von Tisch zu Tisch; Musikanten fiedeln ein paar Minuten lang unmelodisch und lassen dann ein Tellerchen kreisen; aber sie alle üben ein legales Gewerbe aus. Das gilt erst recht für die umherziehenden Schuhputzer mit ihren messingbeschlagenen Tabernakeln, die sie an einer Art Wehrgehänge tragen, und für die Meeresfrüchtehändler mit ihren Körben voller Austern und Muscheln.

(Ich weiß nicht, wie es kommt, aber viele von ihnen sind pockennarbig, wie zum Zeichen der Solidarität mit der schartigen Schale ihrer Waren.) Am eindrucksvollsten sind die Schwammverkäufer. Umkränzt von ihrem Handelsgut wie der Saturn von seinen Ringen und bisweilen kaum sichtbar unter einer Kumuluswolke aus löchrigen Kugeln schweben sie durch die Stadt und rufen: »*Sphoungaria!*« Wenn konkurrierende Wolken am Himmel auftauchen, suchen sie die Nähe der Arkaden und flüchten beim ersten Regentropfen ins Trockene: sie wissen, daß ein kurzer Schauer ihre federleichte Ware bleischwer werden läßt. Zu nächtlicher Stunde zieht ein furchterregender alter Kappadokier durch die Tavernen und verkauft Spielzeug und Scherzartikel aus Zelluloid, Pappe, verdrillten Gummibändern und Schießpulver, unter anderem eine eigene Erfindung, die, von einem arglosen Opfer in Gang gesetzt, ein Geräusch von sich gibt, das wie ein langgezogener Furz klingt.

Vielleicht gab es nicht immer so wenige Bettler, aber Betteln paßt nicht zum griechischen Lebensstil und zu dem Stolz, der einem das Trinkgeldgeben so schwer macht. Jeder Fremde, der in ein Dorf kommt, findet dort offene Türen und einen gedeckten Tisch: ein wahrlich schlechter Nährboden für professionelle Bettelei. Die wenigen Bettler, auf die man tatsächlich trifft, sind rührend amateurhaft und harmlos; eine alte Frau, der das Schicksal übel mitgespielt hat; ein abgerissener Herumtreiber, der seine bescheidenen Forderungen mit wenig Überzeugungskraft vorträgt; bisweilen ein komischer alter Kauz mit einem Atem wie eine Lötlampe, der mit blutunterlaufenem Augenzwinkern auf seine vertrocknete Kehle weist, um dann, die Beute fest im Griff, mit einem launigen Salut in die erstbeste Kaschemme zu verschwinden, wo er den fünfzehnten Ouzo dieses Vormittags trinkt; jedesmal wenn der Tag anbricht, liegt er, zur Verzweiflung seiner Lieben, schnarchend in einem anderen Torbogen: ein Schicksal, das jeden von uns ereilen könnte. Es gibt nichts, was dem übrigen Mittelmeerraum vergleichbar wäre, keine Konkurrenz für das Inferno von Neapel oder Palermo. Die einzigen echten Profis sind die Zigeuner. Ihre Entschlossenheit zermürbt Flucht- und Abwehrimpulse mit beharrlichem Wispern und Ärmelzupfen, und ihre Einnahmen sind weniger Almosen als Tributzahlungen. Wie und wo setzten nun die Kravariten ihr Können ein?

Ein Pfad zum östlichen Rand der Schlucht führte zu einem Einschnitt, den der Kaphedzi mir gezeigt hatte: das Tor zur Kravara. Als ich die Stelle erreichte, senkten sich die baumlosen Hügel nach Norden hin; vor mir lag ein Talkessel, eingeschlossen von den ätolischen Kalkgipfeln, die Konturen verwischt von Stein- und Geröllhalden. Den unteren Abschluß bildete ein kegelförmiger Berg, und dahinter reihten sich, verschwommen und kaum zu unterscheiden, die Gebirgszüge von Evrytania: eine karge, ausgezehrte, schön anzusehende Landschaft, in der die Sonne des mittleren Vormittags die Schatten schon kleiner werden ließ. Einige lockere Wölkchen in der bleichen Luft warfen ihre Flecken über steile Erhebungen und Schluchten.

Die Kravara ist etwa fünfzig Quadratmeilen groß, doch in solchem Terrain sind Zahlen ohne Bedeutung. Ein Dutzend Dörfer verbirgt sich dort; nicht ein einziges war zu sehen, und es gab keinerlei Anzeichen von Menschen oder Tieren, kein Blatt und keinen Grashalm. Unter einem erbarmungslosen Himmel zwischen Spätwinter und Vorfrühling lag eine Landschaft, rätselhaft wie die Sphinx.

Das erste Dorf kam so plötzlich in Sicht, daß ich schon eine Minute, nachdem ich den ersten Blick von oben auf die Dächer erhascht hatte, mittendrin stand. Von einem krummen Dorfplatz aus Staub und Stein aus schmiegte es sich an den Abhang. Unter zwei Akazien vor dem *magazi* – der Kombination aus Bar, Café und Gemischtwarenladen, wo das Herz eines griechischen Dorfes schlägt – plauderte eine Handvoll Dorfbewohner träge über einem Blechkrug mit Wein und den dicken, gedrungenen Gläsern. Durch die hohe, zylindrische Kopfbedeckung noch weiter verlängert, saß ein erstaunlich hoch gewachsener Priester dabei, die Hände über dem Griff eines großen Schirms gefaltet. Alles verstummte, bis auf das Knurren eines Hundes, der in der Nähe mit einem üblen Beutestück zugange war. Zurückhaltende Begrüßungen wurden ausgetauscht; der Fremde muß als erster sprechen; dann folgt auf das »schön, daß Sie gekommen sind« die Antwort »schön, Sie gefunden zu haben« und schließlich die Aufforderung »nehmen Sie Platz«. Eine dösende Katze wurde kurzerhand von einem geflochtenen Stuhl verscheucht, und der Priester füllte ein neues Glas mit Wein. Die noch nicht lang zurückliegende Bemerkung des Kaphedzi hatte mich derart neugierig gemacht, daß mir die Frage viel zu früh herausrutschte: »*Boliarévo*, was ist das?« Undurchdringliches Schweigen; die Männer tauschten bedeutungsschwere Blicke. Schließlich fragte ein alter Mann: »Sind Sie aus Athen?« Als ich meinen fremdartigen Aufzug erklärt hatte, hellten sich ihre Mienen auf. Ein Fremder aus Europa! Das Mißtrauen gegenüber ihren Landsleuten war angeboren, als rechneten sie ständig mit Sticheleien. Das Wort *boliarévo*, das auf den Lippen eines Griechen verdächtig gewirkt hätte, war bei einem Fremden ein Zeichen unschuldiger Neugier. Vor langer Zeit, sagte der alte Mann – *palaia! palaia!*, bekräftigte der Priester mit einer Handbewegung –, waren die Dorfbewohner der Kravara große Reisende ... Sie zogen durch ganz Griechenland, und auch in andere Länder. Sie erfanden eine Geheimsprache – vollkommener Unsinn, erklärte der alte Mann –, um sich unterhalten zu können, ohne daß andere Griechen sie verstanden. Diese Wanderer nannten sich *boliárides*, ihre Sprache war *ta boliárika*, und *boliarévo* bedeutete – der alte Mann zögerte. »Hatte es«, fragte ich, »etwas mit dem alten Brauch des Bettelns zu tun – vor langer, langer Zeit?«

Alle sahen froher aus. »Ja, das stimmt!« sagten sie. »Sie haben davon gehört?« Erleichterung machte sich breit. Der alte Mann fuhr fort. »Ja, genau! Sie bestritten ihren Lebensunterhalt damit, daß sie umherzogen und bettelten. Kann man ihnen einen Vorwurf machen? Sehen Sie sich diese Berge an! Nichts wächst hier, die Weiden reichen nicht mal für eine Maus! Also sind sie fortgegangen. Einige von den Alten waren dabei ziemlich skrupellos; sie scherten sich nicht um ihre

Worte oder Taten. Ein paar taten, als seien sie lahm oder verrückt oder Heilige – Hauptsache, es brachte ihnen ein paar Almosen ein. Das war die Bedeutung von *boliarisieren*: einfältige Trottel an der Nase herumführen.« Allgemeines Gelächter. »Aber das ist alles längst vorbei.«

Ich begann das Verb zu konjugieren: *boliarévo, boliaréveis, boliarévei.* »Wir boliarisieren, ihr boliarisiert«, stimmten die anderen ein und steuerten zum Indikativ Präsens den Plural hinzu, »sie boliarisieren.« Der Priester stand auf, um mehr Wein zu holen. Sein Gewand war mit Flicken übersät. Mit dem silbergrauen Haar und Bart, den großen blauen Augen und dem feinen Schnitt von Nase und Schläfen strahlte er eine geradezu heilige Würde aus. Seine stille Trinkfreude wurde mit jedem Glas offenkundiger; sie beraubte ihn seines sicheren Gangs, ließ aber seine Würde unbeschadet.

Aber woher kam das Wort *boliárides – boliáris* im Singular? Niemand wußte eine Antwort. Es existiert nicht im Griechischen. Das einzige ähnliche Wort, das mir einfiel, war *boljar.* Die Boljaren – sprachlich verwandt mit den Bojaren in Rußland und Rumänien – waren die kriegerischen Adligen im mittelalterlichen bulgarischen Reich. Was hatte das altertümliche slawische Wort mit dieser Bevölkerungsgruppe am Golf von Korinth zu tun? Die frühen slawischen Einfälle in Griechenland haben zahlreiche Ortsnamen hinterlassen, aber nur eine Handvoll Wörter, und dieses zählt nicht dazu; und die bulgarischsprachigen Dörfer in Makedonien, »slawophon«, wie sie so dezent genannt werden, waren Hunderte von Meilen entfernt. Während wir redeten, hatte ich einen Geistesblitz. Viele

Kravariten kamen auf dem Weg nach Europa durch Albanien, Serbien und Bulgarien, vor allem letzteres. Sie erwarben bruchstückhafte Kenntnisse der örtlichen Sprachen; vielleicht war das Wort *boliaris* so in die Kravara gelangt. Aber in welchen Kreisen Bulgariens würde ein ausländischer Bettler das Wort für einen mittelalterlichen Adligen aufschnappen? Wieder kamen mir Zweifel. (Es gibt ein oder zwei gewöhnliche slawische Wörter in der *boliárika* – *tzerkva*, beispielsweise, bedeutet »Kirche« –, und vielleicht wird jemand mit mehr als meinem historischen und rasch schwindenden Vorrat an slawischen Vokabeln noch weitere finden. Ein anderes – *gaïna* – klang ebenfalls vertraut: es ist das rumänische und kutsowalachische Wort für »Huhn«, abgeleitet vom lateinischen *gallina.**) Aber die meisten Wörter waren frei erfunden.

---

* Die Sprachen von Walachen und Rumänen sind so eng verwandt, daß manche Experten davon ausgehen, daß es sich um ein und dieselbe Sprache handelt – die Unterschiede seien lediglich das Ergebnis einer jahrhundertelang getrennten Existenz. Walachische (oder aromunische) Volksgruppen finden sich – teils seßhaft, teils halbnomadisch – verstreut auf dem ganzen südlichen Balkan. Andere sagen, es handele sich um zwar ähnliche, aber unabhängig voneinander entstandene Sprachen, die in den von römischen Garnisonen beherrschten Kolonien in Dakien – dem heutigen Rumänien – und Makedonien aus dem Vulgärlatein hervorgingen. Die Walachen in Griechenland sprechen zwei leicht unterschiedliche Dialekte, im Pindosgebirge um Metsovo beziehungsweise um Samarina verbreitet. Sie könnten, so die Theorie, Nachkommen der auf den Pässen des Pindos stationierten römischen Legion sein, die sich aus Italioten oder lokal rekrutierten Griechen zusammensetzte und Legionärslatein sprach. Als Honorius die römischen Truppen nach Rom zurückbeorderte, hat sein Befehl, der in Britannien zum Abzug der römischen Soldaten führte, diese entlegenen Regionen des Pindos vielleicht nicht erreicht; dort sind die ahnungslosen Legionäre geblieben, Gezeitentümpel mit Menschen, die eine Art Latein sprachen, die auf Befehle warteten und ihre riesigen Herden überall in Thessalien und der Pindosregion weideten; so jedenfalls die These. Das ist gefährliches Ter-

Jeder kannte das kleine, geheimnisvolle Vokabular auswendig. Es ist wie die Gaunersprache des Londoner Ganovendistrikts Alsatia oder das Argot von Villons Paris, das Shelta der irischen Zigeuner oder der Jargon englischer Straßenräuber, in dem eine Pistole als *barker* bezeichnet wurde, eine Laterne als *glim* und ein Baby als *lullaby-cheat.*

Am Tisch erhob sich Stimmengewirr; seltsame Worte prasselten auf mich ein. Das Gelächter und das Kauderwelsch ließen mich einen Augenblick lang überlegen, ob sie die merkwürdigen Laute nur improvisierten, um sich einen Scherz mit mir zu machen. Neben ein oder zwei slawischen, walachischen (oder rumänischen) Wörtern klang das eine oder andere vage türkisch; andere Ausdrücke hätten ebensogut aus dem Romani stammen können, aber ich glaube nicht, daß sie daher kamen. Der Leser wird vielleicht mehr Wörter erkennen und aufspüren als ich; die meisten sind vermutlich frei erfunden. Ich zeigte nacheinander auf Gegenstände oder sagte die normalen griechischen Wörter, und ein eifriger Chor sprudelte die boliarischen Entsprechungen nur so hervor.

rain: Nationalismus, Irredentismus und Opportunismus verstellen den wissenschaftlichen Blick, den dieses merkwürdige Relikt verdient. Wenn er sich nicht gründlich einarbeiten will, kann ein Berichterstatter dieses Phänomen nur erwähnen und rasch zum nächsten Thema übergehen. Ich wähle vorsichtshalber diesen Kurs. Eine kühne Theorie – wo habe ich sie gelesen? – behauptet, die Walachen seien die Nachkommen der Armee des Pompeius, die im Jahr 48 v. Chr. von Caesar in Pharsalos auf der thessalischen Ebene geschlagen wurde. Bemerkenswert einleuchtend.)

F. (ich zeigte auf meine Augen) »Wie heißen die? *Ta matia?*«

A. »*Tziphlia!*« »*Otsia!*« – letzteres unverkennbar slawisch, von *otchi.*

F. »Und das hier?« (ich zeigte auf meinen Kopf) *»To kephali?«*

A. »*Koka! Karoni!*«

F. »Und die da?« (ich wedelte mit den Händen) *»Ta khéria?«*

A. »*Tchogránia!*« – der Zischlaut, den es im Griechischen nicht gibt, kam ihnen mühelos von den Lippen.

F. »Und das da? *I yénia?*« – ich zeigte auf den Bart von Pater Andreas.

A. »*Máratho!*« Fenchel …

F. »Ein Fuß? *To pódi?*«

A. »*Vatso!*«

F. »*Moustaki*, ein Schnurrbart?«

A. »*Douki!*«

F. »Tür? *Porta?*«

A. »*Tchapráka!*«

Fremdartig klingende Wörter! Sie brüllten ihre Antworten in unbeirrbarem Unisono, nur hie und da unterbrochen von einem kleinen Geplänkel über die richtige Aussprache. Es gab kein Halten mehr.*

---

* Widerstrebend, aus Angst, der Leser könne, eingeschüchtert von soviel Kursivdruck, die Seiten einfach überschlagen, habe ich den größten Teil des boliarischen Glossars ans Ende des Buches gestellt. Es wäre ein Jammer, wenn diese kuriose Geheimsprache undokumentiert verschwinden würde. Daher der Anhang II. Ich würde mir wünschen, daß der Leser dorthin vorblättert, kann ihm aber natürlich keine Vorschriften machen.

An diesem Punkt wurde das Essen – *liópi* – auf den Tisch gestellt. Es löste eine neue Kaskade von Silben aus: *bouzouróno,* »ich esse«; *boudjour,* »Brot«; *hasko* (slawisch?), »frisches Brot«; *sarlagaïn,* »Öl«; *bourliotes* und *solínes* (wörtlich übersetzt »Röhren«, wieso?) für »Oliven«; *prasino,* »Mehl« (»grün« – auch hier die Frage, wieso?); *lópia,* »Gemüse«; *yanitza,* »ein Ei«; *gnoshi,* »Salz«; *beligrídia,** »Trauben«; *ripo,* »Fisch«; *mazarak,* »Fleisch«; *koukouroúzo,* »Mais« (das Wort, das mit Ausnahme von Griechenland überall auf dem Balkan üblich ist); und *benir,* »Käse«. *Mleko* und *voda* für »Milch« und »Wasser« kommen geradewegs aus dem Slawischen; aber Wasser heißt auch *kaouri* ... Der Katalog endete mit *karaméto* und *daró,* Kaffee und einer Zigarette ...

Gnóshi ... sarlagaïn ... tchapráka ... dervó ... tchogránia ... havalóu ... tcharmalídi ... lióka ... hálpou ... der fremdartige, ungriechische Klang dieser urtümlichen Silben erfüllte mich mit Staunen. Es war, als würfe jeder Dörfler – eine geheimnisvolle, nicht zu enträtselnde Variante von Kims Spiel – mit jedem neuen, von den anderen bestätigten Wort einen unbekannten Gegenstand auf den Tisch. Ein paar klangen noch halbwegs vertraut, das sprachliche Gegenstück zu einem verrosteten Taschenmesser, eine Fahrkarte für eine Buslinie, die es schon lange nicht mehr gab, der Feuerstein zu einem Vorderlader, eine Dochtschere, ein Handschuhstrecker, ein Stück von einer Tonpfeife, der Antennendraht von einem

---

* Auch das slawisch?

Kristallradio, eine wertlose Millionen-Mark-Note, ein Bierdeckel von einer längst in Konkurs gegangenen Brauerei, die Schnarre eines Nachtwächters. Andere waren vertraute Objekte, gegen ihre Bestimmung gebraucht, Türriegel, die man als Flaschenöffner nahm, Tischtennisbälle, durchlöchert von Luftgewehrgeschossen, Patronenschachteln, als Lineal verwendet, Zeitungspapier, zu Stopfen gezwirnt; dann fremdartige Dinge – ein Krummdolch, der Stummel einer Toscana, ein Medaillon aus Lourdes, ein samoanisches Blasrohr, ein Voodoozauber aus Haiti ...

Andere erinnerten an Fetzen aus Journalen in unbekannten Sprachen, Erzeinschlüsse in fremdem Gestein, an Münzen so abgegriffen, daß die Legende fast getilgt war – Dinge, die ein Sprachkundiger, ein Geologe oder Numismatiker auf einen Blick erkannt hätte, aber nicht ich. Die meisten waren jedoch einfach nur Rätsel, krumme Metallstücke, die geheimnisvoll in der ätolischen Sonne schimmerten.

Das Nachforschen nach diesen Dingen, befeuert von dem Wein, der Pater Andreas in den Schlaf gewiegt hatte, hatte uns in Hochstimmung versetzt. (Bis heute ziert ein Weinfleck das bleistiftbeschriebene Blatt, das ich vor mir liegen habe, und vielleicht ist der eine oder andere Akzent verlaufen.) Ich las die Liste laut vor und brachte Korrekturen an. Dann machten meine Gefährten sich daran, die Wörter zu Sätzen zusammenzufügen. *»Phóta pou spartáei to houmouráki mou!«* rief einer und wies dabei auf seine Tochter, die gerade die Straße entlanggetrottet kam. *»Kitta pou phevgei to koristaki mou«*, reimte ich mir mühsam zusammen. »Sieh nur meine Tochter, wie sie läuft.«

Ein anderer erblickte den Dorfpolizisten, der eben auf uns zugeschlendert kam, und flüsterte mit gespieltem Schrecken: »*Stíliane! Mas photáei o bánikos pátellos!*«

»*Prosochí!*« interpretierte ich. »*Mas kittázei o megalós chorophýlax!*« (»Nehmt euch in acht, der mächtige Mann des Gesetzes beobachtet uns!«) Mit von unserem Gelächter verdutzter Miene nahm der Gendarm bei uns Platz.

»Sagt ihm nichts!« riefen alle und gossen ihm Wein ein. »Das ist ein Geheimnis!« Der Gendarm, ein gutmütiger Mann von Amorgos, nahm diesen harmlosen Spott mit nachsichtigem Kykladenlächeln auf. Ich sonnte mich in dem Gefühl, daß ich mit Räubern im Bunde war.

Die gesellige Runde entwickelte sich zum Examen. Rasch überflog ich meine Notizen und reimte mir dann das folgende zusammen: »*Tchekmekiazei o verdílis sto koutíou*« – aber vielleicht geht es leichter, wenn ich das, was daran *griechisch* war, gleich übersetze: »Der Virdil tchmekiert in seiner Schachtel, während der Matzoúkas stílitisch den Klítzino der Houmouraki maniert. Der Maláto zupft sich am Fenchel und anist, doch sämtliche Maletchkos, selbst die Gotopoules, gaskinieren auf dem Daïr und mandarieren die Skarlaimdjis. Der banische Patellos kouponiert den Boliaren zum Gavin, wo er Dervo frißt und seine Märke Antonen anfleht. Die Phlambouri versinkt, es beginnt zu kranieren, Halpou bricht herein …!« – »Der Vater schläft in seinem Haus«, mit anderen Worten, »und derweil stiehlt der Bettler unbemerkt den Ring der Tochter. Der Priester zupft sich am Bart und gerät in Rage, doch sämtliche Kinder, auch die jungen Herren, ziehen lachend durch die Straßen und machen sich über die Händler lustig. Der mächtige Polizist steckt den Gauner ins Gefängnis, wo er den Stock zu schmecken bekommt und sämtliche Heiligen anfleht. Die Sonne geht unter, Regen fällt, und die Nacht bricht herein.«[*] Unmöglich, wenn ich nicht prahlen will, den Erfolg dieser finsteren kleinen Geschichte zu beschreiben! Genau der richtige Zeitpunkt, um meine Wanderung ins Innere der Kravara wiederaufzunehmen. Ich erhob mich, tauschte Grüße und griff nach dem Wanderstab. Mein alter Lehrer erwischte ihn vor mir und hielt ihn so, daß ich ihn nicht zu fassen bekam. »Wie heißt der auf Boliarisch?«

»*Straví.*«

»Und?«

»*Kaníki.*«

»Noch einer?«

»*Dervó?*«

»Und noch einer?«

»*Grigaró.*«

»Und noch ein weiterer?

»*Matsoúka.*«

»Und ein letzter.«

---

[*] *Harman's Caveat, or Warning for Common Cursetors, vulgarly called vagabonds* (1567) bietet das folgende ins Englische gebrachte Beispiel für »das Rotwelsch, welches der Reisende bei denen frantzösischen Hökern auftrifft«: »Bene Lightman's to thy quarromes, in what tipken hast thou lypped in this darkemans, whether in a lybbage or a strummel?« (»Einen guten Morgen wünsche ich Euch. In welchem Hause habt Ihr des Nachts gelegen, war es im Bette oder war es im Stroh?«)

Mehr wußte ich nicht. »Sie bekommen ihn erst zurück, wenn es Ihnen wieder einfällt«, sagte der Alte. Und endlich kam die Erinnerung.

»*Laoússa!*«

Er reichte ihn mir unter Applaus und Gelächter zurück. Ich machte mich auf den Weg, und die guten Wünsche und Einladungen zurückzukehren hallten mir nach; auch die Warnung, im nächsten Sielo schön zu stilianisieren, denn das sei voll mit Boliaren und Shoreftis.

Das Dorf Platanos war ein voller Erfolg. Wie wenig das alles zur Warnung des Kaffeehauswirtes paßte! Hier wurde nichts boliarisiert; ja man konnte sogar sagen, daß ich *sie* boliarisierte, da man mir nicht erlaubt hatte, auch nur ein einziges Lepto beizusteuern. »Alles bezahlt«, sagten sie. »Sie sind dran, wenn wir nach England kommen« oder »Stecken Sie Ihr Geld ein, Mihali. Das gilt hier bei uns nicht …«

Einer begleitete mich noch zum Dorf hinaus und zeigte mir den Weg, den ich nehmen mußte. Vorwurfsvoll erhoben sich die bettelarmen Bergzüge ringsum … Eine Bemerkung meines Begleiters brachte uns von unserem Gespräch über Geheimsprachen ab. Wir kamen auf Pater Andreas.

»Ja«, sagte er, »der ist sogar noch länger als sein Bruder. Und *der* war ja schon riesengroß. Haben Sie ihn nie gesehen? Den Erzbischof Damaskinos?«

Verblüfft blieb ich stehen. Unser zerlumpter, gutmütiger Trinkkumpan und der hochberühmte Bischof, eine unnahbare Gestalt, sollten verwandt sein? Das Bild jenes gebieterischen Titanen in den Roben des Erzbischofs von Athen, des Primas von ganz Griechenland, blitzte vor meinem geistigen Auge auf; seine Brust strahlte nur so von all dem frommen Schmuck, den er trug, den Hirtenstab in der mächtigen Hand, mit den Tüchern, die an hohen Festtagen über den Kopfschmuck der orthodoxen Würdenträger gebreitet werden, wie sie wie eine schwarze Wolke den baumlangen Körper umwehten. Damals war er nicht nur geistlicher, sondern auch weltlicher Führer seines Landes, Regent Griechenland bis zur Rückkehr König Georgs II. – als Staatsoberhaupt verhandelte er mit Churchill, Eden und Macmillan. An einem regnerischen Vormittag, als der Regent auf Staatsbesuch in London weilte, nahm ich an einem Hochamt teil, das er in der griechischen Kathedrale in der Moscow Road zelebrierte. Gekrönt mit einer fußhohen kugelförmigen Goldtiara, bewaffnet mit einem Weihrauchfaß, das vor Edelsteinen und gewundenen Schlangen funkelte, intonierte dieser majestätische Koloß die Liturgie als ein in Worte gefaßtes Donnergrollen; als er die Ikonostase und die Gemeinde beweihräucherte, schien das Turibulum ein Spielzeug im Vergleich zu seiner gewaltigen Statur. Als der Gottesdienst zu Ende war, trat er hinaus in den Nieselregen, unter dem Klirren der präsentierten Gewehre, und begleitet von einer Motorradeskorte, entschwebte er in einem Rolls-Royce, an dem die goldgesäumten Wimpel glitzerten, wieder zurück zum Grosvenor Square …

Die ein wenig groben Züge des mächtigen und umstrittenen Erzbischofs – des »verschlagenen Prälaten aus dem finsteren Mittelalter«, wie Churchill ihn genannt hatte – konnten es, fand ich, nicht mit dem ehrwürdigen Antlitz seines bescheideneren Bruders aufnehmen. Dort war der Silberdraht seines Haars und Bartes sein Heiligenschein, und er umrahmte noble, klare Züge, der beste Beweis, daß nichts Dionysisches ihn anfocht, daß er frei war von allen Stigmata der Macht.

Mein Begleiter brachte mich noch bis zum oberen Rand der Schlucht. Weit offen lag sie vor mir, und der Weg bergabwärts zwischen Felsen und Blaubeerbüschen und den vereinzelten Flecken Farnkraut mußte zur Schneeschmelze ein wirbelnder Bergbach sein. Jetzt ließ sich der Pfad von dem Ödland umher nur dadurch unterscheiden, daß er ein wenig heller wirkte, da wo die Hufe der Ziegen und Lasttiere den Fels abgesplittert hatten, und durch ihre Kötteln, seltene, wertvolle Wegmarken. Solche Pfade geht man, selbst mit einer halben Gallone mittäglichen Weins in den Adern, am besten rasch. Man hüpft wie ein Schulkind von Fels zu Fels, springt mit dem einen Fuß, landet mit dem anderen auf dem nächsten Stein, eine halsbrecherische Folge von Sprüngen. Das Tempo eines solchen Abstiegs, bei dem der Blick starr auf den Weg geheftet sein muß und auf dem man nichts außer den spärlichen Treppenstufen wahrnimmt, sorgt dafür, daß man sich, unten angekommen – keuchend, mit pochenden Schläfen, mit trockener Kehle und schweißüberströmt –, durch diesen jähen Abstieg in einer vollkommen veränderten Welt

wiederfindet. Erst tief unten im Tal kam ich zwischen son-
nengebleichten Felsen bei einer Baumgruppe zum Halt.
Im Licht der Sonne, das tief in eine Felsspalte vordrang,
sah ich ein Rinnsal funkeln; einen Fuß oder zwei lang floß
es zwischen Kresse und blanken Kieseln, dann versickerte
es zwischen den Bäumen. Hier fand ich im Schatten eines
Oleanders, den Kopf auf seinem Knappsack, das Barett
tief in die Stirn gezogen, das rot-blaue Band des griechischen Kriegskreuzes auf der Brust seines Kampfanzuges,
die Beine in Feldstiefeln an den Knöcheln übereinander-
geschlagen, einen Leutnant ausgestreckt, das Bild eines
ruhenden jungen Kriegers. Aber er schlief nicht; ein Augenlid und darüber die Braue wie eine Krähenfeder waren
erhoben, und er musterte den Neuankömmling.

»Ich hab gesehen, wie Sie runtergekommen sind«,
meinte er mit einem Lächeln. »Sie sehen durstig aus. Das
ist erstklassiges Wasser.«

In langen Zügen schlürfte ich das wunderbare Naß,
nahm es in den Mund, kaute es wie ein Pferd, dann ließ
ich es wie einen Eiszapfen hinab zu seinem Ziel gleiten.

»Habe ich doch gesagt«, freute er sich, als ich es lobte.
»Aus Kreta?« fragte er und wies auf meinen Tornister: die
ausgebleichten gelben und scharlachroten Streifen, vor
so vielen Jahren in Anogia an den Hängen des Berges
Ida gewebt, verrieten seine Herkunft. Ich erklärte, wie
ich dazu kam, wir tauschten Namen und einen formel-
len Handschlag aus. Ich nahm die Zigarette, die er mir
anbot, und machte es mir unter dem benachbarten Ole-
ander bequem; ich legte die Füße auf einen Stein, damit

das Blut wieder gleichmäßiger zirkulierte, und blickte den Rauchkräuseln nach, wie sie zu dem Geflecht der langgestreckten Blätter aufstiegen, zwischen denen in ein oder zwei Monaten die rosafarbenen Blüten erscheinen würden. Ich rauchte meine betörende Papastros No. 1 nur halb, dann war ich eingedämmert; doch ich blieb nur ganz knapp unter der Oberfläche, ließ meinen Geist schweben und hielt den Nachmittag noch im Bewußtsein, die Blätter, die schattige Laube daraus, das Rieseln des Wassers.

Noch nach Jahren denkt man an die Segnungen der wenigen Quellen weit verstreut in den Bergen. Bisweilen trifft man auf einen Wasserfall, von einem Felsen herabstürzend, mit seinem eigenen Regenbogen über dem triefenden Blätterdickicht, geradezu verschwenderisch in seinem Reichtum. Manchmal führt ein Bach von dort zu einer vergessenen Mühle, wo sich dem frischen Duft ein Hauch von Unkraut und Giftpilzen und dem Mühlrad mischt, das dort im Wasser vermodert. Im Schatten des Ilex gähnen Zyklopenhöhlen – wobei die untere Zahnreihe, mit Steinen und Dornstrauch verstärkt, als Wand für einen Ziegenpferch dient; Wasser rinnt von dem Kalkstein durch Kanäle aus dichtem Grün, und auch der hohle Baumstamm, der es auffängt, ist in seinem Inneren ganz mit tiefgrünen Kräutern bewachsen. Wie ein Polster decken die Köttel von tausend Jahren, zermahlen von gespaltenen Hufen, den Stein; ein gewundenes Bockshorn liegt dort, heruntergefallen von einem Schädel, den jemand zur

Abwehr gegen den bösen Blick zwischen die Äste gehängt hat, den allgegenwärtigen Fluch, der die Ziegen verzaubern kann, daß ihre Milch versiegt und die Kitzlein sterben, und den Böcken ihre Manneskraft nimmt. Manche dieser Quellen entspringen in finsteren Höhlen, und man muß tief ins Herz des Berges vordringen, um sie zu finden. Andere sprudeln in hohen Spalten hervor, Orten, die der Himmelfahrt, Antonius dem Einsiedler oder dem Propheten Elias geweiht sind – Wässer, die einmal den Durst längst verschwundener Eremiten stillten.

Mächtige Platanen markieren oft diese Quellen; ohne das Wasser wären weder die Bäume noch die umgebenden Häuser dort; die Dörfler im Schatten, die Maultiere an der Tränke hätten sich nie versammelt. Was für ein Wunder, wenn man vom glutheißen Bergkamm an die grünen Rüschen kommt, die ein Felsenquell hervorbringt! Das Wasser wird in Rinnen verteilt, Bohnenpflanzen ranken sich an Stangen, Mispel-, Zitronen- und Orangenbäume formen ein kühles Gewölbe. Kürbisse wachsen auf dem bewässerten Boden, Kalebassenranken kriechen die Baumstämme hinauf, und grün gesprenkelt hängen die flaschenförmigen Früchte im Schatten, dickbäuchig von dem gesammelten Wasser. Wo einsame Häuser ein Brunnenloch im Fußboden haben, hallt in den Zisternen das Klappern und Platschen des Eimers, und das Getriebe der Oberwelt donnert in dem dunklen Gewölbe. Manchmal macht der Durst aus mittelmäßigem Wasser gutes: ein Schluck trüber Brühe in der Wildnis der inneren Mani, ein Rinnsal mit Brackwasser an der öden kretischen Küste.

Rund um manch altes Brunnenloch verfallen Burgen und Klöster. In den Einfassungen sieht man noch die Kerben der Seile, Wurzeln von Feigenbäumen brechen das Mauerwerk auf. Nach den Eidechsen, den Turmfalken, den Herkulesbergen ringsum ist es nicht leicht, das Auge an den Blick in die Tiefe der Schächte zu gewöhnen. Klein wie eine Münze blickt einem von meilenweit unten durch Knäuel von Spinnweb das eigene Antlitz entgegen, und der Leib des Betrachters, wie er sich über den Rand reckt und wie durch das falsche Ende eines Fernrohrs herabspäht, ist dieser Münze aufgeprägt. Sekundenlang wartet man, bis ein hineingeworfener Kiesel dies Medaillon zerschmettert, mit einem Laut, als würde ein Antipode eine Flasche entkorken, und das Echo kommt so leise herauf wie die Stimmen der Hamadryaden, die einst Hylas lockten. In solch finstere Schlünde werden in Dutzenden von Märchen die Becher und Ringe und Schwerter geworfen, deren Wiedergewinn nach Jahren der Mühsal die Identität eines Prinzen beweist, die Ansprüche auf ein Königtum, oder Liebende vereint, die lange entzweit oder durch einen Zauber getrennt waren.

Auf halbem Wege zum Olymp gibt es ein blaues Drachenauge von einem See, so eisig kalt, daß ein Fremder, der auf die Idee kommt, hindurchzuschwimmen, vor Kälte klappernd in die Augusthitze zurückkehrt. Ein sprudelnder Quell ist der beste Zauber gegen die Gespenster des Mittags. Es heißt, daß an manchen von ihnen Nereiden hausen, die den Schäfern gefährlich sein können, und um viele ranken sich Legenden. Von einer zwischen dem

Berg Ida und den Weißen Bergen heißt es – wie von manch mythischer Quelle –, daß sie unsterblich macht. Im Krieg rasteten wir dort, lehnten unsere Gewehre an einen Erdbeerbaum, legten uns auf den Bauch, neigten die turbanumwickelten Häupter und tranken in tiefen, langen Zügen. Augenblicke der Ruhe und des Segens! Doch besser als sie alle kam mir heute dieses ätolische Rinnsal vor, von keiner Legende besungen. Tropfen für Tropfen hörte ich fallen wie die Töne einer Celesta jenseits jener hauchdünnen Wand des Schlafes.

Ich sah zu, wie der Leutnant mit raschen, präzisen Bewegungen einen Apfel schälte und die Schale in einer ungebrochenen Spirale zu Boden gleiten ließ. Er zerteilte die Frucht und bot mir, auf die Spitze eines silbernen Federmessers gespießt, einen Schnitz davon an.

»Der ist aus Naoussa«, sagte er, »in Makedonien. Die besten Äpfel in ganz Griechenland.« Er war in Perista stationiert, dem Dorf, zu dem auch ich unterwegs war. »Sie müssen bei mir übernachten«, sagte er und schien erfreut bei der Aussicht auf Gesellschaft. »Ich bin ganz allein, komme gerade zurück aus dem Urlaub in Athen. Hier drin ist eine wunderbare Lammkeule.« Er klopfte auf seinen Tornister. »Ein Geschenk von einem Freund in Nafpaktos. Die Frau, bei der ich einquartiert bin, wird sie uns braten, eingewickelt in Pergamentpapier, damit nichts von dem guten Aroma verlorengeht! Sie ist eine hervorragende Köchin – steckt ganze Knoblauchzehen tief zwischen das Fleisch und die Knochen! Sie werden sehen …«

Marko, der Leutnant, ein geschmeidiger, gutaussehender Athener mit glänzendem schwarzem Haar, sprühte nur so vor Freude und Energie, sogar wenn er einfach nur dastand. Er war Epikureer und Hedonist und, wie ich schon bald feststellen sollte, flink wie ein Luchs auf dem langen, steilen Weg bergan. Zu jung für Weltkrieg und Besatzungszeit, war er gerade zu der Zeit erwachsen geworden, zu der er den Bürgerkrieg als Geschenk zu seiner Volljährigkeit ansehen konnte. Große Teile davon hatte er hier in der Gegend verbracht, wo er noch immer stationiert war. Dieses Tal war Schauplatz erbitterter und gnadenloser Kämpfe gewesen. Marko hielt inne, um zu beschreiben, wie seine Kompanie bei der Verfolgung eines Trupps kommunistischer Guerilla über den Hang, den wir gerade erklommen, vorgerückt war. Es war, als erfülle sein sprudelnder Redefluß die verlassene Schlucht wieder mit dem Knattern von Maschinengewehren und -pistolen und dem Lärm explodierender Granaten; er bevölkerte die Hänge mit hastenden, geduckten Gestalten und ließ die Luft splitternd zerbersten. An einer Wegbiegung, wo sich eine Gruppe von Felsen in wildem Chaos türmte – ich glaube, er hatte auf diesen Augenblick gewartet –, blieb er wiederum stehen.

»Es war Nachmittag, ziemlich genau um diese Zeit. Ich arbeitete mich hier den Hang hinauf«, sagte er, »duckte mich hinter die Steine, suchte Deckung vor den Schüssen, die von dem Felsen drüben bei dem Farnkraut kamen. Die Sache entwickelte sich zum Duell: jeder von uns war entschlossen, den anderen zu erwischen. Ich schaffte es, bis auf fünf Meter heranzukommen, die ganze Zeit unter Beschuß von oben. Als mein Gegner das Magazin wechselte, schleuderte ich eine Handgranate hinter seinen Felsen, duckte mich, schob selbst ein neues Magazin ein und wartete, daß er aus der Deckung kam. Schon sprang eine khakifarbene Gestalt hinter dem Felsen hervor, feuerte aus einer Maschinenpistole und schrie mit merkwürdig hoher Stimme: ›*Na!* Du Küchensklave der Glücksburgs*!‹ Ich konnte mich gerade noch rechtzeitig zu Boden werfen und feuerte von da eine ganze Salve ab. Der Guerilla ließ das Gewehr fallen, taumelte ein paar Schritte bergab und blieb reglos liegen – genau da drüben. Und wissen Sie was?« – Markos Stimme war nach einer Pause hörbar tiefer geworden – »Es war eine Frau! Die Stimme war mir ja gleich seltsam vorgekommen. Und sehr gut hatte sie ausgesehen mit ihrem kurzgeschnittenen Haar. Sie hatte die ganze Salve abgekriegt. *Phoveró itan! Phríki!!* Es war schrecklich, grauenhaft.«

Nach einer weiteren Pause fuhr er fort: »Die wurden zusammen mit den anderen kommunistischen Freischärlern in riesigen Camps auf der anderen Seite der jugoslawischen Grenze ausgebildet. Das war, bevor Tito sich mit Stalin zerstritten hatte. Manche von ihnen kämpften wie die Berserker. Armes Griechenland …«

Er amüsierte sich über mein Interesse an der Kravara. »Ein komischer Haufen«, sagte er. »Blitzgescheit sind die. Die Alten könnten Ihnen viel erzählen.« Er nannte mir ein paar Namen.

---

* Ein Schimpfname für die Königsfamilie.

Endlich erreichten wir den höchsten Punkt, und wieder öffnete sich zu meinen Füßen eine weite, wellige, von Bergen gesäumte Landbucht, die ich schon von den Berghängen oberhalb von Platanos einmal kurz in der Ferne hatte aufblitzen sehen: eine großartige, karge Landschaft, tief im Gebirge versteckt. Das goldene Nachmittagslicht nahm ihr viel von ihrer Schroffheit. Marko hatte in einem Haus am Dorfrand noch etwas zu erledigen. Als er die Stufen emporsprang, schärfte er mir ein, ich solle nicht zu spät zu der Lammkeule kommen; ich müsse im Dorf nur nach ihm fragen.

Perista bot einen völlig anderen Anblick als Platanos; keine Spur von Staub und Vernachlässigung. Das hölzerne Lattenwerk der Dächer beiderseits der Straßen berührte sich beinahe über dem abschüssigen Pflaster. Überall gab es reichlich Schatten. Ein Ball kam eine steile Gasse heruntergehüpft, verfolgt von einem Grüppchen hübscher, kreischender Kinder, die beim Anblick des Fremden zu einer Batterie staunend aufgerissener Augen erstarrten, und der verwaiste Ball kullerte unbeachtet talwärts. Weiter oben hütete ein kleines Mädchen eine Ziege – aber worauf? es sah aus, als weide sie auf dem nackten Schiefer – und sang dazu leise ein schwermütiges Lied über Hinterhalt und Blutvergießen.

Der Priester war zugleich Schuhmacher. Er hockte im Schneidersitz zwischen den Leisten auf der Türschwelle, den Mund gespickt mit hölzernen Schuhnägeln. Sein Hammer hielt mitten im Schlag inne, während er durch die Nägel hindurch murmelte. »Was gibt's Neues? *Tí néa?* – Woher kommen Sie? *Anglia? Po! Po! Po!* – *makrya!* Ein weiter Weg.«

Er lächelte vor sich hin, als er die Arbeit wieder aufnahm, die Nägel auswählte und sorgsam in eine nach oben gekehrte Schuhsohle hämmerte. Der Irrwitz einer so weiten Reise amüsierte ihn: *Anglia,* unglaublich ... Ein freundlicher Mann mit Buckel nahm mich unter seine Fittiche, und wir steuerten das *magazi* an. Er stimmte mir zu, daß es ein hübsches Dorf sei; hübsch ja, aber bettelarm: sie müßten Erde auf Eseln vom Kotsalos heraufschaffen, dem Fluß, der durch die Schlucht zwischen Perista und Dorvitsia fließt, dem nächsten Dorf in nördlicher Richtung. Eine öde Gegend. Niemand kümmere sich um diese kahlen Berge, also seien die Menschen vor langer, langer Zeit – *palaiá! palaiá!* – vor den Türken hierher geflüchtet. Bodenerosion und Brände hätten das Land verwüstet und die Bewohner zu Armut und Emigration verdammt, zu einem Leben von der Hand in den Mund, als Hausierer, wenn nicht gar Bettler ... Man erzähle, der Ort sei früher einmal reich gewesen: sehen Sie die Maulbeerbäume da! Angeblich waren sie vor langer, langer Zeit von Juden angepflanzt worden, die mit Seidenraupen ein Vermögen verdient hatten und dann verschwunden waren, jedenfalls die meisten von ihnen. Vielleicht waren ja noch immer ein paar ihrer Nachkommen da: wie war das zum Beispiel mit Namen wie Rorós, Kagánis und Solomos?* Außerdem

---

* Immer wieder einmal hört man staunend solche Gerüchte über erloschene jüdische Gemeinden. Wie wir wissen, gab es in der Zeit der Apostelgeschichte viele derartige Gemeinden, und in Mittelalter und Re-

gebe es keine Weiden für die Herden, keinen Quadratzentimeter Boden zum Getreideanbau, nicht einmal Heidekraut für die Bienen. Ein bißchen Wasser sei vorhanden, Gott sei Dank; gerade genug für ein paar Kartoffeln und Kichererbsen, mehr aber auch nicht. Die Wipfel einiger Platanen ließen erkennen, wo sich der Pfad talwärts wand; und das blaßgrüne Laub junger Pappeln filterte das schräg einfallende Licht. Ich sah ein paar Kornelkirschen und hie und da wilde Apfel- und Birnbäume. Eine der Platanen und eine rebenumrankte Pergola sorgten für Schatten auf dem kleinen Vorplatz des Magazi. Der Innenraum war kühl und geräumig, mit einem kleinen Sortiment an Stoffballen, Wolle, Hufnägeln, Sägen, Konservendosen, Seilrollen (die – für westliche Betrachter unbegreiflich – stets nach Gewicht verkauft werden), Körben, Fässern mit eingesalzenen Sardinen und Anchovis, »offenem« Ouzo in großen Kanistern (im Gegensatz zu der gehobenen, »versiegelten« Variante), gesalzenem Stockfisch sowie – an Schnüren aufgehängt und zum Schutz vor Rost schwarz

naissance sind sie vielfach bei jüdischen Reisenden und byzantinischen Autoren erwähnt. (Im ersten Kapitel von *Mani* habe ich mich recht ausführlich mit diesem Thema beschäftigt.) Für Griechen ist die Seidenindustrie untrennbar mit den Juden verbunden, und die Ähnlichkeit der Namen Solomos (der nichts anderes bedeutet als »Lachs« und auch der Name des größten griechischen Dichters des neunzehnten Jahrhunderts war, eines venezianischen Adligen von den Ionischen Inseln) und Salomo tut bei gutgläubigen Dorfbewohnern ein übriges. Aber sie sind nicht akkurat in diesen Dingen: manchmal bedeutet *evraioi* oder *ovraioi* einfach nur »ausländisch«, und bisweilen bezeichnet es schlichtweg einen Griechen, der einen anderen Dialekt spricht, Tsakonisch zum Beispiel. Das letzte Dorf, bei dem ich Zeuge wurde, wie ihm nur wegen des Namens Solomos jüdische Wurzeln angehängt wurden, war Koutiphari in der äußeren Mani, das antike Thalamai des Pausanias.

angestrichen – schaftlosen Köpfen von *skeparnia*, uralten, axtartigen Allzweckwerkzeugen mit einer geschwungenen Klinge zum Schneiden oder Hacken am einen Ende und einer flachen Seite am anderen, ein Werkzeug, das die Griechen als Spaten, Hacke, Hammer, groben Hobel, zum Beschneiden von Bäumen oder auch als Maurerkelle verwenden. Außerdem gab es Maultierzaumzeug und Gurtbänder und ein oder zwei hölzerne Sättel.

Ein dunkeläugiger Junge, der in ein Schulheft schrieb, rief seiner Mutter zu, daß ein Fremder gekommen sei – *Mammá! Ena xéno!* –, und widmete sich dann wieder seiner Tätigkeit. Sie brachte mir einen Kaffee. Ich musterte meine Aufzeichnungen vom Mittag. Nach einer Weile fragte der Junge: »Was lesen Sie da?«

»Das errätst du nie.«

»Nun sagen Sie schon.«

»Na gut.« Ich las ihm den boliarischen Satz über den »mächtigen Mann des Gesetzes« vor. Er lachte.

»Sovará?« fragte er – »Ernsthaft?« – und kam herüber, um sich selbst zu überzeugen. Kaum hatte er ein paar Worte gelesen, verkündete er zwei gerade eintretenden Männern, ich sei Ausländer und lese *bóliarika*.

Die Bemerkung wirkte wie ein Sesam-öffne-dich bei den beiden Neuankömmlingen und den anderen Männern, meinen buckligen Mentor eingeschlossen, die ihnen schon bald in den Laden folgten. Wie hatte ich bloß auf die Idee kommen können, daß es schwierig sein würde, etwas über die alten Zeiten in der Kravara herauszufinden? *Selbstverständlich* habe es dort Bettler gegeben, Hunderte, die besten in ganz Griechenland – weniger hier in Perista, meinte einer von ihnen abfällig; aus Dorvitsia seien die gekommen, dem Nachbardorf im Tal, und aus Platanos, wo ich vorher gewesen war. Ausholende Gesten mit der hohlen Hand signalisierten gewaltige Mengen, und die allseitigen langgezogenen Pfiffe ließen sich sowohl als Ausdruck der Bewunderung als auch des Tadels deuten. Genau das gleiche hatte man mir in Platanos erzählt, nur daß dort die Dörfer Perista und Dorvitsia genannt wurden; und als ich nach Dorvitsia kam, waren es Platanos und Perista … Und was war mit Vonorta, Simos, Palaiopyrgos, Arachova – eines von vielen Dörfern dieses Namens in Griechenland –, Pevkos, Diasellaki? Beim Sprechen zeigten sie auf die kahlen Bergrücken ringsum, wo, von hier aus unsichtbar, diese verstreuten Siedlungen lagen. Und Kastania, Chomori, Perdikovrysi, Neochori, Agia Triada, Eleftheriani, Kositza, Terpitza, Artotiva, Ternos, Lobotina, Stranoma, Klepa, Pokista? Ja, so hießen die Nester, von denen die Kravariten »in alten Zeiten« zu ihren Reisen aufgebrochen seien. In den Stimmen der Männer lag etwas von der liebevollen Nostalgie, mit der man in England von Laternenanzündern, Muffinverkäufern, Pferdedroschken und deutschen Blaskapellen spricht, ein Anflug von Bedauern, wie es mit der Erinnerung an die Helden vergangener Tage einhergeht. *Tou diavólou kaltza* seien sie gewesen, des Teufels Socke: alle nur erdenklichen Eigenschaften, die auf großes Geschick und einen scharfen Verstand hindeuten, wurden ihnen zugeschrieben – ein zusätzliches Augenpaar, die Fähigkeit zu fliegen, mit offenen Augen zu schlafen und Fliegen und Läuse mit Hufeisen zu beschlagen. Und was für ein Mundwerk! (Wie ich später herausfand, waren besonders die Bewohner von Perista berühmt für ihre Rednergabe, und man sagte ihnen nach, daß sie einem Esel das Hinterbein abschwatzen und durch ein hölzernes ersetzen konnten, ohne daß das Tier selbst oder sein Besitzer auch nur das geringste bemerkte.)

Jedes Dorf habe sein Spezialgebiet gehabt. Hausierer aus Ternos hätten sich auf Kräuterheilmittel verstanden – nun ja, das sei nicht ganz richtig, beteuerten sie rasch, aber sie hätten getan als ob: im Grunde seien das Quacksalber. »Ich hätte nichts von denen genommen«, meinte einer aus der Runde. »Ich auch nicht«, setzte ein anderer hinzu, »aber lieber der Dreck von denen als zu den Augenkünstlern in Dermati! Wenn man blind ist, fallen einem da die Augen aus dem Kopf, und wenn man sehen kann, machen sie einen blind.« Ternos, Kambia und Karva hatten anscheinend ausschließlich von Gaunereien gelebt: Wenn jemand aus diesen Orten in ein Dorf gekommen sei, sei es zwecklos gewesen, Türen und Fenster zu verriegeln: sie kamen nachts durch den Schornstein; und am nächsten Tag suchte man vergeblich nach seinen Hosen. Manche handelten mit billigem Tand und falschem Gold, sie luchsten den Leuten die Ringe von den Fingern, angeblich um sie genauer anzusehen, und tauschten sie dann gegen vergoldetes Messing aus. Andere waren in der Frühzeit der Fotografie mit einem leeren Kasten auf einem Stativ durch die Lande gezogen, und nachdem sie sich mit riesigen schwarzen Tüchern und lautem Klicken an ihre Opfer herangemacht hatten, ließen sie diese mit schwarzen Zelluloidquadraten zurück, die sie eine Woche lang in einem dunklen Schrank aufbewahren sollten, weil erst dann das Bild sichtbar werde; doch da ...

Wieder andere hatten mit heiligen Büchern gehandelt, »gesegnet vom Ökumenischen Patriarchen«, Reliquien, Splittern vom Kreuz Christi aus Jerusalem, Weihrauch vom Berg Ararat ... Doch soweit ich es mir zusammenreimen konnte, waren all das nur Varianten des für die Gegend typischen Erwerbszweigs gewesen. Der wahre Beruf der alten Kravariten war schlichtweg die Bettelei, wenn auch verfeinert durch zahlreiche Raffinessen: gespielte Blindheit, Wahnsinn und Epilepsie, vor allem aber die Vortäuschung von Lahmheit, Verlust von Gliedmaßen und Mißbildungen. Einige gaben vor, sie hätten einen Buckel. (»Keinen echten, so wie meiner!« erklärte mein alter Mentor.) Andere verrenkten die Arme, drehten sie gewissermaßen von innen nach außen, mit einem Labyrinth von flehend ausgestreckten Fingern am Ende. Einige taten sogar so, als hätten sie beide Beine verloren oder könnten sie zumindest nicht mehr benutzen. Sie marschierten munter pfeifend die Straße entlang, bis ein Dorf in Sichtweite kam; dann holten sie ein kleines Wägelchen aus dem Gepäck, auf dem sie sich niederließen und mit den Händen die Hauptstraße hinunterschoben, um schließlich an passender Stelle Position zu beziehen. Die Augen nach hinten gerollt, bis nur noch das Weiße zu sehen war, und in so verrenkter Stellung, daß niemand mehr den Wanderer erkannte, der noch wenige Augenblicke zuvor die Landstraße entlanggekommen war, warteten sie auf das melodische Klingeln der ersten Münze in ihrem Messingschälchen. Die Wägelchen waren kleine trojanische Pferde für die Trojaner ihrer Zeit.

Diese Verkleidungen, erzählten die Alten, brachten es zu einer Perfektion, die sich nicht über Nacht erlernen ließ. In einigen Dörfern gab es Spezialisten, die vielversprechende Jungen in all den Künsten unterwiesen, die ihrer Karriere zuträglich waren. Es hatte Bergakademien für Bettler gegeben, deren Klassen, *mutatis mutandis*, gewiß an Fagins Lehranstalt für junge Herren erinnerten. Wenn es nichts mehr zu lernen gab, zogen sie los und bezahlten das Lehrgeld im nachhinein aus den Einnahmen ihrer Jungfernreise.

Ich hatte von diesen Schulen, ob sie nun real oder erfunden waren, schon gehört: es ist eines von jenen Bruchstücken von Gerüchten, die jedem, der überhaupt etwas über die Kravara weiß, schon einmal zu Ohren gekommen sind, und ich hatte nur auf die Gelegenheit gewartet, mich zu erkundigen, ob etwas Wahres daran sei. Es gab da noch ein weiteres Gerücht, von dem auch in Karakavitsas' Roman die Rede ist; zu gern hätte ich danach gefragt, aber ich traute mich nicht. Schließlich tat ich es dann doch: Ob denn etwas Wahres an den Geschichten sei, daß Eltern oder wer auch immer einst, in den schlimmen Zeiten, bisweilen Kinder verunstaltet hätten, als sie noch sehr klein waren, um so die vorherbestimmte Karriere zu fördern? Meine Gesprächspartner verstummten. Ja, davon hatten sie alle gehört, aber ihres Wissens war die Geschichte aus der Luft gegriffen. Vielleicht, meinte ein alter Mann, hätten böse Eltern so etwas vor langer, langer Zeit gemacht – schlechte Menschen gebe es schließlich überall! –, aber wenn es je vorgekommen sei, dann sei es mit Sicherheit ein Einzelfall gewesen. Zu seinen Lebzeiten habe er nie etwas Derartiges gehört, und er sei schließlich schon sehr alt; das gelte schon für seine Eltern und Großeltern, und dann sei man bereits in der Zeit der *Turkokratía*, lange vor dem Unabhängigkeitskrieg. Alle in der Runde stimmten ihm zu, und ihr Tonfall und die Offenheit, mit der sie über die anderen Einzelheiten aus dem Leben der alten Kravariten gesprochen hatten, ließen mich ihnen Glauben schenken.

Der alte Mann wollte wissen, wo ich solche Geschichten herhabe. Aus der Großen Griechischen Enzyklopädie, antwortete ich. »Unter welchem Stichwort?« fragte der Junge; er hatte unserem Gespräch gelauscht und sich von Zeit zu Zeit auch beteiligt. »Unter dem Stichwort Kravara.« Er ging zu einem Schrank hinter der Theke, und zu meiner Verblüffung lagen dort aufgestapelt die mächtigen Quartbände der *Megáli Elleniki Enkyklopaídia**. Er zog den entsprechenden Band hervor – *Kosmologia-Leptokaryon* –

---

* Der Anblick dieses imposanten und kostspieligen Nachschlagewerks in einem so von Armut geplagten Dorf erstaunte mich ebensosehr, als hätte ich die *Encyclopedia Britannica* in der Kate eines englischen Landarbeiters entdeckt; nein, mehr als das: die Armut in der Kravara hat nicht ihresgleichen. Griechenland ist reich an solchen Überraschungen. Vor ein paar Jahren erstand ich diese wunderbaren Bände, alle dreiunddreißig, für fünfzig Pfund in einem Antiquariat und schaffte sie in einer Kiste nach England; dabei hätte ich sie um ein Haar in Belgrad verloren. Ein schrecklicher Augenblick.

und wuchtete ihn auf den Tisch. »Hier ist es«, sagte er, »Kravara«, und las den Abschnitt laut vor, wobei er die reichlich verschnörkelte Katharevousa des Lexikons – er besuchte das Gymnasium in Nafpaktos – mit bemerkenswerter Leichtigkeit meisterte. »Einige Bewohner«, las er, »verstümmelten, alten Traditionen folgend, im jugendlichen Alter Arme und Beine oder simulierten Blindheit; dies geschah in der Absicht, auf ihren Wanderungen durch die Städte Griechenlands und oft auch des Auslands andere zu täuschen ... *Kravarit:* abwertende Bezeichnung für eine verlogene Person, einen Simulanten, Scharlatan, Landstreicher, Betrüger oder Bettler.«

Er schloß das Buch mit den Worten »*Keratádes!* Hornochsen! Das hätten sie nicht schreiben dürfen! Schon allein weil es nicht stimmt!« Mittlerweile wünschte ich, ich hätte das Thema nie angeschnitten. »He!« sagte einer, »der Kerl, der das geschrieben hat, war vermutlich beleidigt. Vielleicht hatte ihn jemand aus der Kravara boliarisiert, und da wollte er sich rächen!« Der peinliche Augenblick mündete in erlösendes Gelächter.

Sie blickten überrascht und ungläubig, als ich ihnen erzählte, daß die Zahl solcher Landstreicher und Bettler zwar in Griechenland stark zurückgegangen sei, daß es im übrigen Europa aber nach wie vor ganze Scharen davon gebe. Sie fanden es schwer begreiflich, daß sie in einem gutbürgerlichen, wohlgeordneten Land wie England, ja selbst im Herzen von London häufig anzutreffen seien. Der Auswanderung nach Amerika sei es zu verdanken, daß sich die Kravara verändert habe, sagten sie. Ihre Bewohner seien zu Tausenden in die Ferne gezogen. An der Armut der Dörfer änderte sich nur wenig, doch eine künstliche Wirtschaft hielt sie am Leben: alle Kravariten in den Vereinigten Staaten schickten Geld an ihre Familien in der Heimat. Das Geld für die erste Reise wurde oft mit den altbewährten Mitteln beschafft. Hin und wieder habe ein kurzer Ausflug in die Bettelei beträchtliche Vermögen angehäuft. Denken Sie nur an …; sie nannten einen alten Ex-Boliaren aus Vonorta, der jetzt drei Mietshäuser in Larissa besaß! In Rumänien gelangten Kravariten als Handlanger und Mieteintreiber für Landbesitzer zu Wohlstand; eine Tätigkeit, durch die sie den Ruf großer Skrupellosigkeit erwarben … Viele der Kirchen, die wie Kathedralen über armseligen Dörfern aufragen, wurden mit Spenden erbaut.

»Das war das Erstaunliche«, sagte ein alter Mann. »Unterwegs haben sie tausendundein krummes Ding gedreht. Weiß der Himmel!« Er lachte. »Fragen Sie lieber nicht! Aber daheim waren diese alten Halunken, unsere Vorfahren, Säulen der Rechtschaffenheit, pflichtbewußte Söhne, treue Ehemänner, strenge Väter, fromme und gottesfürchtige Männer, glühende Patrioten und Vorzeigebürger.«

Die Kravara ist reich an Talenten. Aus Rumeli kommen seit jeher einige der besten Soldaten Griechenlands, und die Kravara steht auf diesem Gebiet nicht zurück. »Wir haben unzählige Generäle hervorgebracht«, fuhr der alte Mann schwungvoll fort. »Derzeit sind vier davon im Generalstab. Erzbischöfe auch, wie Sie wissen; Professoren,

Lehrer, Rechtsanwälte – denen kommt ihre Rednergabe zugute! –, Richter, Regierungsbeamte, Gouverneure ...«

Ich erinnerte mich plötzlich, daß ein Freund von mir, ein Nomarch – ein Regionalpräfekt mit enormer Machtvollkommenheit –, genau aus dieser Gegend stammte. Als ich ihn kennenlernte, erstreckte sich sein kleines Königreich über einen Teil der ägäischen Inselwelt. Er war ein kleines, dunkelhäutiges Energiebündel, ein schneidiger Beamter mit einer Gabe zum schnellen, überzeugenden Sprechen. Nichts konnte seinem Redefluß widerstehen; wenn er kam, schmolz jedes Hindernis dahin. Die Erinnerung ließ mir das Funkeln in den Augen rings um den Tisch plötzlich vertraut erscheinen.

Ob es immer noch praktizierende Boliaren gebe? Ein Lachen ertönte. »Offiziell nicht. Nur ein paar fliegende Händler und Fotografen. Wenn ein kravaritischer Hausierer jemals versucht, Ihnen etwas zu verkaufen, dann lassen Sie die Finger davon! Es ist mit Sicherheit Schund! Und hüten Sie sich vor ihren Armbanduhren: die ticken einen Tag lang und bleiben dann für immer stehen. Die Fotografen sind in Ordnung. Müssen sie auch, heutzutage ...«[*]

Der Abgrund unter dem Fenster lag schon im Schatten. Am Ende der Schlucht thronte der Berg Ardinis. Ist er identisch – denn so viele Dörfer und Flüsse und Berge tra-

---

[*] Letzteres wurde später bestätigt. Es gibt zwei im Herzen von Kolonaki, dem eleganten Wohnviertel von Athen, die beide aus kravaritischen Dörfern stammen. Eindrucksvoll gekleidet mit ihren glänzenden Schirmmützen und weißen Staubmänteln, die die Fotografenzunft sich als Uniform auserkoren hat, locken sie Passanten vor ihre Stative. Seit diesem Besuch wetteifern wir, wann immer sich unsere Wege kreuzen, wer von uns dreien als erster sagt: »*Stíllane! Mas photae o banikos patellos!*«

gen zwei oder mehr Namen – mit dem Oxia? Hohe Drei-
ecke ragten empor, und die Abendsonne berührte ihre
westlichen Kanten; der Rest versank in einem eisigen
Blau, das mit fortschreitender Dämmerung zu Grau ver-
blaßte. Durch das unwirtliche Chaos dahinter führte der
Weg, den die Alten genommen hatten: zwei Tagesmär-
sche durch die weglose evrytanische Wildnis bis nach
Karpenisi. Am Tymfristos wandten sie sich ostwärts nach
Lamia und schlugen die alte Straße gen Norden in den
Balkan und nach Mitteleuropa ein.

Ein Bimmeln aus den Bergen kündete von der Rückkehr einer kleinen Herde, und das Glimmen eines Feuers
zeugte von der tagsüber nie geahnten Existenz eines
Pferchs. Wir schienen verloren in einem unglaublich abgelegenen Hinterland. Das Schwinden des Tageslichts
jagte einen Schauder durch die Schluchten und streifte
uns kurz mit einer Art kindlicher Furcht vor der Dunkelheit. Das Gespräch erlahmte und kam erst wieder in
Gang, als das Entzünden der Petroleumlampe den Bann
löste. Es war Zeit, mich zum Leutnant auf den Weg zu
machen.

»Kommen Sie später noch einmal wieder«, sagten sie.
»Wir holen Onkel Elias für Sie.«

»Wer ist das?«

»Er weiß eine Menge. *Pollá xérei!*«

Mein buckliger Freund geleitete mich durch die Gassen.
Unsere Nagelschuhe schlugen Funken auf dem Pflaster.
Ein weiterer *phlambouri* ging zu Ende: die *halpou* brach
an …

324

»Sie ist fast fertig!« frohlockte Marko. Er sprang auf und kam händereibend, geradezu tänzelnd in die Mitte des vom Feuer erhellten Zimmers; seine Freude war ansteckend. »Hören Sie nur diesen wunderbaren Duft!«[*]

Der Duft hatte mich schon einige Meter zuvor auf der Straße umgarnt und magisch angezogen. Das ganze Haus flirrte von köstlichen Aromen.

Er griff zu einer Flasche Ouzo, tätschelte sie mit den Worten »*Sans Rival* aus Tyrnavos!« und füllte zwei Gläser. Dann begann er, Wurst und Käse und Frühlingszwiebeln und *avgotaracho* zu schneiden, köstlichen grauen Fischrogen aus Messolonghi, fest gepreßt und umhüllt von einem länglichen Panzer aus gelbem Wachs. Er legte eine Handvoll riesige Oliven und weiße und blutrote Radieschen auf eine Untertasse und bestreute sie mit Salz: ein köstliches Mézé zum Ouzo.

»Und wir haben einen Retsina, der Ihnen schmecken wird«, fuhr er fort und füllte dazu das Ouzoglas zum zweitenmal. »Eine ganze Korbflasche aus Spata in Attika.« Er zeigte auf das große, mit Weidengeflecht umhüllte Gefäß in der Ecke. »Ich habe ein paar Flaschen zum Kühlen in den Brunnen gehängt.« Er ging nach draußen, um eine davon zu holen.

Ich beneidete ihn um sein Quartier. Es war weißgetüncht und makellos sauber, mit niedrigen Diwanen an zwei Wänden und einem rot-schwarzen Teppich auf dem

---

[*] In dieser seltsamen volkstümlichen Redewendung werden Gerüche akustisch wahrgenommen: »*Akou tin miroudiá!*: Hören Sie nur, wie es riecht!«

Boden; darüber hatte Marko das Fell eines mächtigen Wolfs gebreitet, erlegt in den Bergen von Grammos, wo er sich auch seinen Orden verdient hatte – ich hatte ihn danach gefragt. »Aber nicht dafür«, antwortete er lächelnd; der Kampflärm auf den Gipfeln habe die Wölfe hinunter ins Tal getrieben, sogar bis in die Dörfer, Bären ebenfalls. Eine Feuerstelle mit ihrem geschwungenen Sims bildete eine geräumige Nische in dem halbrunden Zylinder aus weißem Putz (der Halbkegel des Schornsteins verjüngte sich zu der niedrigen Holzdecke hin), und das Aroma von dort mischte sich in die Düfte, die ohnehin schon durchs Haus zogen. Am Herd kauerte eine ganz in Schwarz gekleidete alte Frau. Sie blickte von ihrer Arbeit auf und krächzte eine Begrüßung. Kyria Diamánti sah aus, als könne man sie mit einer einzigen Hand in die Höhe heben. Marko nannte sie manchmal *theia* oder »Tantchen«.

Mit unserem Ouzo ließen wir uns zu beiden Seiten des *sofra* nieder – ein niedriger, runder Holztisch, wie er in manchen Teilen von Rumeli, Epirus und Makedonien noch üblich ist. Man sitzt beim Essen im Schneidersitz auf dem Boden oder, wie wir jetzt, leicht erhöht auf kleinen Schemeln mit aus Binsen geflochtenem Sitz. Das blauweiß karierte Tischtuch war beladen mit allem, was wir für unser bevorstehendes Festmahl brauchten. Auf einen Zuruf vom Herd wurden die Reste der Vorspeise und der Ouzo beiseite geschoben und die große Metallpfanne brutzelnd und zischend von den Flammen gehoben und in die Mitte des Tisches gestellt. Marko bat unsere Köchin, uns Gesellschaft zu leisten. Nein, nein, sie habe schon zu Abend gegessen; und überhaupt, Fleisch sei nichts für sie! Sie faßte ihren Oberkiefer zwischen Daumen und Zeigefinger, um zu demonstrieren, daß sie keinen einzigen Zahn mehr hatte, wie ein Pferdehändler, der ein Geschäft ablehnt, und lachte gutmütig mit brüchiger Stimme. »*Na phate, na phate, paidia!*« krächzte sie: »Eßt, Kinder, eßt!«

Marko packte die Hülle aus Pergamentpapier an einer Ecke und zog sie vorsichtig von dem Braten. Zum Vorschein kam eine goldbraune Lammkeule, saftig brutzelnd und zischend und umgeben von einem Nest aus Kartoffeln. Die ganze Wucht der Aromen traf uns wie ein Paukenschlag; es duftete nicht nur nach Knoblauch, auch nach Thymian und Rosmarin. Sein Messer blitzte im Feuerschein, als er das Fleisch vom Knochen löste: die versprochenen Knoblauchzehen! Wir legten eine Handvoll Brunnenkresse, die wir an der Quelle gepflückt hatten, auf unsere Teller.

»Habe ich zuviel versprochen?« fragte er mit funkelnden Augen. »Ein drei Monate altes Lamm, geboren um die Weihnachtszeit.«

Unsere Begeisterung bekam jetzt etwas geradezu Manisches. Er schlug dreimal das Kreuzzeichen, wir ließen unsere Gläser klingen.

»*I tan i epi tas!*« sagte er, genau wie die Spartaner vor der Schlacht an den Thermopylen. »Entweder hinter unserem Schild oder auf ihm!«; und wir gingen ans Werk. Eine Berserkerwut hatte uns gepackt. Wortlos schlugen wir tiefe Breschen in den Braten. Marko hielt die Keule aufrecht in der Pfanne, säbelte Portion um Portion herunter und häufte sie auf unsere Teller. Von Zeit zu Zeit hielten wir einen Augenblick lang inne, um zu unseren Weinglä-sern zu greifen, miteinander anzustoßen und sie nach ei-nem gemurmelten Trinkspruch gleichzeitig zu leeren. Al-lein diese kleinen flüssigen Zäsuren – kurz, aber doch so häufig, daß bald eine zweite tropfende Flasche aus dem Brunnen gezogen werden mußte – mäßigten das atembe-raubende Tempo unseres Gelages.

Statt nachzulassen, beschleunigte sich der Rhythmus mit jedem Bissen. Es war wie ein Wettstreit oder als äßen wir gegen die Zeit. Wir waren gierig und gefräßig wie Un-geheuer. Die einzigen Laute kamen von der Hausfrau, die uns von Zeit zu Zeit von ihrer Sitzbank am Rande des Rings aus anfeuerte. Sie hatte die Arme um die Knie ge-schlungen. Ihre Falkenaugen blitzten vor Vergnügen dar-über, wie ihr Werk sich vor ihren Augen auflöste, und ihre Miene erstrahlte in genau dem absoluten Lächeln, zu dem nur zahnlose Münder an beiden Enden unseres Lebens-weges fähig sind. Vor dem Feuerschein im Hintergrund war ihre Hand durchsichtig wie ein Blatt.

Mir stand der Schweiß auf der Stirn, und auch auf Mar-kos Braue fiel mir ein verräterisches Glänzen auf. Ich dachte plötzlich an Theseus und – war es der böse Ker-kyon? – in Kingsleys Heldensagen, wie sie sich vor ihrem tödlichen Ringkampf finster dreinblickend gegenübersit-zen und schweigend ganze Ochsen verschlingen. Aber in den Augen meines Gastgebers war nichts von Feind-schaft: nur Wohlwollen und seliges Einverständnis. Mit ei-

nem schwefligen unhörbaren Donnerschlag war die Tod-
sünde der Völlerei lodernd zwischen den Fußbodendielen
aufgetaucht.

Endlich hielten wir inne, unsere Messer und Gabeln
müßig; unsere Kauwerkzeuge standen still, und das sträh-
nige Haar klebte uns an der schweißnassen Stirn. Gelächter brach das ehrfürchtige Schweigen dieses jähen
Waffenstillstands, denn die ganze Lammkeule war verschwunden. Nackt und blank schimmerte in der Mitte der
Schüssel nur noch ein Knochen im Feuerschein.

Bald warf Marko makedonische Apfelschnitze in den
Retsina. Als sie den Wein aufgesogen hatten, reichte er sie
mir auf einer Gabel gespießt. Kyria Diamánti schob den
Kaffeetopf in die Glut.

Wir plauderten über den Krieg und über Athener Tavernen, über Mädchen und Bücher und Gedichte. Auf einem Regal hatte ich einige von Kazantzakis' Romanen
entdeckt, dazu eine Übersetzung der *Drei Musketiere* und
einige Gedichtbände von Valaoritis und Palamas; besonders *Die zwölf Gesänge des Zigeuners* waren mir aufgefal-
len; nichts von Kavafis oder Seferis, die er aber kannte
und lesen wollte. Und wir redeten über die Kravariten.
Ich erklärte ihm, mein Abend sei noch nicht zu Ende.
Er mußte um vier Uhr aufstehen, also legte er sich, während ich mir noch einige Notizen über die Ereignisse
des Tages machte, auf dem Diwan an einer Seite der
Feuerstelle schlafen. Auf dem anderen hatte Kyria
Diamánti, bevor sie sich zurückzog, mir Bettlaken,
eine Steppdecke und ein Kopfkissen bereitgelegt. Ich

hatte kaum eine Zeile geschrieben, da war Marko schon fest eingeschlafen.

»Onkel Elias ist Ihr Mann«, sagten sie mir im Lampenlicht der Taverne. »Er erzählt Ihnen alles über die alten Kravariten der Epoche« – dieser vage Ausdruck, »*stin ipochí*«, bezeichnet stets eine unbestimmte Vergangenheit, einen nebulösen Zeitraum alter, längst vergangener Tage. »Er ist neunzig.«

Sein langes, glattrasiertes Gesicht war von Runzeln durchzogen, doch die dunklen Augen blitzten aufmerksam. Als er seine Stoffmütze aus falschem Leopardenfell absetzte – eine Kopfbedeckung, die sich bei einfachen Griechen schon seit langem immer wieder einmal großer Beliebtheit erfreut –, fiel ihm das schneeweiße Haar dick und glatt in die faltige Stirn. Humor prägte seine stattlichen Züge, deren Beweglichkeit etwas von einem Schauspieler hatte. Er wirkte deutlich jünger als neunzig, und das sagte ich auch. Das Kompliment zauberte zwei neue Fächer von Runzeln auf sein Gesicht, und sein Lächeln enthüllte lange Zahnreihen, in denen nicht ein einziger fehlte.

»Und die sind alle echt«, versicherte der Bucklige.

»Die Zähne sind in Ordnung«, brummte Onkel Elias und ließ sie nochmals aufblitzen, »aber sie sind arbeitslos.«

Alle lachten. Er kam aus einem anderen Dorf, und die Einheimischen behandelten ihn mit einer Mischung aus Ehrfurcht und wohlwollendem Spott. Er legte seinen dicken Stock quer über den lampenhellen Tisch, zerdrückte bedächtig ein paar Tabakblätter in der Hand und stopfte sie in seine selbstgemachte Pfeife. »Schmuggelware aus

Agrinio«, murmelte jemand. »Kein Wort davon zu dem *patellos* …«

Während wir redeten, angelte er einen kleinen Stahlbarren aus der Tasche und schlug, indem er ihn zwischen Finger und Daumen hielt und ein rundes Stück getrockneten Zunderschwamm fest an die Seite drückte, mit einem Feuersteinsplitter mehrfach dagegen. Ein leichter Geruch wie von angesengtem Stoff sagte uns, daß die Funken den Schwamm entzündet hatten. Er pustete, bis die Glut sich ausgebreitet hatte, dann legte er das schwelende Stück Zunder in den Pfeifenkopf und paffte, bis er von einer Wolke aus illegalem, aromatischem Rauch eingehüllt war.

»*Barba Elia*«, sagte jemand und zeigte auf seine ramponierten Schuhe, »du solltest dir ein paar neue Stiefel besorgen. Die da taugen nicht mehr viel.« »Mach dir deshalb keine Sorgen«, erwiderte Onkel Elias aus seiner Wolke. »Sie lachen.« Und wirklich: die Lücken zwischen Oberleder und Sohlen bogen sich wie ein zu einem grimmigen Lächeln verzogener Mund.

Die alten Zeiten in der Kravara … Was dieser beredte alte Mann zu erzählen hatte, machte sie alle wieder lebendig. Aus vielen kleinen Einzelheiten ließ sich schließen, daß er an dem, was er da berichtete, selbst seinen erklecklichen Anteil gehabt hatte – aber er sagte es nie wortwörtlich. Vergebens hoffte ich auf den Punkt, an dem sein Bericht von der *oratio obliqua* zur *oratio recta* überginge; doch was er uns an Blicken zuwarf, war deutlich genug.

Das erste Hindernis, das ein junger Bettler zu überwinden hatte – erklärte Onkel Elias uns –, war das, was sie *tseberi* oder *tsipa* nannten, das Schamgefühl. *Tseberi* ist das Kopftuch, das die Dorffrauen tragen, das Symbol ihrer Sittlichkeit; *tsipa* ist etwas Dünnes, eine Membran, in manchen Gegenden die Vorhaut; wenn man das los wurde, war es eine Art psychologischer Beschneidung. Der, den diese Hemmung behinderte – und wer sich auskannte, sah es ihm sofort am Gesicht an –, würde es nie zu etwas bringen; man brauchte eine unerschütterliche Fassade, die keine Kränkung durchdringen konnte. Alte Kravariten schickten junge Männer, die um die Hand ihrer Töchter anhielten, mit den Worten davon: »Ab mit dir, Junge! Du hast ja noch deine *tsipa tis dropis*. Wenn dir nicht mehr die Scham auf der Stirn geschrieben steht, dann sehen wir weiter.« Symbol des Erfolges war der schwere Stab, *matsoúka*, der, für jede Wanderung ein neuer, die Reise eines Boliaren begleitete. Wer davon mehrere an der Wand hängen hatte, bewies damit, daß er etwas wert war. Sie waren blankpoliert vom langen Tragen, schartig von den Zähnen von hundert Hunden – zähnefletschenden, hysterischen Widersachern, die dem Einzug in jedes Dorf etwas von einer Eroberung gaben. Diese Trophäen sammelte man wie Adlige die Divisionen ihres Schildes, und Kinder von Häusern, in denen vergleichbare Arsenale die Wände schmückten, gingen dynastische Verbindungen ein. Manchmal, erzählte man, seien diese Stäbe ausgehöhlt gewesen, um darin Goldmünzen zu verstecken – Kleingeld war viel zu schwer zum Tragen und mußte eingewechselt werden. Britische Sovereigns waren heiß begehrt.* Normalerweise wurden die Münzen gut verteilt in die zerlumpten Kleider ihres Besitzers eingenäht. Die *tagari*, eine geräumige gewebte Tasche, die man am Band über der Schulter hatte, gehörte zu jedem Bettler. Diese beluden sie mit Paximadia, dem steinharten doppelt gebackenen Brot, einst Nahrung der Einsiedler in der Thebais, heute Hauptbestandteil in der Mahlzeit der Hirten. Ausgestattet mit Stab und Sack und diesem beinahe unzerbrechlichen Brot machten sie sich auf den Weg; meist allein, gelegentlich zu zweit. Manchmal kamen ihnen ihre Arbeitsmittel in die Quere. Onkel Elias erzählte von einem Duumvirat, bei dem der eine tat, als ob er einbeinig sei, der andere, als hätte er nur einen Arm – aber der Einbeinige konnte doppelt so schnell essen wie sein Partner, und so trennten sie sich. Auch »Stummheit« zahlte sich nicht immer aus: mancher »stumme« Bettler mußte sich von Hunden bis auf die Knochen beißen lassen und durfte trotzdem keinen Laut von sich geben … Ob sich nicht ab und zu einer verraten habe? Doch, ab und zu schon. Onkel Elias erzählte uns von einem besonders erfolgreichen Bettler, einem großen, kräftigen Mann, der perfekt den Krüppel mimen konnte: er verdrehte Arme und Beine, ließ den Kopf baumeln und die Zunge heraushängen: »Genau so!« Onkel Elias richtete sich in seinem Stuhl

---

* Patriarchale Gesinnung sorgte dafür, daß diese Münzen im Orient und der Levante um ein geringes mehr wert waren, wenn das Porträt eines Königs sie zierte, als wenn Königin Viktoria darauf prangte. Umgekehrt waren in Albanien und Montenegro Mariatheresientaler besonders begehrt, auch in Äthiopien.

auf, und gleichsam auf Knopfdruck verwandelte er sich in eine Vogelscheuche. Sein Gesicht wurde zum Zerrbild des Schmerzensmanns, er hielt uns die verrenkte Kralle entgegen, und ein Strom flehender Worte hob an: »Gute Leute, könnt ihr einen Bissen Brot erübrigen oder eine Kupfermünze für einen Christenbruder, der von Geburt an ein Krüppel ist und der schon seit einer ganzen Woche nicht einen einzigen Krümel zu essen bekommen hat? Gott und Christus und die Allheilige und sämtliche Heiligen und Märtyrer sollen euch segnen!« Blitzschnell hatte er sich vollkommen verwandelt, und genauso schlagartig kehrte er nun zu seiner gewohnten Gestalt zurück. »Fast hat er ein bißchen übertrieben«, meinte er mit einem gutmütigen Lachen. »Aber er hat eine Menge Geld damit verdient. Ein sehr gescheiter Bursche.«

»Tja«, fuhr er fort, »und eines Tages kam er in ein bulgarisches Dorf, in dem Pomaken lebten – schreckliche Menschen. Und statt Almosen erntete er Gelächter, Spott, Stöße, Kniffe, Tritte. Er nahm sich zusammen, solange er konnte, doch sein Blut geriet immer mehr in Wallung, und mit einemmal –« Hier richtete unser alter Berichterstatter sich auf und sprang auf die Füße, so daß sein Kopf ins Dunkel oberhalb der Lampe tauchte. Einen nach dem anderen sah er uns an, und die Blicke, die die Augen unter den buschigen Brauen warfen, waren geschleuderte Harpunen. »Mit einemmal richtete er sich auf und ging auf sie los!« In rechten und linken Haken durchpflügten Onkel Elias' Fäuste die Luft. »*Piff! Peng! Bim! Bam! Dong!* Wie tot gingen sie zu Boden! *Wumm! Und womm!* Zum

Schluß müssen zehn von diesen Hornochsen am Boden gelegen haben! Und die anderen! Ihr hättet sehen sollen, was die für Gesichter gemacht haben! Denen sind fast die Augen aus ihren Höhlen gesprungen – als sei der Leibhaftige aus der Hölle aufgefahren! Sie haben die Beine in die Hand genommen, der ganze Dorfplatz war menschenleer.« Er setzte sich wieder und grinste. Was aus dem Bettler geworden sei, wollten wir wissen. »Na«, sagte er und wischte sich den Schweiß seiner Darbietung von der Stirn, »der hat auch gesehen, daß er wegkommt, bis weit über die Berge. Als sie wieder zu sich kamen, da war er schon kilometerweit weg! *Paraxena pragmata!* Seltsame Sachen!«

Wichtig war, daß man rasch aus Griechenland herauskam. Die Bulgaren, obwohl orthodoxen Glaubens, waren streitbar und feindselig und konnten die Griechen nicht ausstehen. Bei den Serben war es schon besser. Und gut ging es einem, wenn man erst einmal über die Donau hinaus war: Rumänen waren großzügiger und freigiebiger; überall gab es Rinder und Geflügel und überhaupt alles erdenkliche Getier auf den Höfen, sogar Büffel, von denen sie den Pflug ziehen ließen. Die Ungarn waren gute Menschen, allerdings natürlich katholisch; vielerlei Vieh, Pferde vor allem. Ebenso sah es in Polen aus. Hier unterbrach ihn einer der Zuhörer und wollte, mit jener heimlich geschwungenen Handbewegung, die sie stets machen, wenn von Diebstahl die Rede ist, wissen, ob die Alten denn auch einmal etwas mitgenommen hätten. Nein, antwortete Onkel Elias, nicht oft. Man habe es eher mit dem Verstand gemacht. Aber es habe auch einige ge-

geben, die Sachen »verschwinden ließen« … Einer hatte
einmal am einen Ende eines Dorfes die Wäsche von der
Leine gestohlen und sie am anderen wieder verkauft. Bei
Geflügel war die Versuchung groß. Experten ließen den
Blick eines zweibeinigen Fuchses über die Hühnerställe
schweifen, und die Beute wurde dann in den Wäldern am
Spieß gebraten. Hühner, Enten, Gänse, Perlhühner und
Truthähne flogen ihnen von sich aus in die Arme. Auch
Schafe und Lämmer fanden bisweilen so ihr Schicksal. Ein
Kravarit hatte das geheimnisvolle Talent, Schweine zum
Schweigen zu bringen – keiner konnte erklären, wie er das
machte. Einmal nahm er einen sechsköpfigen Wurf mit,
und weder Sau noch Schweinchen gaben einen einzigen
Laut von sich; vier Ferkel hatte er in der Tasche und eines
unter jedem Arm. In seiner Art gab es manchen Fach-
mann. Wenn solche Leute in der Nähe waren, schwanden
die Vorräte, Bewegliches kam in Bewegung, Scheunen
leerten sich, Obstgärten wurden lichter, Hennen verschwand das Ei unter dem Hintern; so wurden immer
wieder einmal ganze Landschaften ausgenommen. Manche verstanden so schmeichlerisch zu reden, daß keiner
ihnen widerstehen konnte; wenn die Luft rein war, folgte
dem Almosen und dem anständigen Mahl oft auch noch
das Plätten (wie die ein wenig kurz greifende Wendung im
Alltagsgriechischen lautet) der Hausfrau. Gewöhnt, wie
sie an die strenge Moral des griechischen Dorflebens waren, konnten die jungen Bettler nur staunen, wie leicht
und oft sich diese Gunst gewinnen ließ. Wie Sterne säumten übermütige Begegnungen in Scheunen und Heuscho-

bern ihren Weg, bisweilen gab es sogar gemütliche Nächte drinnen. Osteuropa müsse voll von kleinen Kravariten gewesen sein, meinte Onkel Elias; ganz besonders Rußland …

Rußland, da mußte man hin! Die Augen von Onkel Elias leuchteten, als er nun daran zurückdachte. Das Rußland der Zaren lockte sie wie das gelobte Land. Die Leute dort waren stur, versoffen, grob, ein wenig verrückt; aber sie waren Orthodoxe genau wie die Griechen und sehr gläubig; abergläubisch auch, gutmütig, waghalsig, leichtgläubig und großzügig. Seit der Revolution war dort nichts mehr los; jetzt konnte man überhaupt nicht mehr hin. In ihren frühen, großen Tagen hatten die Kravariten sich von Polen aus über das ganze Zarenreich ausgebreitet, auf dem Weg über den Balkan und durch Osteuropa; oder sie überquerten in Rustschuk die Donau, und dann ging es geradewegs von Bukarest oder Jassy nach Tschernowitz, zum äußersten Ende der Habsburgermonarchie (bevor dieser Zipfel rumänisch und dann russisch wurde) am Fuße der Karpaten – diese eigentümliche, vielsprachige Stadt, die so vielen Theatern und Zirkussen komische Wendungen beschert hat, auch Akrobaten, die ihr Leben lang Kinder blieben, weil man sie – heißt es – mit Hilfe von Geistern von der Wiege an am Wachsen hinderte. Von dort ging es weiter nach Podolien, in eine babylonischen Welt voller großer Ländereien, geprägt von den Schläfenlocken und Vollbärten der Chassidim. Manche nahmen auch die Akürzung direkt nach Bessarabien, überquerten Pruth und Dnister und gelangten so in die

Ukraine; damals brauchte man dafür noch keinen Paß! Von hier an lockte die Schwarzmeerküste. Sie suchten die Krim heim, dann die Gegend am Asowschen Meer, dann ging es weiter Richtung Kaukasus, wobei sie bei den griechischen Gemeinden der Hafenstädte eine Rast einlegten: Odessa, Taganrog, Mariupol, Rostow am Don. Weiter im Süden, verstreut über den Kaukasus zwischen den Ufern von Schwarzem und Kaspischem Meer, gab es ganze Dörfer, in denen nur Lasen lebten; eine große Gemeinschaft gab es auch in Trapezunt in Kleinasien, und sie alle sprachen griechisch. »Man verstand nicht viel«, erzählte Onkel Elias, »aber eine Art Griechisch war es schon. Sie waren schon seit der Zeit des *Megaléxandros* dort – was weiß ich? Vielleicht sogar schon vor Alexander ...« Manchmal zogen die Kravariten nordwärts Richtung Kiew, nach Smolensk, Moskau, Sankt Petersburg und bis an die Ostseeküste. Große Städte lockten dort, Kirchen, Schlösser, Paläste, Prachtstraßen, Brücken mit vielen Bögen ... Sechsspännige Kutschen ...! Kavallerie ganz in Weiß mit Brustharnisch und Helmen ...! Viele wendeten sich nach Osten, nach Kasan, Perm und Omsk ... Was für Flüsse es da gab! Den Dnjepr, den Don, die Wolga! Onkel Elias malte uns ein Meer von Weizenfeldern aus, Wälder, Berge, Pferde – Hunderte, wie sie durch die Weite der Landschaft galoppierten –, unermeßliche Schafs- und Rinderherden, endlose Schneeflächen; Kosaken, Flußkähne, Nomaden, Turbane, Karawanen von Zigeunerwagen, schlitzäugige Männer mit großen Pelzmützen, ganz in Schaffell gekleidet: »Man roch sie schon aus einer Meile Entfernung.« Manche dieser Wanderungen dauerten Jahre. Manche ließen ihre

Schätze vorübergehend bei griechischen Händlern in Taganrog oder Rostow und zogen von da noch tiefer in den Osten; auf dem Rückweg holten sie sie wieder ab und verdingten sich für eine Passage nach Konstantinopel oder Piräus auf einem Dampfer oder Segelschiff. Wenn sie endlich wieder in die ätolischen Weiler einzogen, die uns jetzt im Dunkel umschwebten, gaben ihre zerlumpten Kleider, vielleicht auch der ausgehöhlte Stab ihre Schätze preis: ein klimpernder Goldregen, Geldstücke aus nördlichen oder transpontischen Münzstätten, die längst verschwunden sind: Dinare, Lewa, Sovereigns, Piaster, Lei, Pengö, Taler, Zlotys und Rubel mit den Bildern von Habsburgern, Obrenowitschs, Karageorgewitschs, von Vertretern der Häuser Saxen-Coburg-Gotha, Hohenzollern und Romanow: die Stephanskrone, das Streitroß des Heiligen Georg, steigende Löwen, ein ganzer metallener Schwarm von einzel- und doppelköpfigen Adlern, Sinnbilder einer Welt, die uns so fern ist wie die fünf Angelsachsenreiche.

»Barba Elia«, fragte ich. »Wie weit sind die äußersten von ihnen gekommen?«

»Ein paar«, sagte er, »sind bis nach Sibirien gegangen. Im Sommer war das in Ordnung, aber im Winter der Schnee! *Po! Po!* ... Obwohl früher Schnee auch seine guten Seiten hatte.«

»Wieso das?«

»Sie konnten Hasen verfolgen und ihnen eins auf den Kopf geben.« Mit dem Pfeifenstiel klopfte er zwischen die zum V geformten Finger, um einen Schlag zwischen die Hasenohren im Schnee anzudeuten. »Aber später war der Schnee dann ihr Feind. Versteht ihr, das hätte nicht gut ausgesehen, wenn sie sich zu warm angezogen hätten. Nicht gut fürs Geschäft. Und es gab Wölfe; keine kleinen Rudel wie hier, sondern ganze Armeen. Einer von unseren Leuten aus dem Dorf Klepa da drüben« – er wies aus dem Fenster ins Dunkle –, »der ist im Schnee umgekommen, ein paar Meilen vor Wladiwostok. Steif gefroren wie ein Stück Holz, der arme Kerl – das war alles, was von ihm übrig blieb.«

Daß sie dermaßen große Wanderungen unternommen hatten, war kaum zu glauben – länger als Marco Polos Reise zu Kublai Khan. Wann das gewesen sei? »Oh, das ist lange her. Noch im Krieg.« Welchem? Dem Ersten Weltkrieg? Oder *ta Valkánika*?« »Nein, früher. Als die Russen gegen die Japaner kämpften …«

Der alte Mann rauchte schweigend, als ließe er diese fernen Ereignisse in Gedanken Revue passieren; und wir alle staunten mit ihm. Ein kühler Hauch aus der Mandschurei war in unsere gemütlich von der Lampe erhellte Stube gekommen. Uns allen ging auf, was für eine ehrwürdige Gestalt dieser alte Mann war: der letzte Überlebende eines Volks von einsamen Kämpfern, das über Generationen hinweg in ganze Weltreiche eingedrungen war, Imperien geplündert hatte unter der Flagge des Generals Kuckuck.

Fröhlichere Gedanken vertrieben diesen nachdenklichen Augenblick schnell wieder. Gern dachte Barba Elias an die Gutgläubigkeit der Russen zurück: man konnte einem Hund einen Knochen stehlen und ihn dessen Herrn als Reliquie des Heiligen Barnabas verkaufen, ein Stück Brennholz auflesen, das dann als Splitter des wahren

Kreuzes an den Meistbietenden ging. Ein langer Bart und Haar, das bis über die Schultern reichte, dazu irgendein frommes Emblem, das genügte, um aus dem Träger einen minderen Propheten zu machen, und löste einen ganzen Sturzbach an Wohltätigkeit in klingender Münze aus. Ein Liebestrunk, den man aus Mehl und Pfeffer anrührte, Mittel gegen Unfruchtbarkeit, Zauber zum Schutz der Felder oder gegen den bösen Blick, all das erzielte gute Preise, gerade wenn man auch noch einen magischen Spruch dazu wußte. Allem, was mit Zauberei zu tun hatte, vertrauten sie blindlings. (Insgeheim fragte ich mich, ob das damals bei ähnlichen Vorstellungen in den entlegeneren Gegenden Griechenlands anders war.)

»Einer aus meinem Dorf, er hieß Lukas, der konnte solche Sachen sehr gut. Er klopfte bei einem einsamen Bauernhaus in der Ukraine an die Tür – er hatte gehört, die Bauersfrau wolle Kinder. Er erkläre ihr, daß er *Grtzki* und *Pravoslavnik* sei – griechisch und orthodox –, und er wisse, wie man die Unfruchtbaren fruchtbar mache. ›Das ist ein gesegnetes Haus‹, sagte er. ›Das spüre ich. Ein Silberkreuz ist hier vergraben.‹ Die Bauersfrau fragte ihn, was er meine. ›Jawohl, ein Silberkeuz‹, sagte er. ›Das spüre ich.‹ Mit geschlossenen Augen ging Lukas im Raum auf und ab, die Hände ausgestreckt wie ein Schlafwandler. ›Hier ist es!‹ rief er und zeigte auf den Fußboden. Die Frau holte ein Messer, grub an der Stelle, die er ihr wies, den irdenen Boden auf, und da war es, ein kleines Blechkreuz; früh am Morgen, als die Frau das Vieh fütterte, hatte Lukas sich ins Haus geschlichen und es dort hineingesteckt. Von da an glaubte sie alles, was Lukas sagte. Sie sah einen Heiligen in ihm. Er verkaufte ihr ein Amulett aus wertlosem Zeug, dann fragte er, ob sie Zwillinge wolle, dann koste es das doppelte. Gerührt vor Dankbarkeit küßte sie ihm die Hand: sie wolle ihm alles geben, was er verlange. Nun! ... Sie hatte große blaue Augen, und sie war drall und hübsch. Der Gauner blieb den ganzen Nachmittag da, und am Ende nahm sie noch das Federbett und schenkte es ihm. Mit dem Bett über der Schulter machte er sich davon. Aber er war erst ein oder zwei Meilen gegangen, da sah er, daß ein Reiter ihm nachsetzte; der Ehemann! Lukas ließ sich auf einem Baumstumpf nieder und wartete. ›Was ist das für ein Haufen Lügen, den du meiner Frau erzählt hast?‹ schimpfte der Mann. ›Gib mir das Federbett zurück!‹ ›Wenn ich gelogen habe‹, erwiderte Lukas weihevoll, ›dann soll dieses Federbett in Flammen aufgehen!‹ Der Mann nahm es schweigend und galoppierte davon. Es wurde schon dunkel. Plötzlich blieb der Reiter stehen, und Lukas sah, daß eine Flamme und eine große Qualmwolke aus dem Federbett schlugen! Entsetzt warf der Bauer es von sich, kam zurückgaloppiert, stieg am ganzen Leibe bebend ab, kniete vor ihm nieder und bat ihn um Verzeihung. Er ließ Lukas hinten aufsteigen und nahm ihn mit zurück zu dem Bauernhof, wo er ihn mit Gold überschüttete. Er bat ihn, einen Monat zu bleiben, ein Jahr, für immer. Doch Lukas, ein gutes Stück reicher geworden, machte sich am nächsten Morgen wieder auf den Weg.« Onkel Elias schüttelte sich vor lautlosem Lachen bei dieser Erinnerung. Alle fragten, wie das denn zugegangen sei.

»Als er den Ehemann näher kommen sah«, antwortete Onkel Elias, »entzündete er einen von diesen hier« – er hielt ein Stück von dem Zunder in die Höhe, mit dem er aus Stahl und Feuerstein Funken schlug – »und steckte es in das Bett. Den Rest besorgte der Wind.

Aber das war noch nicht alles. Zwölf Monate später, als er nach langen Reisen wieder auf dem Rückweg in Richtung Westen war, verirrte sich Lukas eines Nachts in dem flachen Land. Es war stockfinster; kein Mond. Er stieß auf eine Scheune, ging hinein und schlief auf dem Stroh. Als der Tag anbrach, sah er auf dem Hof den Bauern! Lukas war aus Versehen wieder an denselben Ort zurückgekommen! ›Diesmal bin ich geliefert‹, dachte er. ›Wenn er mich erwischt, werde ich den Stock fressen! Ojeee!‹ Er wollte sich davonstehlen, doch der Bauer entdeckte ihn. ›Heilige Jungfrau, jetzt ist es aus!‹ dachte Lukas. Aber der Bauer kam und umschlang ihn mit den Armen und bedeckte ihn mit Küssen. ›Mein Wohltäter!‹ rief er immer und immer wieder. Er führte Lukas nach drinnen. Da saß die Bauersfrau, weinte Freudentränen, und in der Wiege lagen zwei prachtvolle Knaben! Noch einmal beluden sie ihn mit Geld; sie brieten ihm ein Spanferkel, machten die beste Flasche Wein auf. Ein paar Stunden später war der Bauer stockbetrunken und lag schnarchend am Boden. Die Zwillinge schliefen selig in ihrer Wiege, nur Lukas und die Bauersfrau waren noch wach. Und so kam es ...« Onkel Elias sprach seinen Satz nicht zu Ende. Er hob Schultern und geöffnete Hände; dann fielen diese Hände, als könnten sie die Untaten der Altvorderen einfach nicht gutheißen, schlaff zwischen die Knie. Er schüttelte das schlohweiße Haupt, schnalzte bedächtig und kummervoll in gespielter Mißbilligung mit der Zunge, dann blickte er auf und stimmte in das Gelächter ein, das er in der Taverne entfacht hatte. Er drehte den Lampendocht höher und blickte in das Chiaroscuro unserer glücklichen Gesichter.

»Da mußte der Bauer keine Angst haben«, sagte einer, »daß er nicht genug Hilfe beim Heumachen hatte, wenn er mal alt wurde.«

»Eine schockierende Geschichte«, nahm der Alte den Faden wieder auf, und sein breites Grinsen brachte all die Runzeln in seinem Gesicht wieder in Bewegung. »Charis und Panos aus Pokasta, die waren noch schlimmer. *Mí rotáte, paidiá!* Fragt mich nicht, Kinder!« Aber wir fragten doch, und er lehnte sich zufrieden zurück.

»Wenn die beiden in Rußland unterwegs waren und ein Dorf in Sicht kam«, erzählte er, »dann nahm Charis den Panos auf den Rücken – Panos war der leichtere –, und im Dorf setzte er ihn dann unter einem Baum ab, kniete neben ihm nieder, rang die Hände und weinte bitterlich. Menschen liefen zusammen und fragten, was los sei. Charis sagte dann: ›Mein armer Bruder – er stirbt!‹ – und Panos sah tatsächlich so aus, ganz grau im Gesicht, die Wangen hohl, die Augen glasig – so etwa.« Einen Moment lang mimte Onkel Elias erschreckend echt den Sterbenden, dann nahmen seine Züge genauso abrupt wieder ihre übliche Form an. »›Da sind wir nun‹, klagte er dann, – ›*Grtzki! Pravoslavnik!* – Tausende von Meilen weit von zu Haus!‹ Die Herzen schmolzen nur so dahin. Jemand nahm sie mit in sein Haus, und in der Nacht starb Panos dann.«

»Er starb?«

»Er starb. Manche von den Alten wußten, wie man das macht. Er atmete nicht mehr, er wurde bleich und kalt: jeder hätte ihn für einen Leichnam gehalten. Sie machten ihn zurecht, zogen ihm saubere Kleider an, bedeckten ihn mit Blumen, gruben sein Grab, und im ganzen Dorf wurde, wie es dort Sitte ist, Geld für die Hinterbliebenen gesammelt – für Charis, mit anderen Worten; der saß an der Bahre, weinte und klagte, und derweil füllten sie ihm seinen Hut mit Rubeln. Charis erklärte ihnen, in Griechenland dürften nur die Angehörigen bei der Totenwache dabeisein. Und so überließen sie ihn am Vorabend des Begräbnisses sich selbst und seinen Klagen. Wenn das ganze Dorf schlief, weckte er den Toten auf, und Panos erhob sich zwischen Blumen und Kerzen. Und hopp! – schon waren sie aus dem Fenster und über die Steppe davon, mit einem neuen Anzug und einem Hut voller Geld noch dazu! Und etwa hundert Werst weiter, am Rande eines neuen Dorfs, kletterte Panos dem Charis wieder auf den Rücken, und sie machten sich auf zum Marktplatz ... Die beiden hatten Rußland sehr gern.«

Alles lachte schallend. Als wir uns wieder beruhigt hatten, meinte der Tavernenwirt: »Reisen bildet.«

»Das stimmt«, pflichtete Onkel Elias ihm bei. »Man sieht fremdartige Orte und fremdartige Menschen. Aber«, sagte er und erhob sich seufzend, griff nach seinem Stab und stand da, die Hände über dem Knauf gefaltet, »dieses Spiel ist nur für die Jungen. Regen ... Wind ... Schnee ... Hunde ... Wölfe ... böse Menschen ... Die Fastenzeit, das war schlimm ...«

345

Die Strenge, mit der die Ostkirche ihre Fastenbräuche befolgt, ließ die Einkünfte zu bestimmten Jahreszeiten auf das Notwendigste schmelzen. Fromm wie die Russen waren, kann es dort so gut wie gar nichts mehr zu essen gegeben haben.

Im Überschwang warf ich ein, daß man ja immer noch die Hühnerställe gehabt habe. Er sah mich mit einem Ausdruck echter Empörung an, und diesen Ausdruck fand ich auf allen anderen Gesichtern wieder. »Die Hühnerställe? Ja glauben Sie denn, unsere Dörfler hätten Fleisch während der Fastenzeit gegessen? *Mnístite mou, Kyrie!*« Er bekreuzigte sich, als müsse er den gotteslästerlichen Gedanken vertreiben, dann stülpte er seine Leopardenfellmütze über die weißen Locken. »Verzeih mir, o Herr!« Wieder einmal hatte ich ins Fettnäpfchen getreten. Die Augen der Anwesenden, nun allesamt auf mich gerichtet, hatten nichts Tadelndes; eher war es das freundliche, wehmütige Lächeln, das ein ungehobelter Hottentotte bei einer Schar Missionare geerntet hätte.

»Ich wüßte ja gerne, was sie gedacht haben, als sie das sahen.« Die Frage des Buckligen brachte den allgemeinen Aufbruch noch einmal zum Stehen.

»Wer?«

»Na, die Russen, als sie am nächsten Tag merkten, daß die Stube leer war.«

Onkel Elias war in der Tür stehengeblieben; das Licht fiel nun von unten auf ihn, und sein nachdenkliches Gesicht sah um so länger aus. »Wer weiß?« Dann kam er auf eine Antwort, und die ernste Miene löste sich wieder in gutmütige Runzeln auf. Das Ende seines Stockes hob sich vom Boden und drehte sich in einer raschen Schraubenbewegung zur Decke, bis die Stockspitze oben hängenblieb. »Wahrscheinlich dachten sie, die beiden seien ins Paradies entrückt worden, wie mein Schutzheiliger, der große Prophet Elias.« In der Nachfolge der Sonnentempel Apollos werden die Kirchen des Propheten Elias bei den Griechen immer auf den höchsten Bergen errichtet, schon auf halbem Wege zum Himmel. »Die glaubten doch alles.«

Jetzt lachten wieder alle. Onkel Elias verabschiedete sich mit einer großen ausholenden Handbewegung – »Schlaft gut, Jungs« – und verschwand in der Nacht.

6

Laute der griechischen Welt

Die Olivenhaine von Amfissa, die Terrassen mit Reben
und Getreide sind Noten auf einer Panflöte, das Pindosgebirge ist das Bimmeln von Ziegenglocken, die Flöte des
einsamen Hirten.

Arkadien ist die Doppelflöte, Arachova das Klimpern
der Klöppel auf den Saiten eines Hackbretts, Rumeli ein
Klephtenlied, durchbrochen von Hundegebell und schrillen Pfiffen, Epirus der schwere Schritt von Elefanten, das
pyrrhische Stampfen, das Hackenschlagen der Tänzer
beim Tsamikos, das Seufzen der Steineichen von Dodona
und das Geräusch von Donner und Regen im Cerauni-
schen Gebirge.

Die Meteorafelsen schrauben sich himmelwärts wie
eine byzantinische Litanei, die in Vierteltönen durch die
Wölbung einer Kuppel aufsteigt zum Pantokrator.

Mistra ist das Flattern von Turmfalken zwischen Zy-
pressenbäumen, ein neoplatonischer Syllogismus in pro-
vinziellem Purpur; Sinai eine Fanfare von Widderhörnern,
Dafni eine Doxologie, Athos der Widerhall der Semantra
von Kap zu Kap, ertränkt vom Geräusch der Wellen, die
millionste Wiederholung der hesychastischen Gebete.

Konstantinopel ist die Ausrufung des Kaisers, die Kom-
mination des Chrysostomos, die Klage über den Fall, die
elegischen Klänge der Amané, das Husten eines Gramma-

tikers und das Miauen der Katzen; Alexandria die Abschiedsworte der Götter, die Antonius verlassen, das Rascheln von Papyrus, die elffache Welle im Kielwasser einer Quinquereme, ein jüdisch-ptolemäischer Handel.

Die Propontis ist das knisternde Griechische Feuer aus bronzenen Galeerenschnäbeln, die Symplegaden das Splittern von Schiffsplanken, Anatolien das Epos über Digenis Akritas, Ikonion der Aufprall byzantinischer Lanzen auf die Schilde des Sultans von Rum, Caesarea das Echo der Bannsprüche wider die Arianer, Bithynien ein fürstlicher Gepard, der eine Antilope durch eine Blumenwiese jagt, Kappadokien der kreisende Flug der Ringeltauben zwischen Tuffsteinkegeln mit in den Fels gehauenen Klöstern, Trapezunt ein düsterer pontischer Sturm aus dem Kaukasus.

Kreta sind gereimte Zweizeiler zum Klang der dreisaitigen Lyra, der Lärm von Gewehren, das Tosen eines vom Sprung eines Steinbocks in Gang gesetzten Erdrutschs in tiefen Schluchten, das dumpfe Gebrüll des Minotaurus im Labyrinth, ein sanfter Hauch von Pfauenfedern zwischen blutroten Säulen. Apokoronas ist das Zerplatzen der Trauben beim Keltern, Malevizi das Grummeln von gärendem Most und Ida die Stimme eines Hirten, der seinen Ruf in die Weißen Berge schickt. Hindukusch, Khaiberpaß und Indus sind der Marschschritt der makedonischen Phalanx, Persien die Huldigung von Satrapen in gebrochener Koinē. Sizilien und die Magna Graecia sind unhörbare Noten unterirdischer Musik. Der Aspromonte ist der Klang eines umgedrehten Ψ, Poseidons machtlos gewordenes Symbol in der steigenden kalabrischen Flut. Apulien und Salent sind der schrumpfende byzantinische Wortschatz in der Sprache der Bewohner von Otranto, Stilo ein Schwarm von fliegenden Kyrieeleisons. Ravenna ist ein Brief, den der Exarch an den Katapan von Bari diktiert; Cargèse die korsische Erosion maniotischer Silben.

Gavdos ist ein Wind namens Euroklydon.

Der Osten von Makedonien ist der Pibroch eines Dudelsackspielers mit Mokassins und kreuzweise geschnürten Waden in zottigem Ziegenfell, der Westen von Makedonien ein Kriegsruf und das Wispern von fallendem Schnee. Der Oita ist der Todeskampf des Herakles.

Thrakien ist der Schlag einer Trommel.

Die asiatischen Küsten sind die Gedichte des Anakreon und der Lydische Modus; die Ägäis die Gesänge von Alkaios und Sappho, eine Äolsharfe in einem Pistazienbaum, die vom Sturm ertränkte Stimme der Gorgone, die Alexander beweint; die Kykladen das Lyraspiel des delphinreitenden Arion und das prähistorische Klopfen helladischer Hämmer.

Ätolien ist das Schnarren der Zikaden, die Kravara ein Bettlerchor, Evrytania Grillengezirp.

Die Rhodopen sind das Klicken von Anemonen, deren Blüten sich öffnen, Akarnanien das Knistern von welkendem Affodill.

Der Hellespont ist der Peitschenknall des Xerxes und die Wogen, die sich über dem Haupt des Leander schließen; Limnos ein Argonautengelage; Tenedos eine Lügengeschichte auf dem Rückweg von Troja.

Chios ist ein Cakewalk auf einem ländlichen Piano, Syrien ist Offenbach in einem Orchesterpavillon.

Ermopolis ist das *filioque*.

Athen ist ein Lobgesang aus Säulen und ein Lied aus dem Varieté, das Scheppern von Straßenbahnen, ein Preßlufthammer, eine politische Rede, das unhörbare Preislied der Panathenäischen Hymne und der Ruf des Käuzchens.

Psychiko ist *la Tonkinoise*, Kifisia eine musikalische Soirée mit *Yes, sir, that's my baby* aus dem Hintergrund; Leoforos Syngrou ein Auspuff, Patissia eine krachende Gangschaltung, Neu-Faliro eine metrische Leidensgeschichte zu Bouzoukibegleitung, Alt-Faliro ein Tango aus einem altmodischen Grammophon.

Die Plaka ist eine betrunkene Polyphonie zum Lob des Retsina um vier Uhr früh und der Klang einer Spieluhr auf einem Fotoalbum aus verblaßtem violettem Samt mit filigraner Schließe um fünf Uhr nachmittags.

Der Omonoia-Platz ist ein zweideutiges Flüstern, eine Prahlerei über Brooklyn; Kolonaki das Klirren von Eiswürfeln und ein Radiogrammophon, Marousi ein Monolog.

Piräus sind haschischumwölkte Rubaiyat zu den strengen Bewegungen des Tanzes der Metzgergilde und einer Schiffssirene.

Der Hymettos ist das Summen von Bienen, Attika sind Schritte auf Piniennadeln.

Saloniki ist der Streit über einen Schiffsfrachtbrief, eine ladinische Begrüßung vor einer Synagoge; Volos das Klakken von Backgammonsteinen, Patras das Quietschen von

Kränen beim Entladen, Samos das Blubbern einer Nargileh.

Kalamata ist das Aufstapeln von Kisten und das Prasseln der Oliven.

Ioannina ist Säbelrasseln, das Klirren von Silberschmieden, Trikala ein klappernder Storch auf einem baufälligen Minarett, Paramythia das Scheppern eines Kupferschmieds.

Navarino und Lepanto sind Kanonendonner, Tripoli ist das Klirren gekreuzter Jatagane, Psara das Schwelen von Feuerschiffen, Hydra ein albanischer Ruf aus der Takelage eines Zweimasters, Arkadi der Knall explodierender Pulverfässer, Souli der Widerhall von Langrohrgeschützen, Zalongo der Gesang der Frauen, der mit jeder Sekunde leiser wird.

Tyrnavos ist der priapische Gesang eines Phallophoren, Mavrolefki das Geheul ikonentragender Feuerläufer.

Der Olymp ist das Echo des Himmels, der Parnaß das Rauschen einer Adlerschwinge.

Delphi ist ein mantisches Murmeln durch Marmor im Inneren der Berge, das Versiegen eines raunenden Quells, Olympia die Musik der Sphären, Sparta ein klirrender Amboß. Theben ein Rätsel, Mykene eine fallende Axt, Ithaka das Schwirren eines Pfeils.

Karitena ist das Echo fränkischer Hörner, das ferne Bellen einer burgundischen Meute. St. Hilarion ist ein Turnier und das Phantom einer Chanson de geste, Nafpaktos ein Virelai und Monemvasia das Krachen einer Mangonel.

Die zypriotischen Küsten sind die Tauben der Aphrodite, die Stimmen von Seefahrern aus Achäa, aus Argos, Lakonien und Arkadien, die Lauten des Lusignan.

Nikosia ist ein Aufruf zur Einheit, das Brutzeln von Kebabs, das Tropfen von HP-Soße, das Sprudeln von Sodaflaschen, das Zischen einer Zündschnur; Kyrenia ein zehn Jahre alter Rumba, das wiehernde Gelächter eines Sahib, die Limericks von Tagedieben.

Bassae und Sounion sind das Rauschen des Windes, wie Panflöten durch kannelierte Säulen, Nemea das Gepolter, wenn eine Säule stürzt, Naoussa ist ein zu Boden plumpsender Apfel, Edessa ein Wasserfall, Kavala das Kullern einer Bernsteinperle. Metsovo ist das Knistern eines brennenden Pinienzapfens, Samarina eine Stimme in walachischer Sprache, Avdela ist der Schrei eines Hirschs, der Grammos das Brummen eines Bären im Winterschlaf, Tzoumerka das Heulen eines Wolfes.

Delos ist der Geburtsschrei des Apollon, Paxos eine Stimme, die den Tod des Pan verkündet.

Andros ist fließendes Wasser.

Die Ionischen Inseln streuen Mandolinenklänge in den Sonnenuntergang.

Korfu ist der Schiokko, der das Gonfanon eines Dogen bewegt, Zakynthos ist eine Gitarre, Kefalonia ein Fluch, Kythera das Eintauchen eines Ruders, Lefkas ein spritzender Dreizack.

Chalkida ist der Aufruhr der Gezeiten, Naxos das Klikken eines Rosenkranzes aus Buchsbaum, gedämpft vom

Gewand einer Nonne, der Berg Ossa ist der Schritt eines Riesen, der Pilion das Klappern von Zentaurenhufen in Kastanienwäldern, Tempe das Wispern von Platanen und Rhodos ein Mottengestöber.

Santorin steigt bei Tagesanbruch in Serpentinen himmelwärts wie eine singende Lerche, doch bei Sonnenuntergang stirbt es mit dem Dies Irae. Komotini ist der Ruf eines Muezzins, Patmos die fernen Posaunen der Apokalypse.

Der Dodekanes ist ein Seemannslied, gesungen von zwölf Schwammfischern, Antikythira eine verlassene Meerjungfrau; Skopelos das Lied eines Hummers und Poros das einer Falschen Suppenschildkröte, Ägina ein Tamburin.

Die Sporaden sind das Flüstern des Meeres zwischen Olivenbäumen.

Der Ambrakische Golf ist ein Klagelied aus dem Tiefland mit einem brekekekex! aus Preveza, einem koax! aus Amphilochia und einem weiteren koax! von jenseits der Berge aus Messolonghi.

Thessalien ist das Sirren einer Sense im Getreidefeld.

Leonidi ist eine Unterhaltung auf Dorisch, Lemonadassos ein sich drehendes Mühlrad, eine schwingende Laterne im Zitronenhain.

Der Evros ist ein Lied, das zum Meer weht, die Struma eine Aufforderung zum Kampf, der Aliakmonas der Gesang einer Schlucht, der Pamisos ein Wiegenlied, der Alphaios das Knirschen von Kieseln, der Ladon ein mittsommerlicher

Atemzug unter Oleanderbüschen; der Acheron ein blaugrünes Donnergrollen im Wald. Der gewundene Acheloos ist das verschwörerische Flüstern des Schilfs, der Ruf eines Reihers und die Antwort der Rohrdommel; der Evrotas ist eine Elegie, der Louros das Plätschern einer Forelle, der Sperchios ein Rascheln im Rohr.

Larissa ist ein Eselsschrei, Tinos Glockengeläut, Avgo das Bellen eines Seehunds. Ikaria ist ein Stöhnen in einem Alptraum, Skyros ein fallender Anker, Paros das Geräusch der Steinbrüche, Knidos ein klirrender Meißel, Amorgos ein schattiger Bach, Tasos eine Nachtigall, Serifos das Zischen des Medusenhaupts und des Winds, Folegandros der Ruf einer Möwe und Anaphe der einer Schwalbe, Sifnos ein lyrisches Gedicht, Samothraki ein Schnarchen, Ios ein Monolog, Gavdopoula ein Seufzer und die Strofades sind Stille.

Methoni ist eine Fuge von Kormoranen durch zerfallene Ravelins, Koroni eine Amphore, die die Wellen gefangenhält.

Kap Tenaro ist das Schrillen von Fledermäusen in einer Höhle, die in den Hades führt, Kap Malea das Gezänk von Sturmvögeln und die Schreie von Ertrinkenden. Die Mani erhebt sich mit einem Ruf nach Rache und stirbt in steingewordener Totenklage.

Die griechischen Meere sind die Odyssee, deren Melodie wir nie fassen werden: das grenzenlose Gleiten und Pochen des Versflusses, das Auf und Ab von Hexametern, durch Winde und Strömungen skandiert und begleitet, seiner Eskorte von Akzenten wegen,

des Falls seiner Daktylen wegen,
der Gelassenheit seiner Spondeen
des Flusses der Tribrachen
der Ambivalenz der Trochäen
und der Peitschenhiebe der Anapästen;
der Geschmeidigkeit der Akzidentien wegen,
der Kongruenz der Syntax
und der Konfluenz der Krasis;
des Wechsels von Enklitika und Proklitika wegen,
des Zögerns der Zäsuren und der Hast des Digamma
wegen,
des Gewirrs der aspirierten und nicht aspirierten Laute
wegen,
seiner fließenden Silben und des geheimen Einver-
ständnisses der Diphthonge wegen,
der zurückweichenden Flut der Proparoxytona wegen
und des Höhlendachs der Perispomena über Buchsta-
benstalaktiten,
des Mangels an Folgerichtigkeit im Anakoluth wegen,
der Ökonomie der Synekdoche,
der Verdichtung des Hendiadyoin,
der Extravaganz seiner Epitheta,
der Liebe zum Zeugma wegen,
der Schroffheit des Asyndeton wegen,
des Überschwangs der Hyperbel wegen,
der Herausforderung des Apostrophes,

des Platschens und des Grollens und des Gezeters und des
Echos und des Murmelns der Onomatopoesie wegen

von den

Inseln und Häfen und Dämmen und Untiefen und Halbmonden aus Kies, von Strudeln und Buchten und Lagunen und Meerengen und Felsspalten und Reeden, den jäh auftauchenden Klippen im Dunst des Mittagsschreckens, von Senken und glühenden Kreisen aus Stein und erloschenen Vulkanen; von winzigen Inseln in bleichen Archipelen, von Buchten, Riffen und Landzungen, durchlöchert von Höhlen, die in einem Gewirr von Felsen und Spitzen enden, wo sich der Kalkstein bei Sonnenuntergang dunkel färbt; von blitzenden Seezeichen verstreut auf dem Wasser, Licht im Reich der Plejaden – von all dem, was gemeinsam das Gespinst der Laute des Meeres webt, die in den Höhlen einsamer Inseln seufzen.

ΤΕΛΟΣ

ANHÄNGE

ANHANG I

Herkunft des Namens Sarakatsanen

Oberflächlich betrachtet – und leider auch bei näherem Hin-
sehen – trägt das Wort Sarakatsanen keine Bedeutung. Dennoch gibt es eine Reihe von verlockenden Deutungsmög-
lichkeiten (eine davon schillert besonders verführerisch),
und diese Tatsache erweist sich seit vielen Jahrzehnten als
Herausforderung für Ethnographen, Philologen und Publizi-
sten in Griechenland wie auch im Ausland. Widersprüchliche Herleitungen sind immer faszinierend, und die Sarakatsanen (die in den übrigen Balkanstaaten auch unter der
weniger korrekten Bezeichnung Karakatschanen bekannt
sind) sorgen für eine reiche und vielfältige Ernte. Die Phantasie der Griechen auf diesem Gebiet ist seit jeher besonders
fruchtbar. Aravantinos erklärt, sie stammten ursprünglich aus
einem Dorf namens Saraketsi in Akarnanien und hätten ihr
Nomadenleben erst in späterer Zeit aufgenommen. Nach einer anderen Theorie lebten sie einst in der Nähe der Katsanochoria in Epirus und sind folglich *para Katsanoi*, wobei
para hier soviel heißt wie »in der Nähe von« – Umland-Kat-
sanen also, bei denen sich das P auf mysteriöse Weise und
wider alle Grimmschen Regeln in ein S verwandelt hat.
I. Lampides meint, daß sie aus der Katsanochoria selbst kamen, aber er zieht das Affix *kara* hinzu, das im Türkischen

»schwarz« bedeutet, im übertragenen Sinne »elend«, und macht aus ihnen die »unglücklichen Katsanen«. In einem zweiten Anlauf leitet er den Namen mit unbestimmten Formulierungen und ohne rechte Überzeugung (genau wie Onkel Petro) von dem walachischen Dorf Sirako am Ufer des Acheloos ab; in einer dritten Variante verkuppelt er das arabische Wort *kara*, »zu Lande«, oder *sara*, »flink«, mit dem türkischen Verb *katchan*, »wegziehen« oder »fliehen« – und die Frucht dieser beiden ungleichen Verbindungen sind »Landwanderer« oder »flinke Wanderer«. Wieder andere verknüpfen *katchan* mit dem türkischen *kir*, »Wüste«, und kommen so zu »Wüstenwanderer«. Eine weitere Theorie verbindet *kara* mit dem albanischen Adjektiv *katsianon*, welches Schafe mit dunklem oder violettem Gesicht bezeichnet, die es in sarakatsanischen Herden tatsächlich in großer Zahl gibt; das Ergebnis sind die »schwarzen Menschen mit den dunklen Gesichtern«. Axel Hoeg, der große dänische Experte für diese Nomaden, glaubt, der Name könne etwas mit dem walacho-rumänischen Wort *sarac*, »arm«, zu tun haben. J. Ancel teilt diese Ansicht. A. Dimitriades verknüpft das türkische *saran*, »eine Bürde«, mit *katchan* und kommt so zu »lasttragende Wanderer«. I. Sayiaxis bringt *sarika* ins Spiel, ein slawisches Wort für die Fustanella, den Kilt, den sie einst alle trugen: »die Kiltträger«. B. Skaphiadias wiederum würde sie gern mit einem hellenisierten walachischen Wort in Verbindung bringen, das ebenfalls *sarika* lautet, aber »unverarbeitete Wolle« bedeutet: »die Zottigen«. D. Georgakas gelingt es, die Diskussion mit dem türkischen Wort für »gelb« – *sari* – auf ganz andere Wege zu lenken: »gelbe Wanderer«.

G. Kotsidoulas verbindet das schon hinlänglich bekannte *katchan* düster mit dem türkischen Wort *siari*, »Dieb«, und macht sie so zu Menschen, die vor dem Gesetz fliehen. Mit entwaffnender Schlichtheit und beneidenswertem Mut erklärt I. Vlachoyannis sie zu Sarazenen ... Eine derzeit gängige Herleitung ist die Verbindung der beiden türkischen Wörter, die in diesem Katalog am häufigsten vorkommen, zu »Die schwarzen Wanderer«. Es hat keinen höheren Wahrheitsanspruch als die anderen – mit Ausnahme derer, die offensichtlich unsinnig oder linguistisch unmöglich sind –, und ich habe diesem Kapitel nur deshalb den Titel »Die schwarzen Wanderer« gegeben, weil die Bezeichnung tatsächlich ein Bild von ihnen beschwört, aber das anlautende K anstelle des viel weiter verbreiteten S läßt sofort Zweifel aufkommen. Zum Abschluß dieser Liste sei noch ein Autor genannt, dessen Namen mir momentan entfallen ist und der in Wettstreit zu Vlachoyannis' Sarazenen tritt, indem er sie kurzerhand zu Syrakusanern aus Sizilien erklärt ... Jede dieser Lösungen ist unvollkommen, und keine von ihnen kann mit etwas aufwarten, wodurch sie sich von ihren Mitstreitern abhebt. Fast alle Namen, die ich genannt habe, sind respektable Autoren. Es ist typisch für den gewissenhaftesten Forscher von allen, Dr. Axel Hoeg, daß seine These die vorsichtigste und zurückhaltendste von allen ist. Die einzige, die ihm auf diesem Gebiet das Wasser reichen könnte, Angelika Hadjimichalis, bietet gar keine Lösung an. Der Name gibt ebensowenig Auskunft über den Ursprung der Sarakatsanen, wie es historische Chroniken tun.

ANHANG II

Glossar des Boliarischen

Vielleicht lasse ich besser die regulären griechischen Wörter aus, wobei diese grundsätzlich nie mit den boliarischen identisch sind. Bei manchen besteht eine Verbindung zwischen Wort und beschriebenem Objekt, in der Art wie eine Beziehung zwischen Fenchel und einem Bart besteht – *velazoura* zum Beispiel heißt »Schafe«, »Ziegen«, »eine Herde« – *velazo* ist griechisch für »blöken«; ebenso geht *bokla* – »Haar« – wahrscheinlich auf das griechische *boukla*, »eine Locke«, zurück, erst in jüngerer Zeit aus dem Französischen übernommen. Eine Stadt heißt *kio* – mit Sicherheit dasselbe Wort wie das türkische *kioï*, genau wie *sielo* im Russischen – und im Boliarischen – für ein Dorf steht und *kaïn* – »Hund« – ein walachischer oder rumänischer Nachfolger des *canis* ist. *Gaïna* kennen wir bereits; zusammen mit *neró*, dem griechischen Wort für »Wasser«, wird daraus *nerogaïna*, »Wassergeflügel«, nämlich »Enten und Gänse«. Aber was haben *koubouria* (ein Wort, das, nebenbei gesagt, bei den Manges soviel wie »Pistolen« bedeutet) oder *tchillingária* mit »Frauenbrüsten« zu tun? *Kouti* heißt auf griechisch »eine Schachtel«; aber warum nehmen die Boliaren für »Haus« immer dessen Genitiv – *koutiou*? Vielleicht hat es überhaupt nichts mit dem Griechischen zu tun ... *Tchmeki* heißt »Schlaf« (auch »Hotel«);

tchemkiazo bedeutet »ich schlafe«, *tchmékiza* »ich schlief« und *tha tchimikiázo* »ich werde schlafen«. Hier ein boliarischer Haustierzoo: eine Kuh heißt *marini*, ein Schwein *birdzin*, eine Henne *gaïna*, Wassergeflügel *nerogaïna*, ein Hase *daousénos*, ein Maultier *mangatchko*, ein Hund *kaïn*, ein Schaf *bikaïn*, Herden heißen *velazoúra*, ein Pferd heißt *pharí* (verwandt mit dem griechischen Wort für eine Stute, *phorada*?); ein Esel *mánganos* oder *yipsíni*, Läuse *maritzes*, und eine Katze heißt *markantós*.

Markantós ... Ich frage mich, was »eine Katze« wohl mit »den Heiligen« zu tun hat – denn die heißen bei den Kravariten *Oi Markantonaioi*, die Markantonischen (und was haben sie wiederum mit Kleopatras Liebhaber zu tun?). Für manche Dinge, die im Bettlerleben eine große Rolle spielen, gab es mehrere Synonyme, alle mit leichten Bedeutungsunterschieden. »Geld« heißt *alepoúmata* – vielleicht mit *alepo* zu tun, dem Fuchs? – und *matzónia*; *kítrino*, »ein Goldtaler«, heißt wörtlich »ein Gelber«; *kolyva* oder *kolouva*, ebenfalls mit der Bedeutung »Goldmünze«, könnte mit dem großen runden Begräbniskuchen zusammenhängen, dessen Bezeichnung im normalen Griechisch ähnlich klingt. *Platanóphylla*, wörtlich »Platanenblätter«, bedeutet »Papiergeld«; *photerí* – vielleicht »ein glänzender« – ist »eine Drachme«, *diphóteri* sind »zwei Drachmen« (verwirrenderweise steht *photerá* auch für »Buchstaben«, »Geschriebenes«), und »tausend Drachmen« sind eine *hína*, eine »Gans« ... Der Bettelstab, ein so wichtiges Werkzeug im Bettlerleben (»Holz« – auf griechisch *xýlo* – bedeutet auch soviel wie »Prügel beziehen«, »ich habe Holz gefressen« also soviel wie »ich bin verprügelt worden«), hat eine ganze Reihe von Bezeichnungen: *láoussa*, *matsoúka*, *stravi*, *kaníki* und *dervo* – allesamt heißen sie »Stock«. *Lachanídi*, »ein Messer«, suggeriert »Kohl schneiden«; aber woher kommt *beldevéni* – ebenfalls ein Messer? *Tachamalídi* ist »ein Gewehr«, *tchóki* »ein Stein«, *karvoúni* (Kohle) »ein Zug«; *armabíl* klingt nicht nur wie das griechisch-amerikanische Wort für ein Motorfahrzeug, sondern ist auch eines, meistens ein Bus; *mákina*, »ein Fotoapparat«, läßt an das italienische Wort für Maschine denken. Ein solcher Apparat nimmt *mouta* auf, »Schnappschüsse«, vielleicht verwandt mit dem umgangssprachlichen Wort *moutra* (»Gesicht«, »Visage«). *Sardinia* sind »Schuhe«, *daïri* ist »eine Straße«, *klitzino* »ein Ring«, *batzoutou* oder *koutzourou* (lahm oder stolpernd? klapprig?) »ein Tisch«; *kranídi* und *traganída* bedeuten beides »Zeit«, *traganídi* ist »eine Uhr«, von deren Zifferblatt sich der Marsch der *phlambouri* ablesen läßt. Dieses Wort bedeutet »Sonne« oder »Tag«,* der Plural, *phlambouria*, sind Tage. Geht *phlambouri* unter, folgt *hálpu*, »die Nacht«. *Hálpou* … ein gespenstisches Wort.

Bánikos, das im griechischen Slang soviel wie »heiratsfähig« oder »geschlechtsreif« bedeutet, heißt im Boliarischen »groß«, »gut« oder »wichtig«. Das einzige andere Adjektiv, das ich auf meiner gekritzelten Liste finde (obwohl es noch viel mehr geben muß), ist *stíliota*, »heimlich« oder »mißtrauisch«, parallel zu der wichtigen Wendung *stíliane!*, »paß auf!«. Auch Verben habe ich nur wenige aufgeschrieben. *Anisévo*, »ich werde wütend«, *tchmekiázo*, »ich schlafe«, *glavízo*, »ich

---

* Da führt es uns nicht weiter, daß der gleiche Laut im Griechischen einen Lindenbaum und zugleich ein Spruchband bezeichnet.

laufe«, *photáo* (verwandt mit »Licht«?), »ich weiß«; *karkévo*, »ich schlage«, *manízo*, »ich stehle«, *mandarono*, »ich verspotte«; *banízo* und *sarafízo*, »ich verstehe«, *siorévo*, »ich betrinke mich«, *stíliano*, »ich hüte mich«, *spartáo*, »ich laufe davon«, *tzoumízo*, »ich töte«, *gáskino*, »ich lache« und *kránizei*, »es regnet«.

Manche Wörter verraten, daß dieses Vokabular moderner ist, als man zunächst denken würde: *gobaíoi* zum Beispiel bedeutet »Guerilla«, und *groúmpos*, das Wort für einen Kommunisten, klingt doch eindeutig nach ELAS. *Matzoúkia* (wörtlich »Stockträger«) hingegen, »Bettler«, und *shoreftis*, »Dieb«, dürften älter sein. »Ein Arzt« ist *mantzoúnas*, *patéllos* ist »ein Polizist«, *malátos* und *lépho* »ein Priester«. *Maletchko* – eindeutig aus dem Slawischen – ist »ein Kind«, daher *maletchkás*, »ein Lehrer«; aber woher stammt *khakhás*, das andere Wort dafür? *Verdílis* und *verdílo* sind »Vater« und »Mutter«, *ingótina* und *gotiméno* heißen beides »verheiratet«, *got* und *gotina* (wiederum slawisch) sind »eine Dame« und »ein Herr« – ein wohlhabendes Paar, Eltern eines *gotopoulo* oder »jungen Herrn«. *Litzko* und *liókia* bezeichnen ebenfalls Bürger, »ein hohes Tier« vielleicht, verheiratet mit einer *matzio* oder *shveri*, »einer Frau«, die schon bald *humoúrou*, »Mutter«, eines *houmourákis* wird, eines »Mädchens«.

Auch einige der leicht anzüglicheren Wörter aus diesem Wortschatz sollen nicht fehlen. *Perdíki*, der griechische Ausdruck für ein junges Rebhuhn, heißt soviel wie »Hintern« oder »Gesäß«, *havalóu* bezeichnet die weiblichen Geschlechtsteile, *lióka* das männliche Gegenstück dazu; *manganízo* heißt »ich begatte«, *souravlízo*, was normalerweise »ich spiele die Flöte« hieße, bedeutet hier »ich uriniere«; die gleichbedeutenden Verben *kouphróno* und *tzarmízo* bezeichnen die solidere Variante davon, *koúphrisma* und *tzármisma* das Endprodukt; *tramalízo* und *lazinízo* heißen beide »ich furze«, *tramalisma* ist der Furz selbst. Ein oder zwei nicht im mindesten anzügliche Substantive blieben rätselhafter als alle anderen: *Gramki* zum Beispiel bedeutet »ein Albaner«; vielleicht nach einem unbekannten Stamm? Aber haben wir nicht an Ghegen, Tosken, Mirditen, Liapen und Tschamen genug ...? Und *Eskebez*, der Name für die Peloponnes: *eski* ist türkisch für »alt«, aber *bez* ...? *Kina* – »China« – bedeutete »Sicherheit«. Warum? Welch kathayische Zuflucht ...? Am merkwürdigsten von allen ist ihre Bezeichnung für Athen: *Ghiona*. Im Demotischen ist dies der Name für den Berg Öta, wo Herakles, mit dem Nessoshemd angetan, qualvoll starb – gut hundert Meilen von Athen entfernt. Aber *ghioni* ist auch das demotische Wort für die *Athene noctua*, die kleine Eule der Pallas Athene, das alte Emblem der Göttin und ihrer Stadt und Gegenstand zahlreicher volkstümlicher Legenden. Sie sitzt auf Zweigen und Dachbalken, den Kopf zur Seite gewandt, gerade so, wie sie auf antiken athenischen Silbermünzen den Betrachter mit großen runden Augen aus ihrem Federbausch anschaut. Ihren traurigen, von langen Pausen unterbrochenen und seltsam rührenden leisen Ruf hört man noch heute in den Straßen.** Könnte der kryptische

---

** Wenn auch leider nicht mehr so oft wie früher! *Komizo glavkes stin Athena* lautet das Sprichwort, »ich trage Eulen nach Athen«. *Glavx* ist der Überbegriff, aber ich denke mir, daß *ghioni* gemeint sind. Ich habe auch den Ruf größerer Eulen in der Stadt vernommen (oder sagen wir

Name eine unterschwellige, unbewußte Verbindung zu diesem kleinen Gefährten der Stadtbewohner herstellen, zu ihrem Symbol? Aber vielleicht geht das zu weit.

besser: Ich glaube, daß ich ihn vernommen habe), aber nie eine gesehen.

REGISTER

Patrick Leigh Fermor
Die Zeit der Gaben
Zu Fuß nach Konstantinopel:
Von Hoek van Holland an die mittlere Donau
Der Reise erster Teil
Aus dem Englischen von Manfred Allié

Band 16956

»Dieses Buch ist die Entdeckung des Jahres.«
Berliner Morgenpost

Achtzehn Jahre alt ist Patrick Leigh Fermor, als er sich auf-
macht – im Jahr vor Hitlers Machtergreifung –, Europa zu er-
kunden. Sein Ziel vor Augen, er will nach Konstantinopel,
wandert er zunächst von Hoek van Holland rheinaufwärts.
Durch verschneite Städte, durch Wiesen und Wälder geht die
Reise. Köln, Heidelberg, Bruchsal, Augsburg, Ulm, Wien
und Prag – in seiner poetischen und präzisen Sprache lässt
Patrick Leigh Fermor vor unserem inneren Auge noch einmal
das alte Europa erstehen, das wenige Jahre später in Schutt
und Asche versinken wird.

»Der Bericht des letzten großen Deutschlandreisenden –
ein Zeitfenster, unerwartet aufgestoßen in ein wunderliches
Deutschland ohne jede Ahnung vom baldigen Untergang.«
Die Zeit

Fischer Taschenbuch Verlag

Patrick Leigh Fermor
Zwischen Wäldern und Wasser
Zu Fuß nach Konstantinopel:
Von der mittleren Donau bis zum Eisernen Tor
Der Reise zweiter Teil
Aus dem Englischen von
Manfred Allié und Gabriele Kempf-Allié
Band 16957

»Fermor versteht es wie wenige,
seine Leser durch den blinden Spiegel zu führen,
auf die andere Seite der Zeit.«
Die Zeit

Nach seiner großen Deutschlandreise, ein Jahr vor Hitlers
Machtergreifung, nimmt Patrick Leigh Fermor den Leser erneut mit in eine fremde, faszinierende und heute verschwun-
dene Welt. Wir treffen ihn wieder 1934 in Budapest, wo er
Bälle und Kaffeehäuser besucht. Die ungarische Tiefebene
mit ihren Hirten und Ziehbrunnen durchquert er auf einem
geliehenen Pferd, verweilt auf Landgütern, in denen die Zeit
aufhört zu existieren, um dann weiterzuziehen, bis in die sie-
benbürgischen Karpaten und zum Eisernen Tor, dem Ende
Mitteleuropas.

»Ein Buch wie ein Traum. Bunt und lebensprall,
sinnlich und sinnenfroh.«
Deutschlandradio Kultur

Fischer Taschenbuch Verlag

fi 16957 / 1